DULI DONGSHI SHEHUI GUANXI QIANRU
DUI GUANLICENG YEJI YUGAO DE
YINGXIANG YANJIU

独立董事社会关系嵌入对管理层业绩预告的影响研究

范钦钦 ◎ 著

企业管理出版社
ENTERPRISE MANAGEMENT PUBLISHING HOUSE

图书在版编目（CIP）数据

独立董事社会关系嵌入对管理层业绩预告的影响研究 / 范钦钦著. — 北京：企业管理出版社，2025.3.
ISBN 978-7-5164-2859-7

Ⅰ. F279.246

中国国家版本馆 CIP 数据核字第 2025FJ5863 号

书　　名：	独立董事社会关系嵌入对管理层业绩预告的影响研究
书　　号：	ISBN 978-7-5164-2859-7
作　　者：	范钦钦
策划编辑：	赵喜勤
责任编辑：	赵喜勤
出版发行：	企业管理出版社
经　　销：	新华书店
地　　址：	北京市海淀区紫竹院南路 17 号　　邮　编：100048
网　　址：	http://www.emph.cn　　电子信箱：zhaoxq13@163.com
电　　话：	编辑部（010）68456991　　发行部（010）68414644
印　　刷：	北京厚诚则铭印刷科技有限公司
版　　次：	2025 年 5 月第 1 版
印　　次：	2025 年 5 月第 1 次印刷
开　　本：	710 毫米×1000 毫米　　1/16
印　　张：	16.5 印张
字　　数：	243 千字
定　　价：	79.00 元

版权所有　翻印必究·印装有误　负责调换

前　言

　　管理层业绩预告被认为是财务报告信息的有益补充，作为前瞻性的财务信息披露，其所发挥的风险预警功能是管理层合规履行受托责任的必然要求。建立业绩预告信息制度的目的是缓解企业管理层与外部信息使用者之间的信息不对称问题、提前释放业绩风险、平抑股价异常波动，从而保护投资者利益。然而，管理层业绩预告的作用在实践中饱受质疑，呈现出"双刃剑"的特点。脱离了可靠性与及时性的管理层业绩预告将丧失其应有功能，很可能对信息使用者造成误导，从而引致决策偏误、增加投资风险。客观因素方面，业绩预告尽管一定程度上基于企业的历史业绩、行业趋势及自身经验，但管理层在进行业绩预告时仍面临详细的财务信息尚未完全形成的情形，加之企业经营风险及外部环境的不确定性等因素，管理层可能受限于自身能力及有限注意力而难以提供高质量的业绩预告信息。主观因素方面，在代理理论框架及理性经济人假设下，直接参与企业日常经营活动的管理层掌握全面的盈余信息并具备专业优势，在业绩预告披露中具有机会主义自利的条件及动机，很可能隐瞒私有信息或实施策略性披露，从而影响业绩预告披露意愿及披露质量。

　　在业绩预告的形成过程中，企业内部独立董事履行咨询建议及监督职能，能够一定程度缓解上述主客观因素对业绩预告披露带来的负面影响。尽管业绩预告由管理层对外发布，无须经过第三方审计，但形成决策的过程需要经过董事会反复讨论，独立董事可对此发表独立意见。那么，作为公司治理结构重要组成部分的独立董事又会对管理层业绩预告带来怎样的影响？理论上而言，独立董事在公司治理中发挥的咨询建议及监督职能有益于公司合规管理、降低代理风险、减少内部人控制问题并保护中小投资者的利益。然而，在我国独立董事制度建立至今20余年的发展历程中，对独立董事履职有效性的质疑却从未间断。究其原因，一些学者认为可能是未将独立董事的经济角色与社会角色一并纳入考虑，而将所有独立董事的功能视为完全相同导致对其影响和作用的评估不准确。作为公司治理结构的重要组成部分，与其他社会行动者一样，独立董事的治理也是一个动态的人际互动过程，而其所嵌入的社会关系更是会对其履职能力及行为产生不可忽略的影响。

将独立董事个体的经济行为与社会情境完全割裂，会导致对其经济结果及其产生缘由的误判，但将个体全然视为利他主义、集体主义的社会人也必然失之偏颇。Granovette（1985）提出的嵌入理论认为，将个体的经济角色与社会角色相结合，能够避免低度社会化（理性经济人假设）和过度社会化（完全受制于社会情境），个体社会关系的嵌入会影响其经济行为和决策。本书基于新经济社会学的论点，以嵌入理论框架为依据，研究独立董事社会关系嵌入对管理层业绩预告的影响。本书将独立董事的社会关系嵌入分为结构性嵌入与关系性嵌入，通过详细的传导机制进行理论分析及实证检验，并厘清了影响发生的内在逻辑及边界条件，深入揭示了独立董事不同类型的社会关系嵌入对管理层业绩预告披露意愿及披露质量的差异化影响，从非正式制度的效应及完善公司治理方面为全面评估独立董事社会关系嵌入在业绩预告中的作用提供了依据。

一方面，本书立足于独立董事社会关系嵌入中的结构性嵌入，探讨了独立董事社会网络[①]嵌入对管理层业绩预告披露的影响。以2010—2022年中国A股上市公司为研究对象，考察了独立董事社会网络嵌入

[①] 本书所指的"独立董事社会网络"并非广义上的概念，而是特指由独立董事在多家企业兼任（连锁独立董事）而形成的社会网络，主要考察的对象为网络位置，与广义上的独立董事社会关系存在本质区别。

对业绩预告披露的准确度、精确度、自愿性与及时性的影响。研究结果表明：独立董事社会网络嵌入对管理层业绩预告披露的精确度、准确度、自愿性与及时性均具有正向影响。在影响机制检验中发现：信息效应及声誉效应均在上述影响中发挥了部分中介作用。在异质性检验中发现：就企业外部环境而言，主效应在企业所在地市场化程度较低的企业中较为显著；就企业内部环境而言，主效应在企业融资约束程度较高及总经理和董事长两职分离的企业中较为显著。

另一方面，本书立足于独立董事社会关系嵌入中的关系性嵌入，从独立董事社会资本嵌入（企业外部）及独立董事-CEO 社会关系嵌入（企业内部）两个视角出发，探讨了其对管理层业绩预告披露的影响。首先，以 2010—2022 年中国 A 股上市公司为研究对象，考察了上市公司独立董事的社会资本嵌入对管理层业绩预告披露的准确度、精确度、自愿性的影响。研究结果表明：独立董事社会资本嵌入对上市公司业绩预告披露的精确度、准确度及自愿性均具有正向影响。在影响机制检验中发现：信息效应、声誉效应及董事会多样性均在上述影响中发挥了部分中介作用。在异质性检验中发现：就企业外部环境而言，主效应在外部经济政策不确定性较高、市场及法治环境较差时较为显著；就企业内部环境而言，主效应在管理层未来预期较消极、大股东控制权较高及业绩预告及时性较低时较为显著。其次，以 2010—2022 年中国 A 股上市公司为研究对象，考察了独立董事-CEO 的社会关系嵌入对管理层业绩预告披露的准确度、精确度、自愿性与及时性的影响。研究结果表明：独立董事-CEO 的社会关系嵌入对业绩预告披露的自愿性与及时性具有积极影响，但对业绩预告披露的精确度与准确度则无显著影响。在影响机制检验中发现：管理层短视主义、媒体关注度在独立董事-CEO 社会关系嵌入与管理层业绩预告披露的自愿性、及时性的关系中发挥了部分中介作用。在异质性检验中发现：主效应在资本市场未开放、融资约束较高及总经理与董事长两职分离的企业中更为显著。

  本书的预期贡献与创新点主要体现在以下四个方面。①逻辑框架起点创新。本书将独立董事社会关系嵌入引入委托代理框架，结合有限注意力理论，以管理层业绩预告披露问题中的主客观影响因素作为本书研究的逻辑框架起点。与以往文献的研究不同，本书在判断和识别管理层业绩预告披露意愿和披露质量问题产生原因的基础上，分析了独立董事社会关系嵌入强化治理能力从而改善业绩预告情况的可行性。②逻辑框架核心创新。本书借鉴 Granovetter（1985）的嵌入理论，基于结构性嵌入和关系性嵌入划分了独立董事社会关系嵌入的不同类别和维度，厘清了独立董事社会关系嵌入对管理层业绩预告产生影响的内在逻辑，形成了本书的逻辑框架核心。本书深入研究了不同层面社会关系嵌入的差异化特征在管理层业绩预告披露中所发挥的作用及差异化影响，克服了已有文献中针对单一层面社会关系研究带来的局限。③逻辑框架内容创新。本书将业绩预告披露的精确度、准确度、自愿性与及时性等多个业绩预告披露的重要特征一并纳入同一框架中展开研究，从独立董事社会关系嵌入出发，结合资源依赖理论及非正式制度理论建立了本书的逻辑框架内容。④将企业内部治理因素及企业外部宏观环境因素的影响一并纳入研究内容中，共同探讨独立董事社会关系嵌入对管理层业绩预告不同特征发挥作用的路径及内外部条件。本书的结论拓展了相关理论在公司治理情境中的应用，为后续独立董事选聘制度及业绩预告相关政策制度的进一步完善提供了一定的理论参考及经验证据。

  在此特别感谢在本书撰写过程中提供宝贵意见和深刻见解的专家学者，感谢企业管理出版社对本书的编辑出版，也感谢读者的关注和阅读。囿于自身水平，本书可能还存在某些不足之处，如有疏漏，恳请读者批评指正。

目 录

1 引言 /1

1.1 研究背景及研究意义 …………………………………… (1)
　　1.1.1 研究背景 ……………………………………………… (1)
　　1.1.2 研究意义 ……………………………………………… (4)
1.2 研究内容及研究思路 …………………………………… (7)
　　1.2.1 研究内容 ……………………………………………… (7)
　　1.2.2 研究思路 ……………………………………………… (11)
1.3 研究重难点及创新之处 ………………………………… (12)
　　1.3.1 研究重点 ……………………………………………… (12)
　　1.3.2 研究难点 ……………………………………………… (14)
　　1.3.3 创新之处 ……………………………………………… (15)
1.4 研究目标及研究方法 …………………………………… (17)
　　1.4.1 研究目标 ……………………………………………… (17)
　　1.4.2 研究方法 ……………………………………………… (18)

2 文献综述 /20

2.1 独立董事社会关系嵌入 ………………………………… (20)
　　2.1.1 结构性嵌入：独立董事社会网络嵌入 …………… (21)
　　2.1.2 外部关系性嵌入：独立董事社会资本嵌入 ……… (24)
　　2.1.3 内部关系性嵌入：独立董事-CEO 社会关系嵌入 … (27)
2.2 管理层业绩预告 ………………………………………… (30)
　　2.2.1 管理层业绩预告披露特征及影响因素 …………… (31)
　　2.2.2 管理层业绩预告的经济后果及披露问题治理 …… (38)

— Ⅰ —

2.3 文献评述 …………………………………………………… (41)
2.4 本章小结 …………………………………………………… (44)

3 制度背景与实践特征 /45
3.1 我国独立董事制度的政策演进与实践特征 ………………… (45)
    3.1.1 我国独立董事制度的政策演进 ……………………… (45)
    3.1.2 我国独立董事制度的实践特征 ……………………… (48)
3.2 我国业绩预告制度的政策演进与实践特征 ………………… (53)
    3.2.1 我国业绩预告制度的政策演进 ……………………… (53)
    3.2.2 我国业绩预告制度的实践特征 ……………………… (58)
3.3 本章小结 …………………………………………………… (60)
    3.3.1 独立董事制度及实践特征 …………………………… (60)
    3.3.2 业绩预告制度及实践特征 …………………………… (61)

4 理论基础与应用 /63
4.1 代理理论 …………………………………………………… (63)
    4.1.1 代理理论的提出与发展 ……………………………… (63)
    4.1.2 代理理论的应用 ……………………………………… (64)
4.2 有限注意力理论 …………………………………………… (65)
    4.2.1 有限注意力理论的提出与发展 ……………………… (65)
    4.2.2 有限注意力理论的应用 ……………………………… (65)
4.3 嵌入理论 …………………………………………………… (66)
    4.3.1 嵌入理论的提出与发展 ……………………………… (66)
    4.3.2 嵌入理论的应用 ……………………………………… (67)
4.4 资源依赖理论 ……………………………………………… (68)
    4.4.1 资源依赖理论的提出与发展 ………………………… (68)
    4.4.2 资源依赖理论的应用 ………………………………… (69)
4.5 新制度经济学非正式制度理论 …………………………… (70)
    4.5.1 新制度经济学非正式制度理论的提出与发展 ……… (70)

4.5.2 新制度经济学非正式制度理论的应用 …………… (71)
　4.6 本书中相关理论应用概述 ………………………………… (73)
　4.7 本章小结 …………………………………………………… (76)

5 独立董事社会网络嵌入对管理层业绩预告的影响 /78
　5.1 问题提出 …………………………………………………… (78)
　5.2 理论分析与研究假设 ……………………………………… (81)
　　5.2.1 独立董事社会网络嵌入与管理层业绩预告准确度和
　　　　　精确度 ……………………………………………… (81)
　　5.2.2 独立董事社会网络嵌入与管理层业绩预告自愿性和
　　　　　及时性 ……………………………………………… (84)
　5.3 研究设计 …………………………………………………… (85)
　　5.3.1 模型设定与变量说明 ……………………………… (85)
　　5.3.2 样本选择与数据来源 ……………………………… (89)
　5.4 实证结果与分析 …………………………………………… (90)
　　5.4.1 描述性统计 ………………………………………… (90)
　　5.4.2 基准回归检验 ……………………………………… (91)
　　5.4.3 稳健性及内生性检验 ……………………………… (93)
　5.5 进一步分析 ………………………………………………… (104)
　　5.5.1 影响机制检验 ……………………………………… (104)
　　5.5.2 异质性检验 ………………………………………… (120)
　5.6 本章小结 …………………………………………………… (129)

6 独立董事社会资本嵌入对管理层业绩预告的影响 /131
　6.1 问题提出 …………………………………………………… (131)
　6.2 理论分析与研究假设 ……………………………………… (134)
　　6.2.1 独立董事社会资本嵌入与管理层业绩预告准确度和
　　　　　精确度 ……………………………………………… (135)
　　6.2.2 独立董事社会资本嵌入与管理层业绩预告自愿性 … (137)

6.3 研究设计 ·· (138)
    6.3.1 模型设定与变量说明 ·· (138)
    6.3.2 样本选择与数据来源 ·· (142)
6.4 实证结果与分析 ··· (142)
    6.4.1 描述性统计 ·· (142)
    6.4.2 基准回归检验 ·· (143)
    6.4.3 稳健性及内生性检验 ·· (145)
6.5 进一步分析 ·· (153)
    6.5.1 影响机制检验 ·· (153)
    6.5.2 异质性检验 ·· (168)
6.6 本章小结 ·· (178)

7 独立董事-CEO 社会关系嵌入对管理层业绩预告的影响 /181

7.1 问题提出 ·· (181)
7.2 理论分析与研究假设 ··· (183)
    7.2.1 独立董事-CEO 社会关系嵌入与管理层业绩预告
         准确度和精确度 ·· (183)
    7.2.2 独立董事-CEO 社会关系嵌入与管理层业绩预告
         自愿性和及时性 ·· (185)
7.3 研究设计 ·· (186)
    7.3.1 模型设定与变量说明 ·· (186)
    7.3.2 样本选择与数据来源 ·· (190)
7.4 实证结果与分析 ··· (190)
    7.4.1 描述性统计 ·· (190)
    7.4.2 基准回归检验 ·· (191)
    7.4.3 稳健性及内生性检验 ·· (193)
7.5 进一步分析 ·· (200)
    7.5.1 影响机制检验 ·· (200)
    7.5.2 异质性检验 ·· (208)

7.6 本章小结 ……………………………………………………（214）

8 研究结论、政策建议与研究局限 /217
　　8.1 研究结论 ………………………………………………………（217）
　　8.2 政策建议 ………………………………………………………（221）
　　　　8.2.1 对独立董事制度的政策启示及建议 ………………（221）
　　　　8.2.2 对业绩预告制度的政策启示及建议 ………………（223）
　　8.3 研究局限及展望 ………………………………………………（225）

参考文献 /227

1 引 言

1.1 研究背景及研究意义

1.1.1 研究背景

当前，中国经济回升向好、长期向好的趋势不会改变，经济工作仍要坚持稳中求进工作总基调，实现经济发展量与质的同步提高是重中之重。在着力防范和化解风险方面，我国资本市场须注意完善逆周期、跨市场系统性金融风险的早期识别预警机制（孙学工等，2019；谢伏瞻等，2021）。在 A 股市场全面施行注册制的背景下，监管机构只对 IPO 公司提供材料是否完整合规做出硬性要求，股票投资价值则交由投资者自行判断，对信息披露质量的要求却比过去更高（赖黎等，2022；邱静和范钦钦，2022）。定期财务报告固然是企业外部信息使用者知悉公司经营情况最主要的渠道，但随着经济社会的不断发展，经济环境的不确定性加大，行业竞争加剧，定期财务报告所反映的历史信息不可避免地存在滞后性，因而亟须更具前瞻性、预测性与及时性的管理层业绩预告信息作为必要的补充。业绩预告信息已然成为投资者、金融分析师、政府等资本市场利益相关者广泛关注和重视的上市公司会计信息披露方式。研究表明，业绩预告在投资者使用的财务信息中占比超过一半（Beyer et al.，2010）。作为上市公司财务报告披露的重要补充，业绩预告通常由管理层向股东、分析师及投资者等传递（Rogers and Stocken，2005），披露与企业经营业绩直接相关的前瞻性预测信息。相比于定期财务报告，业绩预告具有不受会计准则约束、非强制性披露（按规定须进行强制预告的除外）等特点。中国证券监督管理委员会（以下简称证监会）要求上市公司在财务报告公告日前提前进行业绩预告，以缓解财务报告日当天股价的剧烈震荡，并有利于保护中小投资者的利益。高质量的业绩预告信息能够起到缓解企业内、外部信息不对称问题,降低投资者风险的重要作用。

由于我国资本市场起步较晚,1998年,证监会首次提出业绩预告概念;2006年,进一步明确了需要披露业绩预告的情形,标志着业绩预告制度正式确立。从沪深交易所对2007年以来上市公司年报的审核情况来看,不乏财务信息披露方面业绩预告不规范的问题(高明华等,2020)。表现为业绩预告自愿性披露的占比仍有待提高、部分业绩预告披露的时间存在一定滞后性、准确度误差及精确度误差亟待降低等。客观方面,管理层受限于自身的注意力、关注力水平及外部环境与经济政策的不确定性等,在全面的财务信息尚未形成之前难以掌握企业业绩的准确信息,预测难度较大,导致业绩预告披露积极性及披露质量不高(宋云玲和宋衍蘅,2022)。主观方面,管理层相较于外部投资者更容易掌握公司核心的经营管理情况,处于信息的优势方,并具备通过择机的操作手段牟取利益的条件(曾庆生,2008;曾庆生和张耀中,2012)。具体而言,我国目前仍实行半强制性的业绩预告披露制度,管理层对于是否发布业绩预告(被强制要求披露的除外)、发布业绩预告的形式(定性预测还是定量预测)以及发布的具体内容等具有一定的自由裁量权,因而也给管理层实施自利的机会主义行为留下了一定空间(李欢和罗婷,2016;Beyer and Dye,2012);加之管理层业绩预告披露被认为可能引致风险,给管理层带来压力,从而引发管理层短视行为,这也抑制了企业进行业绩预告披露的积极性(Koch et al.,2012)。管理层对业绩预告进行有策略的择机披露会对投资者的判断与选择造成影响,给资本市场的稳定运行带来风险。

尽管业绩预告是由管理层对外披露的,但其决策的形成需要董事会的全体成员共同商讨,再由董事会决定最终的发布内容与发布时间等,一般情况下无须会计师事务所进行独立审计。作为董事会的重要成员,独立董事可以针对业绩预告单独发表独立意见,因而独立董事发表的独立意见对于管理层的业绩预告披露意愿、披露形式及内容等具有不容忽视的作用。既有研究普遍认可董事会应该由独立董事主导,独立董事职能的发挥对于公司经营及发展具有重要意义(Weisbach,1998)。作为公司治理机制的重要组成部分,独立董事被称为上市公司合规经营和真实信息披露的"看门人"。独立董事制度作为保护中小投资者利益的重大改革举措和公司治理手段,自2001年引入我国便受到广泛关注。在强调保护投资者的注册制下,从公司治理的层面来看,监事会从内部监督持有特别表决权股份的股东。然而,要真正将保护投资者的任务落到实处,防范管理层及大股东等的机会主义行为,仅靠监事会明显是不够的。原因是特别表决权股东可任命监事,此类监事对特别表决权股东的监督作用必然会大大削弱;此外,在上市公司治理实践中监事会的监督大多属于末端的事后监督,难以对滥用特别表决权的机会主义行为采取及时的履职措施以进行干预(邱静和范钦钦,2022)。此时,独立董事的内部监督作用显得更加不可或缺。在我国上市公司治理实践中,独立董事是否能够真正发挥作用受到了不少学者的质疑。有学者研究发现,独立董事在行使独立监督权的时候面临管理层和大股东的压力,独立董事的投票权很多情况下形同虚设(叶康涛等,2011;陈运森和郑登津,2017)。"独立董事作用之谜"长期以来激起了众多学者的研究兴趣。有学者提出,独立董事的作用难以发挥是由于忽视了独立董事所处的客观环境,将其行为与社会联系等割裂开来,并通过研究表明并非所有独立董事都发挥着同等的作用(廖方楠,2019;Allen et al.,2005)。中国企业过去取得巨大进步的一个重要原因在于中国有较强的非正式制度,而社会资本及社会关系则是非正式制度至关重要的组成部分。社会学以及其他相关学科的学者们认为个人在做决策期间往往会与社会网络中的其他成员进行互动与交流,同时不断地修正自己对各种形势的观察,不断地搜集与决策相关的情报,从而影响自身决策。

独立董事制度从引入伊始就扎根于中国的制度背景和文化"土壤",其演变与发展早已深深烙上了中国风土人情和文化习俗的印迹。根据Granovetter(1985)的嵌入理论,中国独立董事的行为规范和价值理念深深地内嵌于错综复杂的社会结构和社会关系中,形成颇具特色的个人"社会关系嵌入"。国内学术界也逐渐涌现出对于嵌入性社会关系在企业经济行为中发挥作用的相关研究。以往的国内外相关研究大多只考虑了其中的某一个方面所带来的经济后果,且多集中于对公司财务报告等的影响。本书基于Granovetter的嵌入理论，对社会关系嵌入进行了分类，分别从独立董事社会关系的结构性嵌入和关系性嵌入视角出发，研究其对管理层业绩预告披露质量及披露行为的影响。一方面，本书以独立董事所处的社会网络位置出发，研究了独立董事社会关系的结构性嵌入对管理层业绩预告披露质量及披露行为的影响；另一方面，本书从独立董事社会资本嵌入（企业外部）及独立董事-CEO关系（企业内部）两个维度出发，分别研究了独立董事社会关系的内、外部关系性嵌入对管理层业绩预告披露质量及披露行为的影响。本书以新经济社会学观点为研究框架，以独立董事社会关系的结构性嵌入和关系性嵌入为切入点，在前人相关研究的基础上对独立董事社会关系嵌入的边界进行界定和拓展。力求将独立董事所嵌入的社会关系引入管理层业绩预告披露问题治理的框架中，对二者产生影响的理论逻辑及内、外部边界条件进行深层次的研究，为国内外独立董事社会关系相关研究，以及公司内部治理对前瞻性信息披露的影响研究提供一定的理论依据和实证经验。

1.1.2 研究意义

随着中国证券市场改革的全面深化，注册制的推出为双重股权结构的落地奠定了坚实的政策基础。我们应该对双权分离下的利益冲突和代理成本高度重视，将内、外部治理机制相结合，重视我国文化背景对公司治理发挥的作用，引导权力在正确的轨迹上运作发力，为企业及资本市场的长远发展保驾护航。

1.1.2.1 研究的理论意义

第一，本书的研究深化了嵌入理论在微观企业中独立董事治理效应方面的应用。经过多年的发展和迭代，从嵌入理论出发的探讨呈现出向系统性、整体性以及从个人或企业微观层面入手的发展趋势，并被应用到组织内部各种经济行为的解释中。将嵌入理论融入企业的治理实践，能够解释从单一的代理理论或管家理论视角无法解释的诸多实践现象，并为有关公司治理的政策制定带来有益启示。因而，与治理层的核心独立董事相结合的嵌入理论应用颇具意义。本书首次立足于嵌入理论及其分层框架，从结构性嵌入及关系性嵌入两个方面，综合研究独立董事不同类型的社会关系嵌入对上市公司管理层业绩预告的影响。①基于嵌入理论展开研究的意义为：嵌入理论一方面认可独立董事在董事会决策和履职中具有明确的个人意志，并会运用专业知识和技能进行判断；另一方面又将独立董事的履职行为与其所处社会关系中的互动交流及资源交换等相联系，从中获得异质性的信息和经验，有利于形成新的认知（谢德仁和陈运森，2012）。将独立董事的经济角色与社会角色相结合进行综合考虑，从而避免了低度社会化和过度社会化的观点。②基于结构性嵌入和关系性嵌入展开研究的意义为：基于嵌入理论的分层框架，可将社会关系嵌入划分为结构性嵌入和关系性嵌入。结构性嵌入是指主体的经济行为嵌入其所在的社会网络中，是对嵌入某种联结构成的网络的刻画，主要通过网络中的位置等来反映；关系性嵌入是指主体的经济行为嵌入互动的社会关系中，主要通过关系质量等来度量。将两种不同类型的社会关系嵌入引入独立董事社会关系框架中，有助于从理论角度厘清独立董事差异化社会关系嵌入影响管理层业绩预告披露行为及披露质量的路径和机制，在已有相关研究的基础上对独立董事社会关系嵌入的边界进行界定和拓展。笔者基于嵌入理论及其分层框架建立了本书的核心理论框架，如图1-1所示。

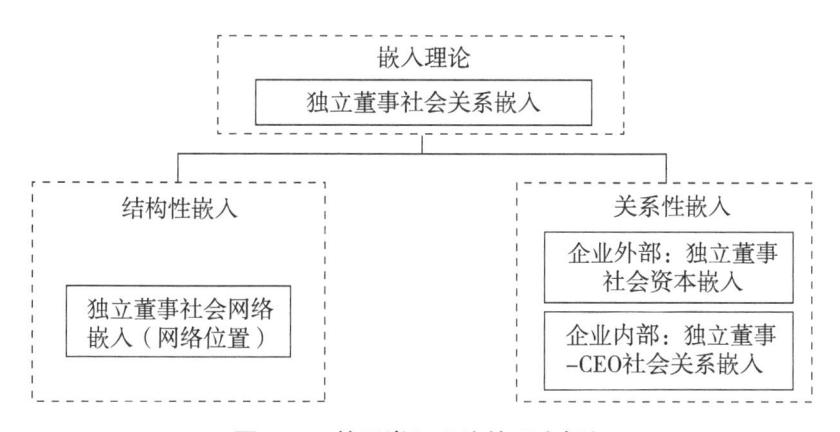

图1-1 基于嵌入理论的研究框架

第二，本书的研究拓展了管理层业绩预告非正式制度的影响因素研究。既有文献将管理层业绩预告披露的影响因素主要划分为企业外部因素和企业内部因素，其中，企业外部因素包括正式制度环境、非正式制度环境等，而企业内部因素包括公司治理结构、管理层自利动机、管理层专业水平、高管及董事个人特征等。但鲜有文献将影响管理层业绩预告披露的内、外部因素相结合，纳入同一逻辑框架中一并探讨。本书基于代理理论及有限注意力理论剖析了管理层业绩预告存在问题的原因，建立了研究的逻辑框架起点；基于嵌入理论揭示了独立董事社会关系嵌入的特点，形成了研究的逻辑框架核心；基于新制度经济学非正式制度理论及资源依赖理论，解释了独立董事社会关系对管理层业绩预告披露产生治理作用的内在机制，并构建了研究的逻辑框架内容。本书的研究丰富了相关理论在企业内部治理中的应用研究，从理论层面深入探究了独立董事的治理效应在前瞻性信息披露中得以发挥的社会化条件，为深入理解独立董事社会关系嵌入的理论内涵，以及有效规范管理层业绩预告披露行为、提高业绩预告披露质量的理论逻辑，提供了理论依据。

1.1.2.2 研究的实践意义

第一，为进一步加强公司治理、完善我国上市公司独立董事制度的顶层设计提供了一定的借鉴和参考。与成熟的资本市场相比，我国的资本市场仍然处于"新兴+转轨"的发展阶段，多层次的资本市场体系仍在建立的过程中，此时，以社会关系嵌入为代表的非正式制度可以发挥较大的信任机制作用，减少沟通成本并拓宽信息渠道。从微观企业层面出发，作为公司治理机制的重要组成部分，独立董事在公司治理实践中时常面临履职不力的指责，究其根源，既有可能源于主观上的专业能力和履职意愿不足，也可能源于企业内部的信息获取壁垒森严。非正式制度被认为对经济社会的发展具有不容小觑的作用，而嵌入多重社会关系中的独立董事在管理层前瞻性信息披露的治理中究竟会产生何种作用，目前尚缺乏系统的多层次的探讨。本书利用上市公司所披露的沪深交易所的公开信息和数据，从独立董事社会关系嵌入的角度，分别从结构性嵌入——独立董事的社会网络嵌入、关系性嵌入——独立董事社会资本的嵌入（企业外部）、独立董事-CEO之间的社会关系嵌入（企业内部）三个方面，探讨了抑制管理层在业绩预告中出现偏差行为的可行性及内在逻辑，为深入理解"中国式关系"在企业中的应用、完善我国独立董事制度、建立良好的独立董事生态提供了一定的参考和启示。

第二，为进一步完善我国上市公司业绩预告制度的顶层设计提供了一定的借鉴意义及参考价值。我国目前正处于实施股票发行注册制改革的深化完善期，须进一步加深对资本市场内在影响因素的理论认识。管理层对于业绩预告的发布具有至关重要的作用。①本书的研究有助于投资者、中介机构等识别上市公司在管理层业绩预告中的信息披露策略，对于缓解信息不对称、提高市场公平性和保护投资者的利益具有积极作用。②本书研究认为在企业内部的公司治理体系中，治理层的履职能力对业绩预告披露行为与披露质量起到的作用不应被忽视，应充分重视独立董事个体的差异化特点，尤其是其在社会关系中的嵌入性特点。"社会关系"这一非正式制度作为一种与正式制度互补的方式可获取信息和资源。本书的研究从独立董事社会关系嵌入这一独特的角度出发，为提高上市公司信息披露质量、不断优化业绩预告制度的顶层设计、切实加强投资者利益保护，以及建立中国特色现代化企业治理体系提供了一定的参考和启示。

1.2 研究内容及研究思路

1.2.1 研究内容

本书以上市公司独立董事为研究对象，对其社会网络嵌入、社会资本嵌入及其与CEO之间的社会关系嵌入进行定义，并对其形成机理进行深入研究，考察独立董事社会关系嵌入对上市公司业绩预告披露行为和披露质量的作用机制及内在逻辑。本书的研究内容分为八个部分。

第1章为引言。本部分对全书的研究背景、研究意义、研究思路、研究内容、研究的重难点、研究方法和创新点等进行了阐述。引言中的研究内容是全书内容的重要缩影。

第2章为文献综述。本部分对与本研究相关的国内外文献进行系统的梳理、分类与总结，并基于已有相关研究进行评述。首先是独立董事社会关系嵌入相关文献。具体包括对结构性嵌入（独立董事社会网络嵌入）、外部关系性嵌入（独立董事社会资本嵌入）、内部关系性嵌入（独立董事-CEO社会关系嵌入)三个方面的国内外重点文献的梳理、归类和评述,主要就已有文献对独立董事各类社会关系嵌入的相关概念界定、测量方法,以及所产生的经济后果展开梳理。其次是管理层业绩预告相关文献。主要从管理层业绩预告的概念及业绩预告特征,以及影响因素、特征表现及经济后果展开梳理。其中,又将业绩预告特征划分为业绩预告披露的精确度、准确度、自愿性、及时性等多个方面,并展开文献的梳理、归类及评述。

第3章为制度背景与实践特征。一方面,本部分分别对我国独立董事制度的萌芽与发展、我国上市公司业绩预告制度的建立与发展进行了归纳整理与阐述;另一方面,本部分以2010—2022年作为样本期间,对我国A股上市公司独立董事及其社会关系嵌入的实践特征,以及我国A股上市公司业绩预告的实践特征进行了统计与分析。

第4章为理论基础与应用。本部分对本书的理论基础进行详细阐述与分析,形成了本书的理论框架。①对代理理论及有限注意力理论的提出、发展及其应用进行了论述和探讨。从代理理论及有限注意力理论的视角探讨管理层业绩预告披露意愿及披露质量问题的主、客观原因。②对嵌入理论的提出、发展及其应用进行了论述和探讨。从本书研究的理论框架出发,对嵌入理论在不同层面独立董事社会关系嵌入的应用进行了简要阐释。③对资源依赖理论及新制度经济学非正式制度理论的提出、发展及应用进行了论述和探讨。简要阐释了独立董事社会关系嵌入对管理层业绩预告问题产生治理作用的理论逻辑。本书基于以上理论,分别对独立董事所嵌入的不同层面的社会关系对管理层业绩预告质量及行为的影响进行理论基础的梳理及探讨,并阐释了上述理论在本书中的应用,构建了本书的主要理论模型。

第5章为独立董事社会网络嵌入(结构性嵌入)对管理层业绩预告的影响。首先,本章结合社会学的研究方法,从独立董事所嵌入社会网络的位置(网络中心度)这个特殊的视角出发,研究其对管理层业绩预告质量及业绩预告行为的影响。其次,本章从提高上市公司透明度及缓解代理问题的视角,对主效应发生作用的影响机制进行了中介效应检验。再次,本章融入了内、外部环境因素对上述影响的不同效应,从企业外部市场化程度、企业内部的经营环境及治理环境方面，对独立董事社会网络嵌入与管理层业绩预告披露的关系进行了异质性的分组检验与详细探讨。最后，针对本章的研究结论提出了相应的启示。

第6章为独立董事社会资本嵌入（外部关系性嵌入）对管理层业绩预告的影响。首先，本章从网络关系（横向）、网络地位（纵向）和网络声誉三个维度度量社会资本，综合探讨了嵌入社会资本的独立董事对于管理层业绩预告披露的精确度、准确度及自愿性的影响。其次，本章从提高上市公司透明度及缓解代理问题的视角，对主效应发生作用的影响机制进行了中介效应检验。再次，本章融入了内、外部环境因素对上述影响的不同效应，从企业外部的经济政策不确定性、市场及法治环境，以及企业内部经营预期、大股东控制权及业绩预告及时性特征等方面，对独立董事社会资本嵌入与管理层业绩预告披露的关系进行了异质性分组检验与详细探讨。最后，针对本章的研究结论提出了相应的启示。

第7章为独立董事-CEO社会关系嵌入（内部关系性嵌入）对管理层业绩预告的影响。首先，本章从独立董事-CEO社会关系嵌入的视角出发，探讨了独立董事-CEO社会关系嵌入对管理层业绩预告披露的精确度、准确度、自愿性与及时性的影响。其次，本章从缓解管理者短视主义及引发媒体关注度的视角，对主效应发生作用的影响机制进行了中介效应检验。再次，本章融入了内、外部环境因素对上述影响的不同效应，从企业外部的资本市场开放性及企业内部的治理环境方面，对独立董事-CEO社会关系嵌入影响管理层业绩预告披露的主效应进行了分组检验与详细探讨。最后，针对本章的研究结论提出了相应的启示。

第8章为本书的主要结论、政策建议及研究局限。本章将本书的理论分析和实证结果的结论进行总结与分析，针对各章实证结果的相似性和差异性提出相应的政策建议，并提出本书研究的不足之处及对未来研究的展望，可为相关制度的完善提供一定参考。

本书主要内容的研究框架如图1-2所示。

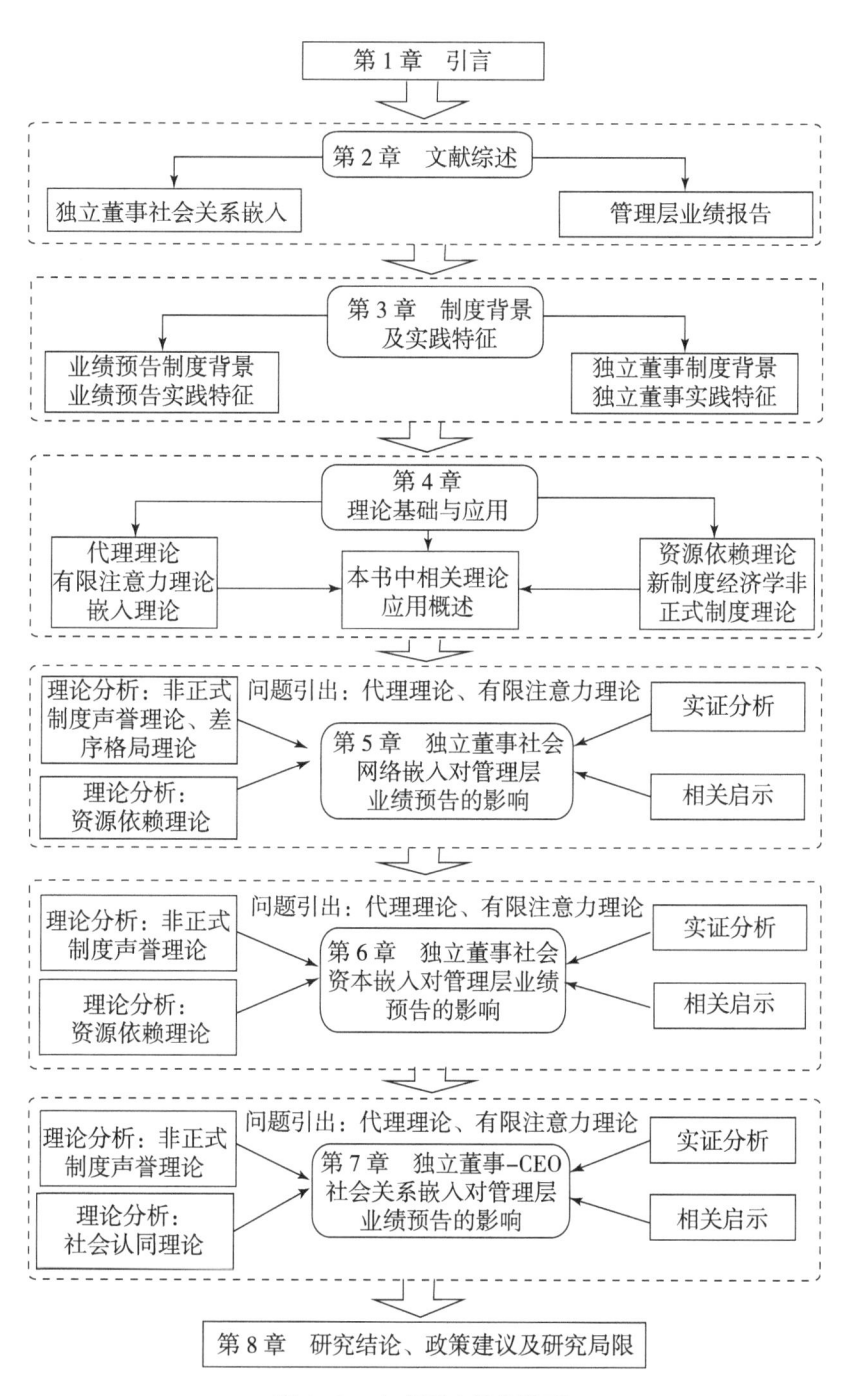

```
                        ┌─────────────────┐
                        │ 第1章   引言     │
                        └────────┬────────┘
                                 ▼
┌────────────────────────────────────────────────────────┐
│                    第2章  文献综述                      │
│   独立董事社会关系嵌入           管理层业绩报告          │
└────────────────────────────────────────────────────────┘
                                 ▼
┌────────────────────────────────────────────────────────┐
│              第3章  制度背景及实践特征                  │
│   业绩预告制度背景              独立董事制度背景        │
│   业绩预告实践特征              独立董事实践特征        │
└────────────────────────────────────────────────────────┘
                                 ▼
┌────────────────────────────────────────────────────────┐
│                 第4章  理论基础与应用                   │
│   代理理论                       资源依赖理论           │
│   有限注意力理论   本书中相关理论 新制度经济学非        │
│   嵌入理论         应用概述       正式制度理论          │
└────────────────────────────────────────────────────────┘
                                 ▼
┌────────────────────────────────────────────────────────┐
│ 理论分析：非正式  问题引出：代理理论、有限注意力理论    │
│ 制度声誉理论、差                                  实证分析│
│ 序格局理论        第5章  独立董事社会                   │
│                   网络嵌入对管理层                      │
│ 理论分析：        业绩预告的影响                  相关启示│
│ 资源依赖理论                                            │
└────────────────────────────────────────────────────────┘
                                 ▼
┌────────────────────────────────────────────────────────┐
│ 理论分析：非正式  问题引出：代理理论、有限注意力理论    │
│ 制度声誉理论                                      实证分析│
│                   第6章  独立董事社会                   │
│                   资本嵌入对管理层业绩                  │
│ 理论分析：        预告的影响                      相关启示│
│ 资源依赖理论                                            │
└────────────────────────────────────────────────────────┘
                                 ▼
┌────────────────────────────────────────────────────────┐
│ 理论分析：非正式  问题引出：代理理论、有限注意力理论    │
│ 制度声誉理论                                      实证分析│
│                   第7章  独立董事-CEO                   │
│                   社会关系嵌入对管理层                  │
│ 理论分析：        业绩预告的影响                  相关启示│
│ 社会认同理论                                            │
└────────────────────────────────────────────────────────┘
                                 ▼
        ┌────────────────────────────────────────┐
        │ 第8章  研究结论、政策建议及研究局限    │
        └────────────────────────────────────────┘
```

图1-2 本书研究的框架图

1.2.2 研究思路

按照提出问题——分析问题——解决问题的思路对全书的内容进行布局。

首先，提出问题。引言对本书的研究背景、研究理论及实践意义，研究的主要内容、思路、创新点及研究方法等进行简要阐述，引出本书接下来即将展开研究的主要问题。此外，笔者一方面通过广泛阅读，对国内外重点文献中有关独立董事社会关系嵌入（结构性嵌入——独立董事社会网络嵌入、外部关系性嵌入——独立董事社会资本嵌入、内部关系性嵌入——独立董事-CEO社会关系嵌入）的概念特征及其对企业经济行为的影响进行了详细的梳理、分类和总结；另一方面通过广泛阅读国内外重点文献中有关管理层业绩预告（业绩预告特征、业绩预告影响因素、业绩预告经济后果）的相关研究，对其概念特征、影响因素及经济后果等进行了详细梳理、分类与总结。在深入了解了已有文献的基础上，经过认真分析和思考发掘了已有研究的不足之处，进一步明确了本书的研究方向与拟解决的关键问题。

其次，分析问题。通过制度背景及发展现状、理论基础两个部分对研究问题进行分析。结合相关政策对独立董事制度及管理层业绩预告制度的起源、发展与完善的历程进行回顾与阐释，并在此基础上对我国A股上市公司独立董事与业绩预告的实践特征进行了统计分析，旨在呈现我国A股上市公司独立董事制度与管理层业绩预告制度落实发展的总体情况，并针对本书研究的核心方面进行了数据统计及发展趋势分析。然后，对本书的理论基础进行了详细的分析与阐述，对以往文献的梳理及总结在一定程度上反映了相关领域的研究现状及特点，但不能全面深入地解释本书拟研究的关键问题。基于本书的研究重点，借鉴经典经济学及管理学理论，对独立董事社会关系嵌入与管理层业绩预告相关研究的适用理论进行了阐释，并结合二者的特点分析了上述理论在本书后续的理论分析和实证研究中的应用：①从代理理论及有限注意力理论引出本书研究的逻辑框架的起点，即管理层业绩预告披露问题产生的原因；②以嵌入理论作为本书研究框架的核心，作为不同维度独立董事社会关系嵌入的理论依据；③从新制度经济学非正式制度理论、资源依赖理论的角度构建了本书研究的逻辑框架，即从理论上解释独立董事社会关系嵌入对管理层业绩预告披露产生治理作用的逻辑。

最后，解决问题。通过三个实证对本书研究的主题有针对性地进行理论分析、提出假设，并进行实证检验。本部分的三个实证包括：独立董事社会网络嵌入对管理层业绩预告的影响，独立董事社会资本嵌入对管理层业绩预告的影响，独立董事-CEO社会关系嵌入对管理层业绩预告的影响。本书的三个实证为平行关系，分别阐释了不同维度的独立董事社会关系嵌入对业绩预告披露的影响。在对各部分进行有针对性的理论分析的基础上，提出相应假设；然后对研究假设进行实证检验，并进行多种方式的稳健性检验；再对作用发生的内在逻辑机制及边界条件进行进一步的检验。此外，根据本书的研究结论，结合相关政策制度及最新研究等，提出本书的结论、研究的局限及政策建议。

本书的研究思路如图1-3所示。

1.3 研究重难点及创新之处

1.3.1 研究重点

第一，管理层业绩预告问题的原因剖析与识别。笔者通过广泛的文献阅读、详细的梳理与分类，从理论层面将管理层业绩预告披露的精确度、准确度、自愿性与及时性问题的影响因素逐一进行阐述和分析，并剖析其中深层次的主客观原因，识别管理层在其中的隐蔽的机会主义动机及手段。

第二，理论框架的建立。建立本书整体的理论框架、分析本书的理论基础，构建本书逻辑框架的起点、逻辑框架的核心及逻辑框架的内容。在核心的实证章节中，基于整体理论框架，根据各部分的研究内容构建相对应的理论模型。并通过理论的传导机制就不同维度的独立董事社会关系嵌入对管理层业绩预告披露质量及披露行为的治理作用进行深入的分析和探讨。

第三，核心变量间的联系与区别。本书针对独立董事社会关系的结构性嵌入（独立董事社会网络嵌入）、企业外部关系性嵌入（独立董事社会资本

1 引 言

```
                            ┌──────┐
                            │ 引言 │
                            └──────┘
   ┌──────────┬──────────┬──────────┬──────────┐
┌────────┐┌────────┐┌────────┐┌────────┐┌────────┐
│研究背景││研究内容││研究的  ││研究的  ││研究目标│
│及意义  ││及思路  ││重难点  ││创新之处││及研究方法│
└────────┘└────────┘└────────┘└────────┘└────────┘
```

提出问题

文献综述

结构性嵌入	外部关系性嵌入	内部关系性嵌入	
独立董事社会网络嵌入的概念及度量	独立董事社会资本嵌入的概念及度量	独立董事-CEO社会关系嵌入的概念及度量	管理层业绩预告的概念、特征及影响因素
独立董事社会网络嵌入对企业经济行为的影响	独立董事社会资本嵌入对企业经济行为的影响	独立董事-CEO社会关系嵌入对企业经济行为的影响	管理层业绩预告的经济后果及其治理

分析问题

制度背景与实践特征

独立董事制度背景	业绩预告制度背景
独立董事制度实践特征	业绩预告制度实践特征

理论基础与应用

代理理论　有限注意力理论　嵌入理论　非正式制度理论　资源依赖理论

| 逻辑框架起点：管理层业绩预告问题的引出 | 逻辑框架核心：独立董事不同维度社会关系的嵌入 | 逻辑框架内容：独立董事社会关系嵌入对管理层业绩预告披露的影响 |

解决问题

实证分析

结构性嵌入	关系性嵌入（企业外部）	关系性嵌入（企业内部）
独立董事社会网络嵌入对管理层业绩预告的影响	独立董事社会资本嵌入对管理层业绩预告的影响	独立董事-CEO社会关系嵌入对管理层业绩预告的影响

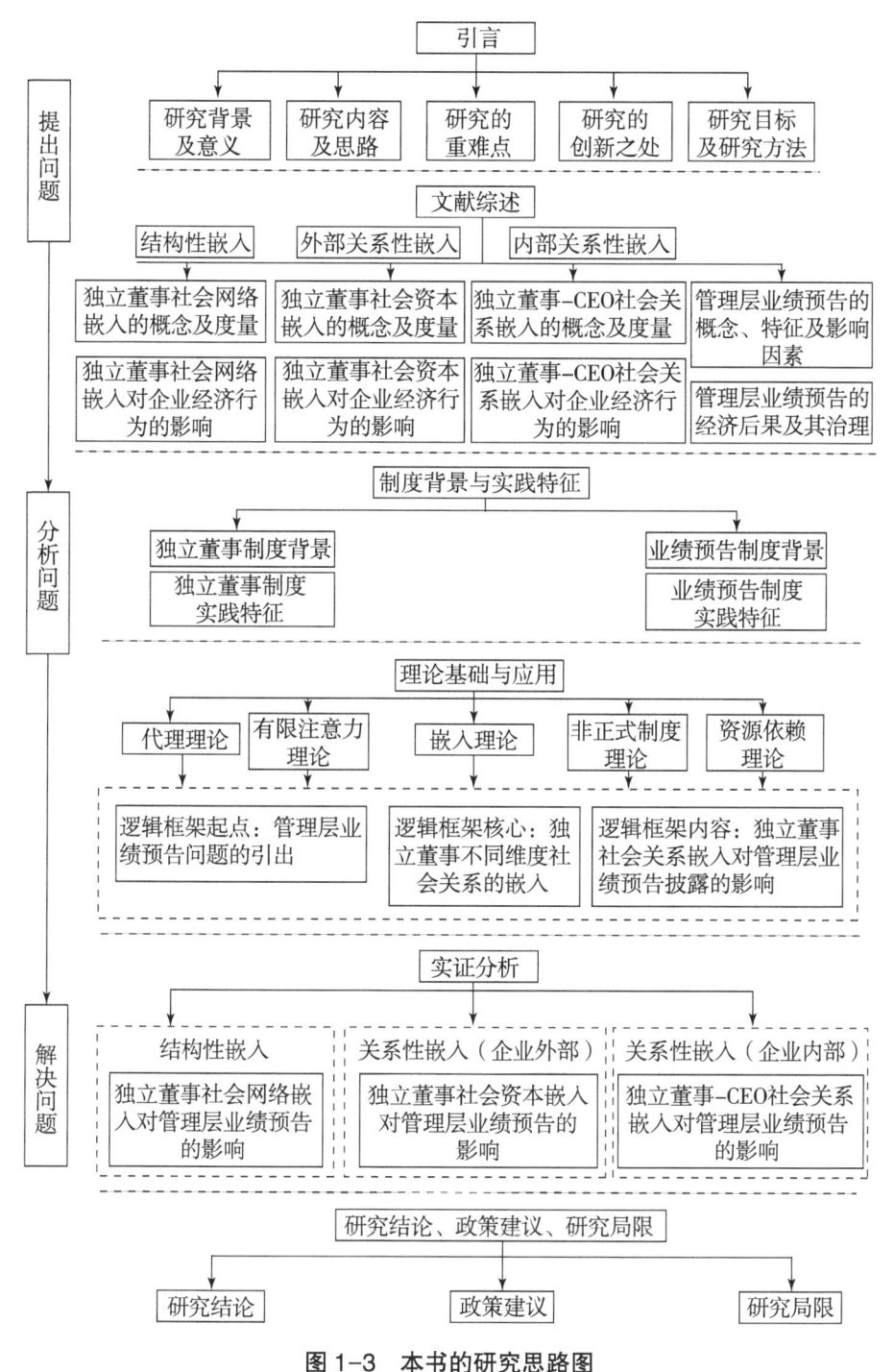

研究结论、政策建议、研究局限

研究结论　　政策建议　　研究局限

图 1-3　本书的研究思路图

嵌入)、企业内部关系性嵌入(独立董事-CEO社会关系嵌入)三个研究子主题,建立不同维度的独立董事社会关系嵌入的理论层面上的联系与区别,并差异化分析其对管理层业绩预告披露质量及披露行为产生作用的内在逻辑、影响机制及边界条件。

1.3.2 研究难点

实证数据的搜集和整理及指标的形成是本书研究的主要难点之一。①独立董事社会网络嵌入的网络位置的相关指标量化。独立董事同时在两家及以上企业任职被称为"连锁独立董事",其所串联起来的公司网络被称为"独立董事社会网络",而嵌入网络中的公司则具有独立董事连锁特征。本书对独立董事网络中心度以及网络结构洞的指标进行度量,对原始数据进行采集、测量、赋值、编码,通过大型网络软件Pajeck得到连锁独立董事个体相应网络位置指标,并将个体层面的指标匹配到企业层面,获得企业的独立董事社会网络嵌入的相关指标。②独立董事社会资本嵌入的相关指标量化。企业契约是由以公司高管、控股股东为核心的关系网络交错粘贴而成的,社会资本也成为连接企业和个人的纽带,其主要效应表现在资源配置与非正式制度形成及发展等方面,其外部性理论上能够弥补市场失灵、遏制公司高管或股东的投机倾向等(Coleman,1988)。本书拟借鉴Coleman(1988)、高凤莲和王志强等(2016a)的研究,将嵌入中国国情的社会资本概括为"关系+资源",并依据资源依赖理论对社会资本进行划分,将独立董事综合社会资本划分为独立董事在公司外部的横向关系、公司内部的纵向关系和社会声誉三个维度。根据上市公司人员的相关信息,建立指标体系并进行赋值,最后将独立董事的社会资本匹配到公司层面的社会资本,获得企业的独立董事社会资本嵌入指标。③独立董事-CEO社会关系嵌入的相关指标量化。本书根据上市公司高管人员简历信息,建立指标体系并进行赋值,主要基于独立董事和CEO在求学经历、籍贯及工作经历方面所拥有的交集而建立社会关系指标,最后将个体指标进行加总匹配到公司层面,获得企业的独立董事-CEO社会关系嵌入指标。

研究理论框架的建立是本书的主要难点之二。已有研究表明,独立董事不同类型的社会关系嵌入会对企业的经济行为带来一定的影响。其中，社会网络嵌入（网络位置）能够促使独立董事获得镶嵌在社会网络中的异质性信息和资源，对其咨询及监督职能的发挥产生一定影响，如促进企业业绩提升（陈运森等，2018）及减少欺诈行为等（Xing et al.，2022）；社会资本嵌入能够促使独立董事更好地保持独立性，强化履职能力，缓解代理问题，并提高公司治理水平（高凤莲和王志强，2016a），独立董事社会资本被认为可以成为选聘纳入考虑的因素（王分棉和原馨，2019）；独立董事-CEO社会关系嵌入能够使独立董事更容易地全面知悉CEO的履职情况，有利于促进新上市公司的绩效表现（Chahines and Goergen，2013），并更有可能发现CEO的失误和问题（Fogel et al.，2021）。此外，一些学者的研究也发现了独立董事社会关系嵌入的消极影响，如削弱公司治理（李志辉等，2017）、阻碍公司创造力的形成等（盛宇华和朱赛琳，2021），以及影响独立董事对管理层的监督效应等（李敏鑫和朱朝晖，2022）。但既有研究仍缺乏一个系统的整体性研究框架对独立董事的社会关系嵌入进行综合性探讨及研究，未能全面充分地反映独立董事社会关系嵌入的治理效应及其差异化影响。基于此，笔者通过查阅及梳理大量国内外经典文献，对Granovetter（1985）的经典嵌入理论的分层框架进行了深入理解，并借鉴该理论对独立董事的社会关系嵌入进行了划分，分别从结构性嵌入的概念及内涵出发探讨了独立董事社会网络嵌入（网络位置）的含义及特征，从关系性嵌入的概念及内涵出发探讨了独立董事社会资本嵌入（外部关系嵌入）及独立董事-CEO社会关系嵌入（内部关系嵌入）的含义及特征。进而在对不同维度的独立董事社会关系嵌入进行分析及探讨的基础上，详细探讨其对管理层业绩预告的影响原因及影响结果。

1.3.3 创新之处

第一，逻辑框架起点的创新。本书将独立董事社会关系嵌入引入委托代理框架，结合有限注意力理论，以管理层业绩预告披露中管理层存在的问题作为本书研究的逻辑框架起点。从企业内部治理的角度探讨了独立董事社会关系嵌入发挥作用，从而强化治理能力，进而缓解业绩预告披露问题的可行性。尽管众多文献探讨了独立董事的特征及其经济后果,但既有的相关研究大多仅从独立董事的个人背景特征出发,如金融背景、审计师背景、行业专家或学者身份等(Ke et al.,2020;郝颖等,2022);或者仅从其拥有的某一层面或视角的社会关系出发展开研究。进一步,从独立董事社会关系出发的既有文献尽管不乏对财务信息披露影响的研究,但主要针对独立董事社会网络对公司信息披露考核质量(陈运森,2012)及财务报告质量(张川等,2022)的影响,以及独立董事-CEO关系对盈余质量的影响(朱朝晖和李敏鑫,2020),鲜有文献关注业绩预告信息的披露问题。而相比于财务报告信息及信息披露评级历史信息的特点,业绩预告作为前瞻性财务信息披露,能够提前释放企业业绩风险,缓解企业内、外部的信息不对称。加之,我国目前仍实行半强制性的业绩预告披露制度,诉讼风险较小,管理层在其中的策略性操作具有较大的空间。然而有偏和缺乏时效性的业绩预告信息会对投资者形成误导,对资本市场的稳定、健康发展带来诸多风险。既有文献尚缺乏从独立董事社会关系嵌入的视角,对管理层业绩预告问题进行治理的系统性研究。本书立足于中国的社会及文化特点,结合社会关系嵌入背景下独立董事特有的内、外部人际关系互动,深入探讨了独立董事的治理动机及治理能力对缓解管理层业绩预告问题的作用,厘清了独立董事社会关系嵌入影响管理层业绩预告披露行为的逻辑传导机制及边界条件。

第二,逻辑框架核心的创新。本书借鉴Granovetter(1985)的嵌入理论,将独立董事社会关系嵌入分为结构性嵌入和关系性嵌入,并形成了本书逻辑框架的核心。国内一些学者对嵌入理论的展望方向有二。一方面,向系统性和整体性的方向发展,对复杂联系进行统计分析;从个人或企业的微观视角着手,对复杂的联系进行细分和测量(杨玉波等,2014);分析嵌入理论在研究组织内部各种经济行为的影响因素中的应用(黄中伟和王宇露,2007)。另一方面,将嵌入理论融入企业的治理实践能够解释应用单一的代理理论或管家理论所难以解释的诸多实践现象,并为有关公司治理的政策制定带来有益启示,但不足之处在于,尚缺乏对当前嵌入理论如何发挥不同层次的作用的实证研究(陈仕华和李维安,2011)。尽管既有相关文献大多也认可独立董事的社会关系嵌入会对其经济行为产生影响（高凤莲和王志强，2016a；Kang et al.，2018；鲁乔杉等，2022），众多学者分别就独立董事社会关系嵌入的某一方面展开了有关盈余信息披露、企业绩效及创新效率等的研究，但鲜有研究将独立董事不同维度不同类型层次的社会关系嵌入纳入同一整合模型中进行探讨。基于此，本书从多个维度的独立董事社会关系嵌入出发，深入研究不同层面的社会关系嵌入在管理层业绩预告披露中所发挥的作用及差异化影响，克服了单一层面研究带来的研究局限。

第三，逻辑框架内容的创新。本书将业绩预告披露的精确度、准确度、自愿性与及时性等多个业绩预告的重要特征一并纳入同一框架中进行探讨，综合展开分析及研究，从独立董事社会关系嵌入出发，结合资源依赖理论及非正式制度理论建立了本书的逻辑框架内容。已有研究大多针对业绩预告的质量（准确度）、披露的积极性（自愿性披露）、披露及时性或披露态度中的某一个或某两个特征展开研究（彭博和贺晨，2022；李瑞敬等，2022；宋云玲和宋衍蘅，2022；林钟高和赵孝颖，2020）。为了全面反映独立董事社会关系嵌入对管理层业绩预告的影响，本书综合考虑了业绩预告的多个特征，同时，将企业内部的治理因素及企业外部的宏观环境因素的影响一并纳入研究内容中，综合探讨独立董事社会关系嵌入对管理层业绩预告发挥作用的可行性及作用路径。

1.4 研究目标及研究方法

1.4.1 研究目标

第一，通过文献综述及理论基础分析明确本书的研究方向及理论上的可行性，确立独立董事社会关系嵌入在管理层业绩预告披露中具备的影响及作用，建立本书研究的逻辑框架起点及逻辑框架核心，为进一步展开详细的实证研究奠定理论基础。

第二，通过对独立董事制度与业绩预告制度的背景，以及上市公司独立董事社会关系嵌入与业绩预告制度落实情况的实践特征进行分析和阐述，解析本书研究的重要性及意义。

第三，通过实证分析独立董事社会关系嵌入的结构性嵌入与关系性嵌入对管理层业绩预告披露产生的影响，建立本书研究的逻辑框架内容，明确独立董事不同类型的社会关系嵌入对管理层业绩预告披露问题的影响。进一步，通过影响机制检验明确作用发生的内在逻辑机制；通过横截面检验厘清作用发生的内、外部环境及边界条件。

第四，通过理论分析及实证研究得出本书的研究结论、研究启示及政策建议，为进一步完善我国独立董事制度及提升我国的业绩预告披露质量提供一定的参考价值。

1.4.2 研究方法

本书通过使用规范研究与实证研究结合的研究方法，全面地对独立董事的社会网络嵌入、社会资本嵌入及独立董事-CEO 社会关系嵌入，对管理层业绩预告行为及质量的影响展开分析与研究。

文献分析法。本书通过对不同层面的有关独立董事、管理层业绩预告披露行为及披露质量的国内外重要文献进行搜索，并通过泛读与精读相结合的方式对文献进行系统的梳理、归类和总结，在全面了解已有文献研究进展和贡献的基础上确定了本书研究的切入点。在系统进行类比分析的前提下，确定了本书的研究思路并构建了本书的理论框架，明确了本书研究的边际贡献。

演绎推理法。本书在传统代理理论和有限注意力理论模型的基础上，充分考虑中国情境及独立董事社会化的特征，结合嵌入理论的分层框架，对独立董事的社会关系嵌入进行界定。借助经济学及管理学中的代理理论、有限注意力理论、资源依赖理论，经济社会学的嵌入理论、非正式制度理论等进行推广演绎，就独立董事社会关系嵌入对管理层业绩预告披露的影响展开探讨和研究，并厘清产生影响的作用机制及边界条件。

实证研究法。通过文献分析和演绎推理，结合以往研究，选择适用于本书研究内容的实证方法：①采用描述性统计等对样本的分布进行识别；②采用面板固定效应模型、Logit 模型等对理论模型中提出的假设进行检验；③在稳健性检验中通过替换被解释变量及替换解释变量等对主回归的可靠性进行检验。同时采用工具变量法（IV），滞后一期解释变量及遗漏变量等对可能存在的内生性问题进行处理。④采用中介效应模型（逐步法、Bootstrap 法及 Sobel 法）、横截面分组检验并配合似无相关模型（Suest）进行组间系数差异检验，明确产生影响的作用机制及边界条件，排除替代性解释。

2 文献综述

2.1 独立董事社会关系嵌入

本节对有关独立董事社会关系的结构性嵌入（独立董事社会网络嵌入）、企业外部关系性嵌入（独立董事社会资本嵌入），以及企业内部关系性嵌入（独立董事-CEO社会关系嵌入）的国内外重点文献进行梳理，并从相关概念及度量、对企业经济行为的影响等方面展开综述。"嵌入"原本指一事物内生于其他事物之中的现象。Polanyi（1944）首先将"嵌入"概念纳入经济理论分析并提出"经济的社会嵌入"的观点。此后，Granovetter（1985）进一步发展了该概念，并提出社会嵌入理论的分层框架，即分为结构性嵌入和关系性嵌入，逐渐成为新经济社会学的重要概念。

本节针对独立董事社会关系嵌入的文献综述框架如图2-1所示。

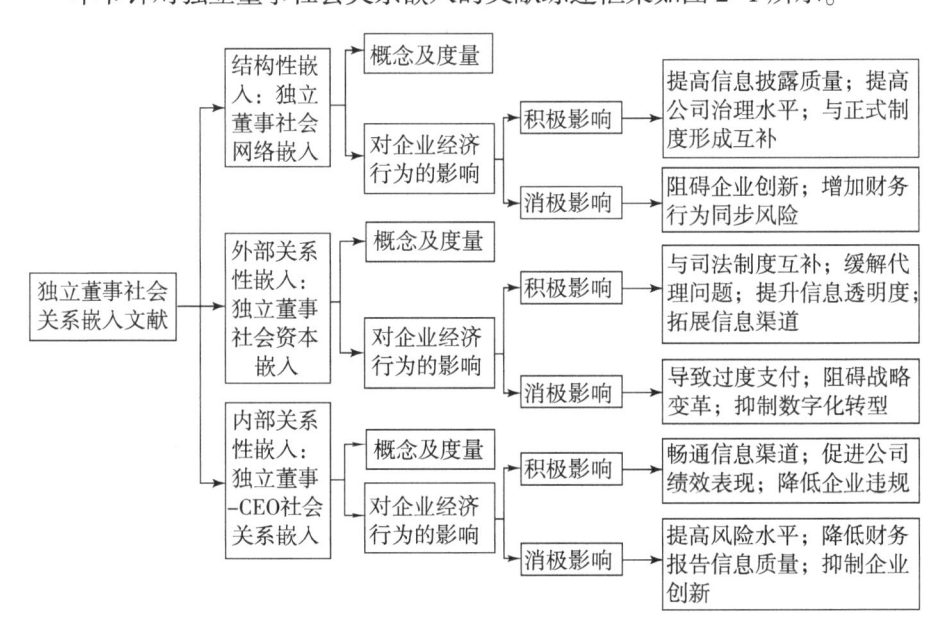

图2-1 独立董事社会关系嵌入文献综述框架

2.1.1 结构性嵌入：独立董事社会网络嵌入

2.1.1.1 相关概念及度量

结构性嵌入将网络关系视作一个整体，是个体与其他行动者连接的网络形态（Coleman，1990），表现为是否存在网络连带，以中心度、网络规模等为代表。结构性嵌入决定行动者能够从中获得的资源总量（Moran，2005）。社会网络强调结构性嵌入对个体行为的影响（Granovetter，1985），而具体到企业，则逐渐与连锁董事的概念相结合（Peng et al.，2015）。连锁董事的概念最早由 Mizruchi（1996）提出，一家公司的董事个体成员同时在两家及以上企业的董事会任职，被称为"连锁董事"，由连锁董事所串联起来的公司所形成的网络被称为"连锁网络"，网络中的公司则具有董事连锁特征。独立董事同时在两家及以上企业任职被称为"连锁独立董事"，这些连锁独立董事所串联起来的公司网络被称为"独立董事社会网络"，而嵌入网络中的公司则具有独立董事连锁特征。社会网络嵌入的核心概念是中心度，它所体现的是个体在整个社会网络嵌入中的重要程度（Freeman，1977；Freeman，1979）。Grewal 等（2006）将个体在社会网络中位置的嵌入总结凝练为结构性嵌入，并以网络中心度的概念进行衡量。社会网络分析法通常将独立董事网络的中心度指标细分为三个子指标：独立董事网络程度中心度、中介中心度、接近中心度（万良勇和胡璟，2014）。具体而言，上述三个指标略有不同，程度中心度是能够最为直观地反映独立董事网络中心度的指标，接近中心度侧重于反映网络中的个体与其他个体的接近程度，而中介中心度则更倾向于反映个体在网络中的媒介功能（陈运森和谢德仁，2011；傅代国和夏常源，2014）。此外，一些学者还考虑到了中心度的其他度量指标，如特征向量中心度和综合中心度等（李留闯等，2012；傅代国和夏常源，2014）。在企业层面，很多情况下两个公司之间并没有直接兼任的连锁独立董事，而是通过公司的其他董事而产生间接关系，而公司连锁董事的差异会导致公司的网络位置不同。

2.1.1.2 对企业经济行为的影响

独立董事社会网络嵌入与经济改革是相辅相成、相伴而生的，它对我国企业的经营活动有着毋庸置疑的影响。由于深受儒家文化影响，在关系主导型的中国社会，作为公司治理结构的重要部分，连锁独立董事所形成的社会网络则是当今不可忽视的公司治理实务，也成为众多学者密切关注的研究问题。与其他的社会行动者一样，独立董事的治理也是一个动态的人际互动过程，连锁独立董事既嵌入外部社会网络之中，又通过履职嵌入公司内部的董事会中，并因其在上市公司董事会中与其他董事的弱连接关系而具有特殊性。对于其产生的经济后果，学者们却各执一端，观点不一。目前，众多学者在定性研究的基础上，也开始利用社会网络分析法对其中心度指标进行量化测算，由定性研究逐步转化为定性与定量相结合的研究，与社会学的社会网络理论及图论相结合，并开展了相关经济后果研究。

一方面，众多学者的研究表明，独立董事社会网络嵌入及其所处的网络位置在企业经济行为中具有治理作用。连锁独立董事更易在其所处的外部社会关系中获得镶嵌在社会网络中的异质性信息和资源，这会对其咨询及监督职能的发挥产生一定影响。①在信息披露质量方面。陈运森（2012）的实证研究证实，无论以何种方式度量公司信息披露质量，都发现独立董事网络中心度越高，公司综合信息披露水平越高。而独立董事网络位置对上市公司财务报告质量的提升具有显著效果（张川等，2022）。范钦钦和邱静（2023）的研究表明，独立董事网络位置有助于提升管理层业绩预告信息披露的精确度及准确度。随着文本分析技术的发展，对独立董事社会网络嵌入的研究还拓展到管理层讨论与分析报告（MD&A）的文本信息披露的惯性及文本信息含量的影响因素研究，并证实具有积极的影响（鲁乔杉等，2022；周建等，2023）。②在公司治理方面。彭正银和廖天野（2008）的研究发现，嵌入连锁网络中的独立董事能够显著提升公司治理绩效；傅代国和夏常源（2014）的研究表明，连锁独立董事关系对降低上市公司的盈余管理水平具有显著效应；易玄和谢钟灵（2019）的研究发现，独立董事网络位置越靠近中心，越能够有效抑制股价崩盘风险，并通过缓解代理冲突提升企业绩效表现；江新峰等（2020）则以兼任三家以上公司职务定义了"忙碌"独立董事的概念并展开研究，结果显示兼任独立董事与企业违规负向关联，证实了连锁董事对上市公司监督效应的正面影响;廖方楠等(2021)通过实证研究证明,连锁独立董事对提高内部控制有显著效果,并基于声誉效应和学习效应的视角进行了影响机制的研究。③在与正式制度环境形成互补方面。万良勇和胡璟(2014)的研究表明,上市公司独立董事的社会网络有助于其发挥咨询建议职能,从而提高并购成功率,而这种效应在正式制度环境较弱的地区更为显著;梁上坤等(2018)以沪深 A 股 2007—2012 年上市公司为样本,研究表明独立董事在社会网络中的嵌入程度能够正向影响企业会计稳健性,当区分不同的地区环境时,仅在金融发展水平较低和法治环境较差的地区,独立董事社会网络中心度对会计稳健性水平存在显著影响;陈运森等(2018)发现独立董事网络中心度与企业的业绩表现成正比,且这种非正式制度带来的信息渠道也与正式制度信息渠道形成互补;Xing 等(2022)的研究表明,在社会网络中嵌入程度更高的独立董事舞弊及欺诈的可能性更小,而这种效应在独立董事为公司审计委员会成员且公司的外部法治环境较差时更为显著。

另一方面,在对企业经济行为的研究中,一些学者的研究表明独立董事社会网络及其所处的网络位置可能带来某些消极影响。Baum 等(2000)的研究认为连锁董事关系于独立董事而言可能存在一定风险,可能会导致组织对其他外部组织过度依赖,而这种联盟关系一旦破裂,则会阻碍企业的创新发展。Fich 和 Shivdasani(2006)及 Chui 等(2013)以存在欺诈行为的美国公司作为研究对象,研究发现在具有连锁独立董事的公司间,财务重述行为具有一定的传染性,但也表明此现象主要存在于身居要职的连锁董事身上;李留闯等(2012)借鉴网络分析法的研究也发现,拥有连锁董事网络的公司会通过降低公司透明度来提升股价同步性,并认为应限制公司间的联合控制,以提高股价含量。Falato 和 Kadyrzhanova(2014)通过高管死亡的外生冲击事件对连锁董事的履职效果进行了检验,发现连锁董事会引致股东价值的下降。与该研究类似的是李志辉等(2017)就连锁独立董事对债券违约风险的影响进行的研究,结果表明兼职公司数较多的独立董事会削弱公司治理能力,导致债券违约风险上升。类似的,Sun 和 Yu(2022)的研究也发现,具有多重董事兼任的"忙碌"独立董事会导致公司股利分配水平更低。林钟高和辛明璇（2023）的研究表明，尽管独立董事网络有助于提高企业金融资产的投资效率，但主要体现在非独立董事方面；Avina 等（2016）通过对墨西哥上市公司的相关研究发现，独立董事网络要发挥积极的公司治理作用，需要以强大的资本市场和有效的机构投资者保护作为支撑，否则该类独立董事难以保持独立性。

综上所述，以上研究大多强化了独立董事社会网络嵌入的治理效果，而得出负面影响的研究则大多未对独立董事社会网络进行分类，忽略了独立董事社会网络嵌入的特殊性。支持独立董事治理效应增强的文献大多基于弱连接理论、社会资本理论、声誉效应及学习效应等理论进行作用机制的探讨，发现在强调防范重大风险的当下，信息披露质量对资本市场的健康运行至关重要，独立董事社会网络嵌入被研究证实对财务报告信息披露有正向影响，而其对上市公司的前瞻性财务信息披露的影响作用则尚未有理论及实践性的研究进展。

2.1.2 外部关系性嵌入：独立董事社会资本嵌入

2.1.2.1 相关概念及度量

关系嵌入表现为个体与其他行动者通过交互发展的人际关系，主要特征包括连带强度、信任、亲密程度、友谊、共享的价值等（Nahapiet and Ghoshal，1998），关系嵌入决定了资源总量中实际能够被行动者利用的数量（Moran，2005）。董事的社会关系嵌入可以划分为外部社会关系嵌入与内部社会关系嵌入，而外部的社会关系嵌入主要通过董事在企业、行业等的多种履职经历与获得职务等而形成特有的社会资本（周建等，2010）。"社会资本"是一个源于社会学的概念，其思想实质是组织或团体内部的信任、集体规范和网络关系，具体呈现为信息共享、互惠互利等形式。20 世纪 80 年代，"社会资本"概念被引入经济领域，此后迅速成为一种与人力资本和物质资本相媲美的新式关键资本。社会资本是嵌入复杂社会活动和社会关系中的一种关系资源（Coleman，1988）。中国是一个历史悠久的文明古国，风俗习惯、人情世故等非正式制度源远流长，社会关系错综复杂。在此背景下，企业契约是由公司高管、控股股东为核心的多重关系交错粘贴而成的,"关系"在企业内部的地位与作用不容忽视。"关系"的发展与维系也深深地嵌入行为主体的道德规范中,社会资本自然而然地成为连接企业和个人的纽带,其主要效应表现在资源配置与非正式制度形成及发展等方面,有效地弥补了市场失灵(高凤莲和王志强,2016a、2016b)。值得一提的是,独立董事社会资本嵌入与前文所述的独立董事社会网络嵌入有着一定的联系与区别,具体为,虽然二者都是由独立董事与企业外部的个人或组织所建立的社会关系而形成的,但不同之处在于:独立董事社会网络主要是指独立董事由于在不同企业兼任独立董事职务而形成的如同网络般的社会关系,而嵌入其中的个体的思考和行事方式会受到网络位置这种社会结构的影响(Coleman,1988)。本书将其定义为独立董事社会网络嵌入。独立董事社会资本则是相对广义的概念,主要涉及的是独立董事个人籍贯、学习及履职经历等多方面的经历与企业外部个人或组织形成的丰富而多元的社会关系(高凤莲和王志强,2016a),而嵌入其中的个体则深受这种复杂关系的影响,与此同时也对这些社会资本加以利用。本书将其定义为独立董事社会资本嵌入。

在企业内部,董事会社会资本具有公共产品的外部辐射性,能够拓宽信息渠道、有效控制风险、遏制公司高管或股东的投机倾向,促进组织内外的交流与合作,降低企业交易成本。而既有研究普遍认可董事会应该由独立董事主导,独立董事职能的发挥对于公司绩效及发展具有重要意义(Weisbach,1998)。独立董事作为社会人,内嵌于中国的"关系型"社会,其道德规范和行为偏好深深地烙上了社会资本的印迹,并与其日常所接触和构建的网络关系息息相关。近年来,关于独立董事社会资本嵌入的研究大多为定性与定量相结合的研究,而在独立董事社会资本嵌入的度量上,大部分学者倾向于借鉴过去学者对于企业家社会资本的度量方法。具体为将嵌入中国特殊国情的社会资本概括为"关系+资源",并依据关系资源理论对社会资本嵌入进行划分,将独立董事综合社会资本嵌入划分为独立董事在公司外部的横向关系、公司内部的纵向关系和社会声誉三个维度(高凤莲和王志强,2016a)。

2.1.2.2 对企业经济行为的影响

研究董事会的监督与控制职能的学者普遍认可董事会应该由独立董事主导的观点（Weisbach，1998）。而在中国的"关系型"社会中，独立董事的行为规范和价值理念深深地内嵌于错综复杂的多元化社会关系中，形成颇具特色的个人社会资本，而独立董事的个人社会资本会对其履职能力发挥怎样的作用一直是学术界争论不休的问题。

一方面，资源基础观的支持者通过研究表明，独立董事社会资本嵌入具有积极的影响。独立董事的监督与控制职能并非独立董事影响企业的唯一路径（McDonald et al.，2008），独立董事的咨询与建议职能也对企业的发展颇具影响，而独立董事的社会资本被认为能够促进其发挥咨询与建议职能（Westphal，1999；Hillman and Dalziel，2003；刘浩等，2012；刘春等，2015）。除人力资源和物质资本外，Putnam（1993）的研究表明，社会资本作为企业稳定发展的核心元素，不仅可以增强组织内部的民主和谐气氛，还直接影响公司对经济政策和法律规范的贯彻落实力度，并与司法体系相辅相成、互为补充（Laporta et al.，1999）。与此同时，在公司治理方面，高凤莲和王志强（2016b）的研究表明，独立董事社会资本还有助于缓解第一类及第二类代理冲突，并在我国法律与信任水平的差异化背景下不断提高公司治理水平。此外，以独立董事社会资本为视角的高管薪酬—绩效敏感度研究也显示，在正式制度较弱的地区，独立董事社会资本嵌入能够显著提升信息透明度，促进高管薪酬与绩效间的敏感度提升（高凤莲和王志强，2016b）。独立董事的社会资本越丰富，在公司内外的凝聚力和公信度越高，越容易在董事会中形成董事智囊团，并能通过盘根错节的团队网络关系嵌入公司"内幕交易"（Van and Leana，2000），拓展信息获取渠道，从而增强履职效果及缓解代理问题，有效促进企业社会责任报告水平的提升（Reguera and Bravo，2022）。而独立董事社会资本被认为可以成为选聘中纳入考虑的因素（王分棉和原馨，2019）。

另一方面，一些学者对此提出了"资源诅咒"的观点，体现了独立董事社会资本嵌入在某些领域的消极作用。Fich 和 Shivdasani（2006）的研究认为，社会资本较高的独立董事薪酬通常会过度支付；Kor 和 Sundaramurthy（2009）的研究表明，独立董事社会资本嵌入并非多多益善，如果不关注组合效应，可能会给企业发展带来负面影响。在以我国上市公司为对象的研究中，盛宇华和朱赛林（2021）指出拥有较多社会资本的独立董事倾向于维持现状，削弱了信息收集、处理能力和创造性，从而阻碍了战略变革；邱静和范钦钦（2023）的研究也表明，独立董事社会资本嵌入对于企业数字化转型具有一定的抑制作用，而信息技术型独立董事则能够负向调节二者之间的关系。在单独考虑独立董事政治关联方面的社会资本时，独立董事的政治关联可能会增加企业的额外成本，导致政策资源配置扭曲，创新效率低下（乐菲菲等，2020）；而在单独考虑独立董事的审计师背景时，尤其是当企业的独立董事正在主审事务所从业时，则可能降低审计的客观公正性（吴溪等，2015）。在目前全面施行的注册制下，相关部门放松了形式监管，把决定权和甄别权交给了投资者，所以更加强调信息披露的质量。学界对于独立董事社会资本嵌入对上市公司财务信息披露质量的研究尚缺乏证据，而这也恰恰是目前所需要的。

2.1.3　内部关系性嵌入：独立董事-CEO 社会关系嵌入

2.1.3.1　相关概念及度量

企业内部的董事社会关系嵌入很大程度上取决于董事与高管的关系（周建，2010）。结合中国情境下的社会关系，多数学者将独立董事与 CEO 之间的社会关系定义为因曾经的校友关系、"老乡"关系、同事关系等而形成的私人关系（陈霞等，2018；罗肖依等，2023）。独立董事因其外部董事的身份，要在企业中获取完整的内部经营信息较为困难，纵然他们具备较强的专业背景，也难以真正发挥有力的履职能力。一些学者提出独立董事"不完全独立"的观点，认为独立董事-CEO 社会关系嵌入对企业的发展是有益的（Adams and Ferreira，2007），表现为独立董事更积极的建言行为。Kang 等（2018）则以独立董事与 CEO 之间具备社会关系作为董事会关系嵌入的衡量指标。

已有研究对于独立董事与 CEO 之间的社会关系嵌入主要通过二者之间

曾有过的共同经历来进行度量（Hwang and Kims，2009；Fracassi and Tate，2012；Chahines and Goergen，2013）。尽管有关二者之间社会关系的研究早期多见于西方文献，但近年来我国学者对此的研究也逐渐丰富。一些学者认为"地缘"关系是中国社会颇具影响力的私人关系，测量社会关系的最为常见的方式为"老乡"关系，《辞海》中将"老乡"定义为同一籍贯的人，因而以与CEO具有"老乡"关系的独立董事人数除以董事会的总人数度量企业层面的独立董事与CEO的私人关系（陆瑶和胡江燕，2014、2016；戴亦一等，2016）；一些学者则认为仅以"老乡"关系进行度量失之偏颇，为了更全面地反映独立董事-CEO的社会关系，在"地缘"的基础上加入了"业缘"，即曾在同一单位或组织中任职的经历（朱朝晖和李敏鑫，2023），或"学缘"，即曾为同一学校的校友或师生关系（朱朝晖和李敏鑫，2020；罗肖依等，2023）。此外，一些研究还在原有文献的基础上建立了更丰富的度量指标，如陈霞等（2018）以独立董事与CEO共同的籍贯、学习经历、工作背景或协会组织经历来测量个体层面的独立董事与CEO的私人社会关系，以是否存在关系建立虚拟变量指标，并利用其与公司董事会的总人数的比值度量二者关系的广度，以及其与公司独立董事人数的比值度量二者关系嵌入的强度。

2.1.3.2 对企业经济行为的影响

在中国社会中，上市公司董事与公司高管之间存在社会关系的情况屡见不鲜。学术界对此的态度褒贬不一，双方之间的社会关系可以通过"信息效应"及"偏好假说"来解释。

一方面，从"信息效应"观点出发，认为二者社会关系的嵌入有助于畅通信息渠道，降低独立董事获取信息的成本，并有利于提高信息传递的真实性与完整性（Mcpherson et al.，2001；Granovetter，1973），而这正是董事会中独立董事履职能力得以充分发挥的前提条件。国外的研究表明，在公司持股较多且与CEO关系较为疏远的独立董事，在更换了一个业绩较差的CEO之后会获得更好的回报，独立董事的数量随之增加，被动离开董事会的概率也会下降；CEO与董事会的社会关系嵌入能够显著提高企业财务报告的质量并有效增加股东价值（Hoitash，2011）；同时，独立董事-CEO社会关系嵌入使独立董事更易全面知悉CEO的履职情况，有利于促进新上市公司的绩效表现（Chahines and Goergen，2013）；进一步，能力较强及权力较大的独立董事能够通过与CEO的关系更好地发现和反驳CEO的失误，因为他们可以更好地获取信息，在挑战犯错的高管时也更具可信度（Fogel et al.，2021）。类似的，国内的研究显示上市公司董事与CEO具有"老乡"关系时，能够显著降低企业违规的概率（陆瑶和胡江燕，2016）；对中国A股上市公司样本的检验得到的研究结果也表明二者之间的社会关系能够提升公司绩效（陈霞等，2018）等。

另一方面，从"偏好效应"观点出发，认为二者的私人关系嵌入可能引致有偏误的互信和认知，导致个体之间产生"友谊的成本"，从而影响独立董事的独立性（Hwang and Kims，2009）。国外研究表明，独立董事-CEO社会关系嵌入可能导致企业产生不利于自身价值提升的并购行为（Fracassi and Tate，2012）；从投资者视角而言，投资者会认为二者之间的社会关系会导致审计委员会中的独立董事难以保持独立性（Edlin and Stiglitz，1995）。国内研究显示，独立董事-CEO的私人关系抑制了董事会的监督作用，诸如提高了企业的风险水平（陆瑶和胡江燕，2014），显著拉低了上市公司的财务信息质量（朱朝晖和李敏鑫，2020）及审计质量（李敏鑫和朱朝晖，2022），并对企业的创新表现具有抑制作用（朱朝晖和李敏鑫，2023）。

由于以上研究对二者关系的经济后果存在一定争议，国内外近期的研究对独立董事-CEO的社会关系以及董事会对不同职能的需求进行了分类与细化，并得出了异质性的结论。①在对独立董事-CEO的关系进行分类及细化方面，以美国上市公司为对象的研究表明，独立董事-CEO的个人友好关系会对审计委员会的监督能力产生削弱作用，但二者因职业背景和教育水平相似性而建立的关系则不会导致同样的结果（Zhu and Westphal，2014）；二者的私人关系会导致公司更易出现欺诈行为，显著增加了企业违规的风险，但是因以往共同的学习、工作及社会组织兼任经历的相似性而建立的关系不会引致这类行为的增加。类似的，罗肖依等（2023）对独立董事-CEO的关系进行了社会关系嵌入及人口统计学关系嵌入的区分,并针对企业创新能力展开了研究,结果显示了不同关系类型的差异化后果。具体为二者因职业、教育水平及年龄相似性而建立的关系有助于企业创新绩效的提升,而因私人关系嵌入而建立的关系则抑制了企业的创新投入和创新水平。②在不同类型的董事会对独立董事-CEO的社会关系带来的经济后果的差异化需求方面,当董事会更强调提供咨询建议时,二者的社会关系嵌入会在并购中带来更丰厚的收益,而当董事会更需要发挥监督职能时,结果却相反(Schmidt,2015)。

2.2 管理层业绩预告

本节对管理层业绩预告的概念特征、影响因素及经济后果等方面的国内外重点文献进行了系统的梳理及综述。

管理层业绩预告文献综述框架如图2-2所示。

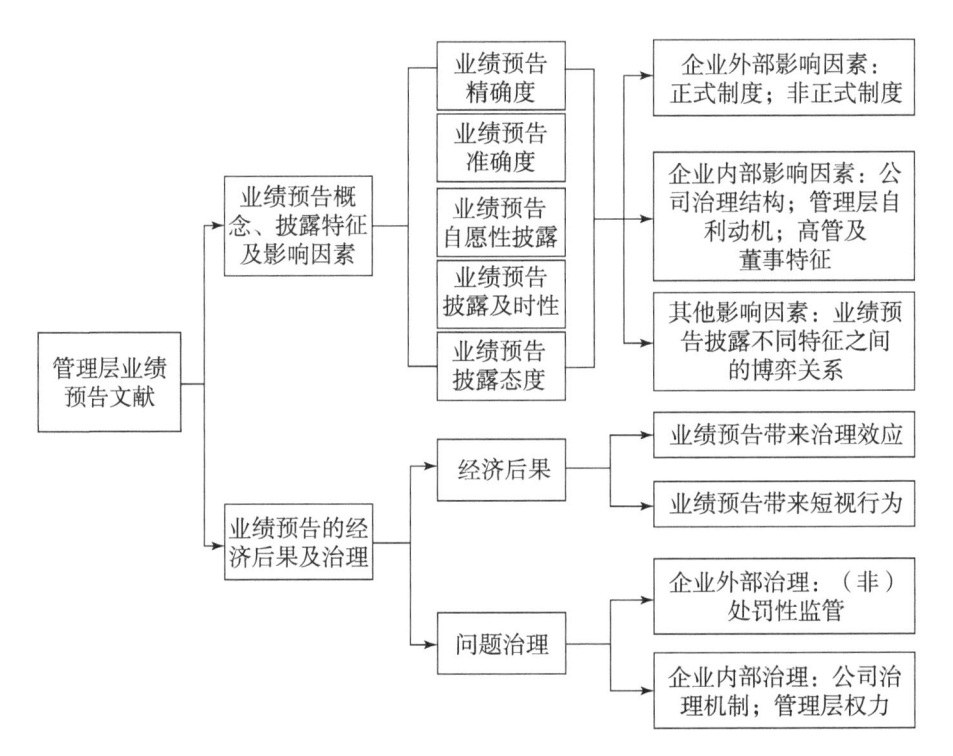

图2-2 管理层业绩预告文献综述框架

2.2.1 管理层业绩预告披露特征及影响因素

管理层业绩预告是资本市场中信息披露的一种方式,是上市公司提前于定期财务报告发布的前瞻性盈余信息,报告主体为上市公司的管理层。管理层业绩预告作为前瞻性的财务信息披露,在强调持之以恒防范化解金融风险的当下,对于资本市场的健康稳定运行具有至关重要的意义。在我国,证监会要求上市公司在财务报告公告日前提前进行业绩预告,以缓解财务报告日当天股价的大幅波动,并有利于保护中小投资者的利益。目前,大多数业绩预告相关研究主要集中在实证方面,业绩预告披露的特征可分为以下五个方面:业绩预告的精确度,即业绩预告的闭区间大小;业绩预告的准确度,即业绩预告与实际业绩的偏差度;业绩预告的积极性,即自愿性披露还是强制性披露;业绩预告的及时性,即业绩预告披露时间的早晚;业绩预告的态度,即对未来的业绩预测持乐观还是悲观的态度。

2.2.1.1 管理层业绩预告的精确度及其影响因素

业绩预告的精确度反映了业绩预告的闭区间宽度,是业绩预告形式上的精确程度的重要反映。一般而言,高精确度业绩预告体现了管理者对未来盈余的确定程度（King et al., 1990）。最初的业绩预告多以定性披露为主,定量披露的精确度也普遍不高,随着相关制度的不断完善,业绩预告的精确度逐渐提高,据 Ciconte 等 (2014) 统计,在过去十年间,闭区间业绩预告占全部业绩预告形式的 80%。就业绩预告精确度的影响因素而言,已有研究大致从两个方面展开探讨,即企业外部监管压力与企业内部治理情况。

就企业外部因素而言,国内外研究的关注方向具有一定相似性。①从非正式制度带来的外部监管出发,Bamber 和 Cheon (1998) 的早期研究认为分析师对焦点企业的关注度能显著提高企业业绩预告的精确度;高敬忠等 (2011) 的研究表明,机构投资者的持股比例能有效抑制管理层业绩预告的模糊披露。然而,也有学者从卖空机制的不利影响出发,检验结果表明外部利益相关者的压力会对业绩预告的精确度带来负面影响（Li and Zhang, 2015),机构投资者的调研过多也会引致业绩预告压力增大、精确度降低（程小可等,2017）;以中国 A 股上市公司为经验证据的研究也发现,供应商集中度对业绩预告精确度具有消极作用（林钟高和赵孝颖，2020）。②在正式制度方面，王雪等（2023）从国有企业制度改革的角度探讨了国有资本投资运营公司改革对业绩预告披露的影响，结果表明改革对管理层业绩预告的精确度和准确度均有不同程度的提升。

就企业内部因素而言，管理层方面和公司治理方面均是既有文献研究的重点。①管理层方面。管理层会因为内部交易的需要而刻意降低业绩预告的精确度（Cheng et al.，2013）；管理层使用预测精度策略来突出或混淆信息，当潜在的预测消息更能突出积极信号时，管理层有可能提高预测精度；当潜在的预测消息可能突出消极信号时，管理层则可能通过降低预测精度来混淆更多的负面消息（Sidharth and Ferdinand，2023）。第一类代理成本越高、内部人控制问题越严重的企业，业绩预告的精确度越低（袁振超等，2014），商誉减值则通过增加双重代理成本降低业绩预告精确度（常利民，2022），而企业内控股股东股权质押被认为是业绩预告精确度的影响因素（常利民，2020；常利民，2022；田高良等，2021），业绩预告披露中管理层存在机会主义行为。Lee（2017）则认为企业社会责任的履行有助于业绩预告精确度的提升。②公司治理方面。Karamanou 和 Vafeas（2005）论证了董事会规模的影响，而一些学者从行为金融的角度出发，研究发现管理层财务背景也对业绩预告的精确度具有积极影响（Bamber et al.，2010）。国内的相关研究也做出了诸多贡献，如路军（2016）对我国 A 股上市公司的研究表明，企业董事的审计机构任职经历能够促使管理层业绩预告精确度的提升，在自愿性披露的样本中该效应更显著；而女性高管也能对提升业绩预告的精确度起到积极作用（窦超等，2022）。

2.2.1.2 管理层业绩预告的准确度及其影响因素

业绩预告作为上市公司财务报告信息的前瞻性信息披露及重要补充，长期以来受到众多学者的广泛关注。Song 和 Li（2012）针对我国上市公司受到证监会处罚的研究表明，由于业绩预告不准确而受到处罚的占总数的 1/3。准确的管理层业绩预告反映了预测净利润与企业实际净利润之间的差异，也反映了业绩预告信息的有用程度，可以为企业调整市场预期及传递信息（罗玫和宋云玲，2012）。而准确度较低的业绩预告则会加大管理层与外部信息使用者的信息不对称，增大投资风险（朱杰，2020）。根据既有文献，业绩预告准确度的影响因素可以分为企业外部因素及企业内部因素。

就企业外部因素而言，既有文献主要从正式制度和非正式制度两个方面展开研究。①正式制度方面，企业外部良好的法治环境（Baginski et al.，2002），如融资融券交易的推出（李志生等，2017）、国际财务报告准则的实施（Hlel et al.，2020）、新《中华人民共和国证券法》的出台及适用等（唐雪松等，2023；孙洁和王梓臣，2023）都会对管理层业绩预告的准确度产生积极影响。而宏观经济政策的不确定性则可能带来消极影响，在一定的业绩预告披露时间要求下，经济政策不确定性在客观上会增加业绩预告的难度，从而导致其披露的准确性受到影响（宋云玲等，2022）。②非正式制度方面，研究表明会计信息可比性、共同机构所有权也有助于提升业绩预告的准确度（陈翔宇等，2015；李晓艳等，2023）。

就企业内部因素而言，企业内部的公司治理结构（Karamanoui，2005）、管理层策略性的选择（Cheng et al.，2013）均对企业预告准确度具有显著影响。①在企业战略方面。企业的战略变革程度会负向影响业绩预告准确度，而内部控制质量则能抑制二者之间的负相关关系（张艺琼等，2019）；企业国际化战略与业绩预告准确度之间则呈现非线性关系，而管理层的自利动机及代理成本等则在二者之间的关系中发挥了重要作用（朱杰，2020）；"互联网+销售"商业模式导致业绩预告的难度增加，也降低了业绩预告准确度（彭博和贺晨，2022）；而企业的数字化转型则对业绩预告准确度的提升具有正向影响（万清清和孙国光，2023）。②在会计信息质量方面。陈翔宇等（2015）的研究表明，会计信息可比性的提高能够促进业绩预告准确度的提升，而企业商誉的减值则被认为降低了业绩预告的准确度（常利民，2022）。③在管理层特征及背景方面。CEO权力过大会负面影响业绩预告准确度，但董事会的稳定性弱及监督能力强则能抑制上述效应（周冬华和赵玉洁，2013）。随着行为金融学的兴起，CEO个人特征的相关研究也不断涌现，如CEO的从军经历及财务背景（Bamber et al.，2010）、CEO任职经历（Matsunaga and Yeung，2011）以及飞行员背景（Gao et al.，2022）等能够显著提高业绩预告准确度；CEO过度自信可能给业绩预告的质量带来负面影响（Hribar and Yang，2016），而以我国A股上市公司为对象的研究则发现CEO的动态过度乐观可能提升业绩预告准确度（宋云玲等，2022）。④在董事特征及背景方面。董事会中的行业专家独立董事能够对业绩预告准确度的提升起到促进作用（Ke et al.，2020）；而当企业审计委员会中的外部董事具有CFO背景经历时，财务出错率更低，管理层业绩预告也更加准确（Seungmin et al.，2022）。

2.2.1.3 管理层业绩预告的积极性及其影响因素

在针对早年受到监管处罚的相关研究中（2000—2006年），从证监会统计的业绩预告信息可以发现，不披露业绩预告的占比最大，为42.4%（Song and Ji，2012）。以我国A股2003—2015年的上市公司为研究对象的文献显示，在达到强制性披露要求的上市公司中仍有10%未进行业绩预告披露（宋云玲和宋衍蘅，2022）。而以我国A股2007—2018年的上市公司为样本的相关研究表明，我国资本市场的业绩预告仍是强制性披露为主，自愿性披露的占比明显少于强制性披露（朱杰，2020）。而不积极进行业绩预告会招致外部利益相关者的负面评价，损害企业的长期运营及资本市场的健康运行。根据已有研究，影响业绩预告披露自愿性的因素总体可归纳为两个方面，即企业外部因素及企业内部因素。

就企业外部因素而言，企业面临较大的不确定性风险及外部压力，会影响企业披露业绩预告的积极性。①国外研究表明，同行诉讼会对企业带来更大的不确定性风险和更高的信息披露成本，从而对企业披露业绩预告的意愿具有抑制作用（Seo，2021）；而市场竞争的激烈程度、法律诉讼环境的变化会显著影响企业披露业绩预告的意愿（Bonsall et al.，2013；Houston et al.，2019）；机构投资者可以通过实地考察对管理层实施监督，从而增加管理层的自愿性盈利预测披露（Gao et al.，2023）。一些学者还认为，机构投资者施加的外部压力，如共同所有权或双重持股等，会提高企业自愿披露业绩预告的概率（Park et al.，2019；Peyravan and Wittenberg，2021）。②国内学界近年来也涌现了大量相关研究。在正式制度方面，李志生等（2017）的研究表明，融资融券交易的推出具有内部信息治理效应，表现为促进了业绩预告的自愿性披露；操巍和谭怡（2018）将宏观政策信息与微观企业信息披露相结合，揭示了宏观经济政策的不确定性对业绩预告自愿性披露会产生抑制作用；周楷唐等（2017）发现所在地政府官员的变更也会引发企业的业绩预告自愿性披露行为。而在与正式制度相对应的非正式制度方面，黄晓蓓和李晓博（2016）的研究则验证了分析师跟踪对业绩预告自愿性披露的作用，即以降低私有信息的价值为渠道，提高企业自愿披露业绩预告的积极性；龙立和龚光明（2017）则探讨了投资者情绪对企业自愿性信息披露行为的影响，发现在公司盈利及亏损的不同情况下则呈现出异质性的检验结果。有学者也进行了同行效应的检验，结果表明上市公司业绩预告披露行为与同行存在较大的关联，且当外部环境不确定性增大时该效应更显著（易志高和张烨，2022）；此外，"股吧"等社交媒体上投资者的参与度也被认为能够提升企业自愿披露业绩预告的可能性（王丹等，2020）。

就企业内部因素而言，既有文献从多个角度展开了相关研究。①国外研究发现，管理层从自利的机会主义动机出发，其意愿与股东及其他利益相关者并不一致，信息披露的增加会削弱管理层对公司的控制，甚至增加监管风险（Bushman and Smith，2001），只有在预期自身收益超过代价时，管理层才有可能愿意积极披露预告信息（Nagar，1999）。而完善的公司治理体系则对此能够起到一定的监管及治理作用，良好的公司治理机制对企业业绩预告自愿性披露具有促进作用（Aboody and Dasznik，2000）。然而，近年来的一些研究则表明，高管也可能出于操纵资本市场和鼓吹个人管理能力等目的而进行业绩预告自愿性披露（Kim，2015；Cao and Narayanamoorthy，2011）。②国内文献则从企业战略、公司股权结构及高管特征的视角展开了诸多研究。王玉涛和段梦然（2019）的研究表明了公司战略对业绩预告的影响，在战略上倾向于进攻的公司自愿披露业绩预告的积极性更高；简建辉等（2022）也发现随着企业战略信息激进度的增加，企业自愿披露业绩预告的意愿也更强。此外，企业控股股东股权质押能够起到促进管理层自愿发布业绩预告的作用（田高良等，2021）。而当企业的高管具备信息技术背景时，企业自愿披露业绩预告的频率及质量都得以提高（李瑞敬等，2022）。

2.1.2.4 管理层业绩预告的及时性及其影响因素

业绩预告的及时性为投资者提供了信息的时间价值。Song 和 Ji（2012）针对我国上市公司受到证监会处罚的研究表明，由于业绩预告超过规定时间披露而受到处罚的占总数的 24.2%。而以我国 A 股上市公司（2003—2015 年）为对象的研究表明，中小板上市公司业绩预告披露时间普遍不晚于 10 月，而主板和创业板上市公司业绩预告披露时间的分布则较为分散，甚至有少数公司晚于次年 1 月 31 日，因而为了规避不及时披露业绩预告而带来的风险，管理层需要尽量保证业绩预告在规定时间内披露（宋云玲和宋衍蘅，2022）。大致可以从内、外部环境因素及业绩预告特征三方面梳理有关业绩预告及时性影响因素的研究。

一方面，企业内、外部因素。①外部因素方面，既有文献大多从正式制度的影响展开研究，李志生等（2017）的研究发现，融资融券交易的推出有助于业绩预告披露及时性的提升；孙泽宇等（2023）则探讨了资本市场开放对业绩预告披露及时性的影响，结果证实由于资本市场的开放，业绩预告披露引起了更高的市场关注度并促使披露及时性提高。②内部因素方面，从企业微观角度出发，以澳大利亚资本市场为对象的研究发现，被审计机构出具了标准无保留意见的上市公司在业绩预告披露上更及时。而近些年我国学者对于业绩预告披露及时性的研究则发现其与企业战略及高管特征有关，如企业采用"互联网+"销售模式能够增强企业搜集和获取信息的能力，提升业绩预告形成的效率，提高披露及时性（彭博和贺晨，2022）。而管理层的技术背景对于业绩预告披露及时性具有显著的正向影响（李瑞敬，2022）。

另一方面，业绩预告披露及时性还被证明与业绩预告的其他特征具有一定关联。李馨子和肖土盛（2015）发现越早发布的业绩预告准确度越差；李洋等（2021）的相关研究则得到了不同结论，研究表明业绩预告披露的时间滞后很可能与对财务报表的策略性粉饰有关，因而披露及时性与准确度呈非线性的 U 形关系，时间的滞后不能带来更可靠的业绩预告；宋云玲和宋衍蘅（2022）以经济政策不确定性为研究视角，考察了业绩预告披露时间与准确度之间的博弈关系，结果表明当企业在披露时间上不具备自主选择权时，经济政策不确定性会导致业绩预告准确度降低。

2.1.2.5 管理层业绩预告披露态度及影响因素

业绩预告披露态度可分为好消息的披露（乐观态度）和坏消息的披露（悲观态度），普遍认为好消息向资本市场传递了企业发展前景良好、经营管理妥善，具备核心竞争实力的信号。而坏消息则相反，过于悲观的业绩预告甚至会引致股价的崩盘（Healy and Palepu, 2001）。然而, Johnson 等（2001）的研究表明过于乐观的业绩预告会增加企业遭遇诉讼的风险。对于业绩预告披露态度的影响因素，既有文献主要从主观因素及客观因素两个方面展开研究。

主观上，企业内部的管理层自利操纵动机是影响业绩预告披露态度的重要因素。国外研究显示，管理层会通过披露坏消息来降低股票期权的行权价格，从而获取差额利润（Aboody and Kasznik, 2000）；类似的，企业在即将进行外部融资时倾向于披露更多的乐观消息，而隐瞒坏消息的可能性则更高（Lang, 2000），在增加股票的持有量之前，管理层也会增加好消息的披露（Rogers and Stocken, 2005）。这种具备机会主义动机的博弈考量也与其他业绩预告特征有关，如管理层自身减持股票前的精确度较高的乐观消息、精确度较低的悲观消息，以及在增持股票前则采取截然相反的策略（Cheng et al., 2013）。由于在我国，管理者因业绩预告披露问题而遭受处罚的风险较小，管理者可能出于自利动机而操纵业绩预告披露的消息，隐瞒或策略性地披露（罗玫和宋云玲，2012）；张馨艺等（2012）针对我国 A 股上市公司的研究也发现，上市公司具有在休市日公布坏消息及交易日披露好消息的披露倾向。李欢和罗婷（2016）的研究也发现，管理层具有择时披露的动机，具体为当打算增持股票时，将释放更多的业绩预告坏消息，而在抛售股票之前则发布更多的好消息；徐高彦（2016）也发现管理层择时披露的现象，具体为行情上升时进行较多悲观披露而行情下降时多进行乐观披露。郭栋和肖星

（2022）的研究表明，管理层在绩效考核目标确定之前以及在职消费越多时披露的业绩预告坏消息较多，而这种现象也发生在股权激励方案发布之前（郭栋和肖星，2023）。

客观方面的原因也会对业绩预告披露态度产生影响。①从企业内部因素出发，在国外研究中，Cao 等（2011）发现企业战略变革会带来较高的不确定性风险，此时披露的业绩预告会相对悲观；张艺琼等（2019）以中国 A 股上市公司为研究对象，也发现业绩战略变革会导致业绩预告披露坏消息。②从企业外部因素出发，李志生等（2017）的研究表明，资本市场的宏观制度如融资融券交易的推出能够促进企业对业绩预告坏消息的披露。一些学者关注了非正式制度的影响，研究显示在分析师跟踪数较多的公司中，业绩预告坏消息的规范性披露比例有所提高（黄晓蓓和郑建明，2016）；当受到更多媒体的关注和公众的舆论压力时，企业更倾向于披露较多的业绩预告坏消息（王丹，2020）；而供应商集中度越高，企业在业绩预告自愿性披露中越倾向于披露好消息（林钟高和赵孝颖，2020）。

2.2.2 管理层业绩预告的经济后果及披露问题治理

2.2.2.1 经济后果

基于业绩预告治理效能的观点。第一，投资者能够从业绩预告中获得公司经营状况的重要前瞻性预测信息，削弱了企业内部管理层的信息优势，能够一定程度影响市场预期，帮助投资者降低投资风险（Beye et al.，2010；李志生等，2017）。Choi（2011）等在检验当前股票回报和未来盈余之间的关系时发现，短期业绩预测信息显著地改善了投资者对未来盈余的预期，进而降低了信息风险；Call 等（2014）的研究则表明业绩预告机制限制了管理层的盈余操纵空间。以美国上市公司为对象的研究表明，业绩预告为投资者提供了大量有助于决策的信息（Bozanic et al，2018），而在经济形势不佳时，业绩预告所包含的前瞻性信息能够激起市场更高的关注度和更强烈的反应（Maslar et al，2021）。第二，该信息机制带来更高的信息透明度，可以为投资者评价管理层行为提供更为充分的依据，同时也有助于降低治理层，如董事会或分析师的信息收集成本，有利于外部利益相关者参与公司治理。基于外部分析师视角,业绩预告的披露吸引了更多外部投资者或分析师的关注,从而进一步抑制了管理层的机会主义行为(Anantharaman and Zhang,2011)。Otomasa 等(2017)的研究证实,日本的董事会采用业绩预告信息评估管理层的表现,并据此调整其现金报酬。有学者认为在我国业绩预告信息披露准确度较低,模糊披露较为常见的情况下,业绩预告可靠性的提高能够提振广大投资者对上市公司信息质量的信心(李敬瑞,2022)。

基于业绩预告带来短视主义行为的观点。有研究指出,管理层属于信息优势方,而管理权与所有权的分离给管理层留下了机会主义操纵的空间(曾庆生和张耀中,2012)。尽管股东及利益相关者希望管理层能够全面真实地披露企业的盈余信息,但管理层的自利动机会使其在很多时候有所保留、刻意隐瞒(Bushman and Smith,2001),在业绩预告信息的披露中也会通过择机交易获取利益(Muramiya and Takada,2017)。管理层对业绩预告进行有策略的择机、择时披露会对投资者的判断与选择造成影响和误导(Shivakumar,2000),对资本市场的稳定运行带来风险,具体为对发布消息的类型进行择时操纵,目的是通过反复调整市场预期获得股票的超额收益(李馨子和罗婷,2014);李洋等(2021)的研究则认为,管理层对业绩预告的披露存在刻意隐瞒的导向,并非真实披露,通过策略性的粉饰对有利于自身的消息进行公布。进一步,学者们还研究发现一些公司为了公布较为符合市场预期的业绩预告,采取多种削减支出的手段来进行利润操纵。罗玫和宋云玲(2012)的研究表明,一些企业通过多次业绩预告修正降低了业绩预告的准确度,以达到某些自利的目的,研究得出须对业绩预告相关制度进一步规范和完善的结论;Koch 等(2012)的研究发现,公司在对披露业绩预告的公司实施并购时所产生的高溢价,源于被收购公司终止由业绩预告导致的短视行为所产生的预期价值。

2.2.2.2 披露问题治理

既有文献从企业外部与企业外部和内部两个视角探讨了业绩预告披露行为的治理路径。

就企业外部而言,包括处罚性治理与非处罚性治理两个视角。①基于处罚性治理的角度，研究显示新《中华人民共和国证券法》的实施使业绩预告受到了更多的关注，而上市公业绩预告的质量也得以提升（孙洁和王梓臣，2019）。证监会的处罚对业绩预告质量能够起到显著的治理作用，而当证监会处罚力度较小时，非处罚性治理机制能够发挥更强的替代作用（陈运森等，2019）。②基于非处罚性治理的角度，融资融券交易的推出对业绩预告质量也具有全方位的提升作用，表现为业绩预告的自愿性披露及对负面消息的披露增加，而业绩预告披露的准确度及时效性均得到不同程度的提升（李志生等，2017）；财务报告问询函对于业绩预告披露的积极性（自愿性披露）、精确度及准确度均体现出治理作用，而这种治理作用在深圳证券交易所财务报告问询函中更为显著，但具有一定时效（孙世敏和关舒予，2023）。我国资本市场沪深港通交易的开通对于标的公司业绩预告质量的提高具有积极意义，对业绩预告披露的积极性和及时性的提升都有促进作用（孙晶慧等，2022；孙泽宇等，2023）。此外，对于企业所处的外部非正式制度环境是否能够形成治理作用则存在争议，王丹等（2020）用上市公司股吧中股民的相关关注度及评论量来衡量投资者的参与程度，研究发现投资者在股吧中的参与度能够敦促管理层自愿披露业绩预告，对负面消息的披露也有促进作用；宋飞等（2021）的研究则表明，企业所在地区的儒家文化氛围可能影响了业绩预告精确度的提高；而社会信用体系的建立更能促进管理层自愿披露业绩预告（Guan et al.，2020）。

就企业内部而言，公司的内部治理机制被认为能够产生一定的治理效应。周冬华和赵玉洁（2013）基于CEO和董事会相对权力进行了研究，结果表明，CEO权力与上市公司业绩预告披露可靠性和及时性成反比，而具有较强监督能力的董事会会对业绩预告披露带来负面影响。无独有偶，孔晨和陈艳（2019）对管理层权力、公司治理与盈余预测质量之间的关系进行研究，并得到了与周冬华和赵玉洁（2013）类似的研究结论，还发现公司治理能够抑制权力强度对盈余预测质量的消极影响。此外，廖义刚和邓贤崐（2017）的研究发现，企业高质量的内部控制能够缓解业绩预告不可靠对审计费用的正向影响。张艺琼等（2019）的研究发现，企业战略变革会降低管理层业绩预告的准确度并导致业绩预告态度较为悲观；内部控制质量能够弱化企业战略变革对业绩预告产生的负面影响，管理层发布坏消息的可能性也会因此而降低。

2.3 文献评述

就独立董事社会关系嵌入方面的文献而言，既有文献对于其经济后果的性质尚未形成一致结论。一部分学者认为独立董事的社会关系嵌入对于企业的经营与发展具有积极意义，具体表现为能够有效提升财务报告质量、企业信息透明度、企业绩效表现，缓解代理冲突以及与正式制度形成互补等；一部分学者则认为独立董事社会关系嵌入对于企业的经营与发展存在负面效应，主要集中在削弱了公司治理效应及监督效应，增加了债券违约风险，降低了股东价值以及阻碍了企业战略变革等。在深受儒家文化影响的中国，尽管各项政治制度、法律制度、经济政策日益健全完善，但"关系"作为非正式制度，与正式制度相辅相成，在经济社会中始终发挥着不容忽视的重要作用。作为"舶来品"的独立董事，在中国式治理的实践中，其治理效果始终无法与中国社会特有的文化割裂开来。既有文献对独立董事社会关系嵌入在不同领域不同经济环境下所产生的经济后果进行了深入的探讨和研究，在理论逻辑及经验证据上均做出了巨大贡献。然而，鲜有文献基于社会嵌入理论框架，对独立董事社会关系的结构性嵌入与关系性嵌入进行综合性的探讨，而对其不同维度不同类型的嵌入进行详细划分则有助于从本质上进一步揭示独立董事社会关系嵌入产生作用的内在机制，厘清不同层面不同类别的独立董事社会关系嵌入对其履职能力，以及对企业经营及发展产生的差异化影响。

就管理层业绩预告方面的文献而言，既有文献主要从影响因素及经济后果两个方面展开。第一，管理层业绩预告的影响因素可以分为外部影响因素和内部影响因素。外部影响因素可分为正式制度因素和非正式制度因素，其中正式制度因素包括宏观经济政策、沪深港通交易制度、融资融券交易制度、法律诉讼环境等；非正式制度包括同行诉讼风险、市场竞争激烈程度、外部利益相关者关注度等。内部影响因素则主要从企业的治理情况、管理层自利动机、战略变革及商业模式变革、高管及董事背景特征等方面展开。此外,一些研究还发现业绩预告的不同特征之间存在此消彼长的关系,如精确度与消息类型之间的关系、及时性与准确度之间的关系,在不同特征之间的博弈考量也成为业绩预告的影响因素之一。第二,对于业绩预告的经济后果大致可分为积极的经济后果和消极的经济后果。绝大部分学者肯定了及时、可靠的业绩预告的正向价值,如缓解信息不对称、调整市场预期、提高时效性及对财务报告的有益补充等。但业绩预告也可能被短视的管理者作为操纵资本市场、实现自身利益的手段,加之某些客观原因的加持,业绩预告披露的问题屡禁不止。第三,对于业绩预告的治理已有文献从企业外部监管及企业内部机制进行了探讨。外部监管可分为处罚性治理和非处罚性治理,处罚性治理主要来自证监会,而非处罚性治理则由其他经济制度或媒体报道等的间接作用产生;内部治理机制则主要集中为公司治理水平、内部控制及董事会监管等。

通过对管理层业绩预告相关文献进行梳理和分析发现,国内外文献对于管理层业绩预告的影响因素分析存在诸多相似之处,但值得一提的是,国外文献对影响因素的探讨有相当一部分聚焦于诉讼风险,诉讼风险不仅会影响业绩预告披露的积极性、精确性,还会影响披露态度,而国内文献则较少涉及相关研究。可能是因为英美国家的高诉讼风险环境导致业绩预告披露本身存在被起诉的风险,管理层发布业绩预告也存在提前释放盈余风险的考虑。而国内文献主要围绕企业内部治理、管理层机会主义抑制的代理理论框架及企业战略等角度展开,近年来也逐渐开始关注外部正式制度与非正式制度的影响,如资本市场的改革、国有企业制度的改革,以及媒体关注度、儒家文化等带来的影响。此外,综合国内外文献的研究进展不难发现,都具有针对某一因素同时对多个业绩预告特征产生影响进行探讨的研究趋势。

众多学者已从多个角度对管理层业绩预告影响因素、治理建议展开研究,在理论逻辑及经验证据上具有不可小觑的重要价值。然而,从管理层业绩预告的影响因素来看,相当一部分文献聚焦于企业外部的正式制度因素,尽管也有部分文献涉及外部非正式制度因素，但大多与企业外部的媒体关注度、供应商集中度及同行诉讼风险等相关。研究与企业内部相关的管理层业绩预告影响因素的文献，大多聚焦于企业的管理层特征或商业模式等，提及董事特征的文献较少。

既有文献的局限性主要表现在两方面。

一方面，鲜有文献将非正式制度独立董事社会关系嵌入纳入业绩预告的影响因素中进行探讨。尽管业绩预告由管理层向外披露，无须经第三方审计机构审计，但业绩预告决策的形成需要经由董事会反复商议决定。而在董事会方面，既有研究显示，董事的独立性、声誉及财务专长等对于管理层业绩预告披露的可能性及披露质量等具有积极影响（Chan et al.，2013）；董事会的社会网络对于提升管理层业绩预告的准确度也有促进作用（Schabus，2022）。然而，董事会成员的不同职责也对其履职情况具有差异化的影响。既有文献对独立董事与管理层业绩预告的关系也进行了研究，如一些研究表明，独立非执行董事对于管理层业绩预告的自愿性披露行为具有积极影响（Klein，2002；Ajinkya et al.，2005）；关于独立董事在董事会中的比例对业绩预告的影响则存在意见分歧：一些学者的研究表明，独立董事比例增大能够提升业绩预告披露的意愿和披露质量（杜淑洁，2005）；而另一些学者则持截然不同的观点，认为独立董事比例增大对业绩预告披露不存在显著影响或具有消极影响（田莹莹，2013；刘环环，2010）。而结合中国情境，社会关系对经济社会的运行发挥着不可小觑的作用，独立董事在治理过程中也存在着动态的人际交互，并影响其在履职中的思考和行事方式，兼具咨询建议职能及监督职能的独立董事在企业外部及企业内部的社会关系嵌入，究竟会对业绩预告质量产生怎样的影响则鲜有文献提及。本书创新性地以独立董事社会关系嵌入为切入点，基于非正式制度理论将内、外部影响因素相结合，探讨不同类别的独立董事社会关系嵌入对管理层业绩预告的影响。

另一方面，少有文献同时将管理层业绩预告的多种披露特征作为经济后果进行深入研究。已有文献表明业绩预告披露特征之间存在着复杂多样，甚至是此消彼长的关系，因而将管理层业绩预告的主要特征全部纳入模型中一并探讨有利于综合考量业绩预告质量，揭示独立董事社会关系嵌入对管理层业绩预告质量各个维度的差异化影响。对于二者关系的深入剖析和探讨能够为进一步从社会关系的视角将企业内、外部因素相结合，以中国式治理为依据，在委托代理框架下兼顾社会关系的综合影响，打开独立董事治理作用的"黑箱"、持续提高业绩预告披露的质量提供有益的借鉴。

2.4 本章小结

本章对独立董事的社会关系嵌入以及管理层业绩预告的国内外重点文献进行了回顾和分析，确定了本书研究的切入点。

首先，本章对独立董事社会关系嵌入的相关文献进行了梳理和阐述。在总结国内外重点文献、详细划分独立董事社会关系嵌入，即对独立董事社会关系的结构性嵌入（独立董事社会网络嵌入）和关系性嵌入（独立董事社会资本嵌入、独立董事-CEO社会关系嵌入）的概念、特征进行阐释的基础上，对有关独立董事社会关系嵌入经济后果的研究进行了详细分类及梳理。

其次，对管理层业绩预告相关文献进行了梳理和阐述。在总结既有国内外重点文献，对管理层业绩预告披露特征进行详细划分，即在分析业绩预告披露的自愿性、准确度、精确度、及时性和披露态度的基础上，对所有披露特征的概念、影响因素、经济后果及问题治理进行详细的分类及梳理。

最后，对已有相关文献进行了总结和比较，明确了已有文献的进展、贡献与不足之处，进一步明确了本书研究的切入点与核心价值。

3 制度背景与实践特征

3.1 我国独立董事制度的政策演进与实践特征

3.1.1 我国独立董事制度的政策演进

独立董事制度最早发源于 20 世纪 40 年代美国的公司治理实践，1940 年美国颁布的《投资公司法》明确规定投资公司的董事会中，至少应有四成比例的人员独立于投资公司、投资顾问及承销商。其目的是防止投资公司董事被大股东及管理层所控制，从而影响其他股东及公司的整体利益。时至 20 世纪 90 年代中后期，美国建立了相对完善的独立董事制度，"1999 年世界主要企业统计指标的国际比较"资料显示，独立董事占董事会成员的比例接近 2/3。独立董事的定义也得到进一步完善，指与其所受聘的公司及主要股东之间不存在可能妨碍其进行客观判断的关系的董事。我国独立董事制度的建立相对较晚，独立董事制度的引入是我国资本市场改革开放的产物，也是上市公司治理市场化、国际化和现代化的标志。我国独立董事制度的建立与发展大致经历了以下四个阶段。

第一阶段：独立董事制度的萌芽阶段。独立董事制度作为"舶来品"引入中国资本市场，至今已经历 20 多年的发展历程。1993 年，青岛啤酒股份（00168.HK）在香港上市时聘请了两名独立董事，成为我国境内最早设立独立董事职位的上市公司；1997 年，中国证监会颁布的《上市公司章程指引》中，首次提到上市公司可根据需要设置独立董事职位；1999 年，由中国证监会与原国家经济贸易委员会联合发布的《关于进一步促进境外上市公司规范运作和深化改革的意见》规定，赴海外上市的公司必须施行独立董事制度，也提出应当增加独立董事在董事会中的比重。2000 年 11 月 3 日，上海证券交易所发布的《上海证券交易所上市公司治理指引（征求意见稿)》规定，上市公司董事会中应至少拥有两名独立董事，且独立董事至少应占董事总人数的20%。

第二阶段：独立董事制度的初步建立阶段。2001年8月16日，中国证监会发布的《关于在上市公司建立独立董事制度的指导意见》（以下简称《意见》），明确提出为进一步完善上市公司治理结构，促进上市公司规范运作，上市公司应当建立独立董事制度，要求上市公司的董事会于次年6月30日前至少有两名独立董事，并对独立董事的职责和义务进行了规定。至此，独立董事制度在我国正式建立。2002年1月7日，中国证监会颁布了《上市公司治理准则》规范性文件，明确阐释了我国上市公司治理的基本原则、对投资者实施保护的方式，并对上市公司的高级管理人员、董事会人员、监事会人员等提出了行为规范及职业道德等方面的基本要求。2004年1月31日，国务院发布了《国务院关于推进资本市场改革开放和稳定发展的若干意见》，强调进一步规范资本市场中上市公司的经营，并要求进一步完善独立董事制度。

第三阶段：独立董事制度的发展阶段。2004年12月7日，中国证监会颁布《关于加强社会公众股股东权益保护的若干规定》，就完善独立董事制度及充分发挥独立董事的作用做出了具体规定（六项），对独立董事保护中小投资者的义务和职责予以明确的规定。2005年10月27日，修订后的《中华人民共和国公司法》（2006年1月1日起实施）规定："上市公司设立独立董事，具体办法由国务院规定。"首次从法律层面明确了独立董事制度。2014年，中国上市公司协会首次发布了《上市公司独立董事履职指引》，明确了独立董事应当能够充分了解公司治理的基本原则、上市公司运作的法律框架、独立董事的职责与责任、上市公司信息披露和关联交易监管等具体规则，还应具备内部控制与风险防范意识和基本的财务报表阅读与理解能力。

第四阶段：独立董事制度的快速发展阶段。2018年9月，中国证监会推动修改的基石性文件《上市公司治理准则》出台，专门对独立董事的职权进行了明确——在享有董事的一般职权的同时，还拥有法律规定及公司章程规定的特殊职权。时至2021年11月26日，相关部门对独立董事制度开启了更加全面的完善。证监会发布了《上市公司独立董事规则（征求意见稿）》，该规范性文件将《独立董事指导意见》改为《独立董事规则》，并以上位法作为制定依据。2022年1月21日，最高人民法院发布《最高人民法院关于审理证券市场虚假陈述侵权民事赔偿案件的若干规定》，其中第十六条专门规定了独立董事的具体免责事由。最高人民法院民二庭负责人就此条规定及市场关切的独立董事责任问题做出回应：根据独立董事制度的目的与市场实践现状，压实独立董事责任的重点在于严肃追究迎合造假、严重违反注意义务等重大不履职行为的民事责任，同时打消勤勉尽责者的后顾之忧，避免"寒蝉效应"。2023年4月，《国务院办公厅关于上市公司独立董事制度改革的意见》（以下简称《意见》）出台，对独立董事制度进行了全面性、系统性及大力度的改革，明确了独立董事的三重职责：监督制衡、专业咨询及参与决策。这对董事会科学合理地做出决策及形成制衡、提高监督效应具有重要意义。对独立董事所占比重也提出了更为具体和严格的要求：独立董事占董事会成员的比例不得低于1/3；在审计委员会中的独立董事人数需过半；在提名、薪酬与考核委员会中的独董人数也应过半。在人员选任方面，《意见》明确规定鼓励第三方机构以公开征集股东权利的方式提名独立董事，夯实了独立董事保持独立性的根基。在职责定位和履职管理方面，《意见》对独立董事的权力和责任认定情形进行了细化，并明确了不予以处罚的情形，有效避免了独立董事履职过程中的"寒蝉效应"，充分体现了"过罚相当，精准追责"的理念。独立董事制度的发展阶段及时间如图3-1所示。

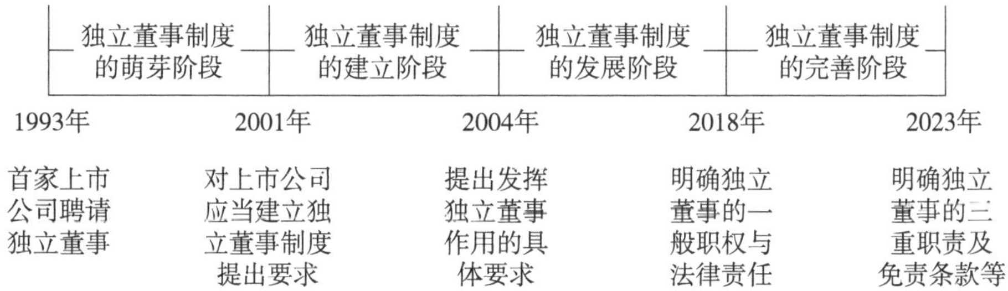

独立董事制度的萌芽阶段	独立董事制度的建立阶段	独立董事制度的发展阶段	独立董事制度的完善阶段
1993年	2001年	2004年	2018年	2023年
首家上市公司聘请独立董事	对上市公司应当建立独立董事制度提出要求	提出发挥独立董事作用的具体要求	明确独立董事的一般职权与法律责任	明确独立董事的三重职责及免责条款等

图3-1 独立董事制度发展阶段

3.1.2 我国独立董事制度的实践特征

3.1.2.1 上市公司独立董事的人员数量及学历结构

由独立董事制度发展的历史沿革可知，独立董事制度从引入我国资本市场以来经历了一系列的发展与改革，自2021年起相关制度的出台较过去十几年更加频繁，改革更加系统与全面，力度也更大。这充分表明了中国政府、证监会及相关部门对独立董事制度的高度重视，以及进一步推进独立董事制度完善健全的决心。值得一提的是，独立董事制度经历了20余年的不断进步，实践中我国上市公司的独立董事也由独立董事制度建立之初的700余人，逐年发展壮大为2022年年末的20000余人，详见表3-1。此外，我国独立董事的人员结构也在悄然发生着变化，独立董事正在往日渐专业化及高学历化的方向发展，从上市公司所聘请独立董事的整体学历来看，截至2022年年末，拥有博士学位的独立董事占总人数的比例已超过1/3。上市公司独立董事人员学历结构情况（2022年年末）如图3-2所示。

表3-1 上市公司独立董事人数增长表（2001—2022年）

年份	主板	中小板	创业板	科创板
2001	732			
2002	2872			
2003	4207			
2004	4594	125		
2005	4548	161		
2006	4657	340		
2007	4839	742		
2008	5735	1032		
2009	5775	1201	118	
2010	5567	2153	550	
2011	6258	2732	1144	
2012	7003	3091	1404	

续表

年份	主板	中小板	创业板	科创板
2013	7267	3914	1553	
2014	9279	4161	2111	
2015	9001	3930	2505	
2016	9034	4448	2877	
2017	9678	4426	3405	
2018	9364	4298	3390	
2019	9753	4861	3568	284
2020	11132	5139	4302	895
2021	16500	—	5437	1558
2022	16800	—	5979	2256

注：数据来源于 Csmar 数据库，并经整理而得。

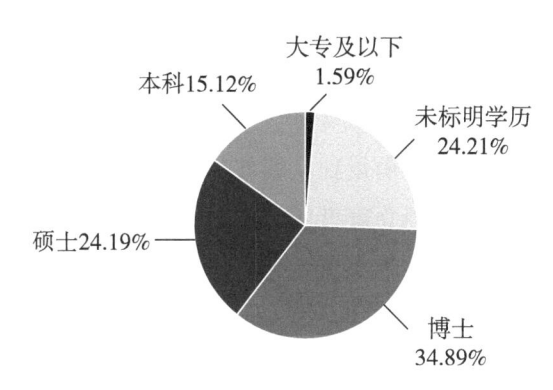

图 3-2 截至 2022 年年末上市公司独立董事学历构成

注：数据来源于 Wind 数据库，并经整理而得。

3.1.2.2 上市公司独立董事社会关系嵌入情况

基于本书实证部分研究的主要对象，即 2010—2022 年 A 股上市公司，借鉴既有文献的相关研究，对独立董事社会网络嵌入、社会资本嵌入、独立董事-CEO社会关系嵌入的指标进行衡量（指标测算方法见表3-2），并对2010—2022年的样本数据进行统计分析，结果发现：①独立董事社会网络嵌入的中心度指标大体呈较为平稳的上升趋势，2016年以后显示出小幅回落。究其原因，可能与2015年11月出台的《教育部办公厅关于开展党政领导干部在企业兼职情况专项检查的通知》（以下简称《通知》）有关，此后在高校具有副处级及以上领导职务的独立董事纷纷请辞。而高校教授因其专业知识、行业声誉等，兼任多个企业独立董事的情况较为普遍，部分拥有领导职务的高校教授的辞任对独立董事社会网络嵌入程度（网络中心度）具有暂时的抑制作用，但《通知》对于没有领导职务的普通高校教授则无相关限制，随着大量不具备领导职务的高校教授及其他专业技术人员涌入独立董事队伍，独立董事网络中心度整体呈现较为平稳的趋势。②独立董事社会资本嵌入指标在2010—2013年保持较高水平，2013年以后则转而下降，此后趋于平稳。原因可能与相关政策的出台有关，如2013年10月19日，中央组织部出台了《关于进一步规范党政领导干部在企业兼职（任职）问题的意见》，限制了在职官员兼任企业独立董事，随着在职官员独立董事的辞任，2014年起独立董事的社会资本整体出现平缓的下降趋势。但随着高校的"教授型"独立董事的大规模加入，尽管衡量独立董事社会资本嵌入的"政治地位"有所下降，但高校专业技术型独立董事所带来的"职业地位"总体提升，因此整体而言，独立董事的社会资本变化不大。相关政策制度的出台有利于营造风清气正的上市公司治理环境，一定程度地阻断某些独立董事利用现有权力进行利益输送的链条，保障了独立董事更好地履行咨询建议职能，更加客观、公正地履行监督职能。从本书的研究来看，也能够排除无关的干扰因素，使研究上市公司独立董事社会关系嵌入的变化情况的结论更具备参考价值（见表3-3）。③独立董事-CEO社会关系嵌入指标大体呈波动上升的趋势。从政策制度来看，独立董事-CEO社会关系嵌入受政策制度影响较小，未反映出明显的变化趋势，主要与企业的个体选择有关。

表 3-2 独立董事社会关系嵌入变量定义列表

变量名称	变量度量
独立董事社会网络嵌入（程度中心度）	$Centrality_i = \sum_{j=1}^{n} p_{ij}/n-1$ 其中，p_{ij} 表示公司 i 和公司 j 之间是否存在关系，如公司 i 的独立董事成员在公司 j 担任独立董事职务，则 $p_{ij}=1$，否则 $p_{ij}=0$；n 表示构成连锁独立董事网络的企业数量
独立董事社会网络嵌入（接近中心度）	$Closeness_i = \dfrac{(n-1)}{\sum_{j=1}^{n} d(i,j)}$ 其中，$d(i,j)$ 为连接公司 j 和 k 的最短路径数量，n 表示构成连锁独立董事网络的企业数量
独立董事社会网络嵌入（中介中心度）	$Betweenness_i = \dfrac{\sum_{j<k} \dfrac{g_{jk}(i)}{g_{jk}}}{\dfrac{(n-2)(n-1)}{2}}$ 其中，g_{jk} 为连接公司 i 与公司 j 的最短路径长度，n 表示公司独立董事总人数
独立董事社会资本嵌入	横向社会资本、纵向社会资本和社会声誉三个维度子指标加权后相加（具体见 6.3.1 节的变量说明）
独立董事-CEO 社会关系嵌入	独立董事与 CEO 在毕业学校、籍贯以及曾任职的单位上具有交集的人数与董事会总人数比值

表 3-3 上市公司独立董事社会关系嵌入变化表（2010—2022 年）

年份	独立董事社会网络嵌入（中心度）			立董事社会资本嵌入	独立董事-CEO社会关系嵌入
	程度中心度	接近中心度	中介中心度		
2010	0.2881	0.0934	0.0015	5.0045	0.0006
2011	0.3069	0.1056	0.0014	6.6379	0.0040
2012	0.3273	0.1148	0.0014	6.1383	0.0042
2013	0.3538	0.1276	0.0013	5.9900	0.0033
2014	0.3789	0.1413	0.0012	5.3652	0.0029
2015	0.3697	0.1364	0.0012	5.1527	0.0036

续表

年份	独立董事社会网络嵌入（中心度）			立董事社会资本嵌入	独立董事-CEO社会关系嵌入
	程度中心度	接近中心度	中介中心度		
2016	0.4032	0.1449	0.0011	5.0671	0.0045
2017	0.3189	0.1039	0.0011	4.9496	0.0046
2018	0.3775	0.1400	0.0010	4.8697	0.0048
2019	0.3858	0.1320	0.0009	4.7799	0.0055
2020	0.3886	0.1365	0.0008	4.7567	0.0042
2021	0.3652	0.1236	0.0007	4.7174	0.0046
2022	0.3624	0.1143	0.0007	4.5520	0.0083

注：原始资料来源于Csmar数据库，经分析、赋值及整理得到基础数据，并通过相关软件生成相关数据结果。

此外，根据本书采用的社会网络研究方法，通过Ucinet网络分析集成软件以及Pajek大型复杂网络分析软件，对上市公司独立董事社会网络嵌入程度进行测量，由独立董事个人层面的社会网络形成所属公司层面的社会网络（具体测算方法见第5章）。为了较为清晰地呈现结果，本章仅以截至2022年年底科创板上市公司为例，生成网络关系图（见图3-3），可见上市公司之间由于独立董事在不同企业任职而形成社会网络联结，也使得企业因此存在错综复杂的网络关系。

当前，注册制已在我国A股市场全面落地，在强调保护投资者的注册制下，从公司治理的层面来看，监事会从内部监督持有特别表决权股份的股东。然而，要真正将保护投资者的任务落到实处，防范管理层及大股东等的机会主义行为，仅靠监事会的作用明显是不够的。原因是特别表决权股东可任命监事，此类监事对特别表决权股东的监督作用必然会大打折扣；另外，在上市公司治理实践中，监事会的监督大多属于末端的事后监督，难以对滥用特别表决权的机会主义行为采取及时的履职措施以进行干预。而此时，独立董事的内部监督作用显得更加不可或缺，独立董事制度的全面完善对于资本市场的持续健康发展更是必不可少。

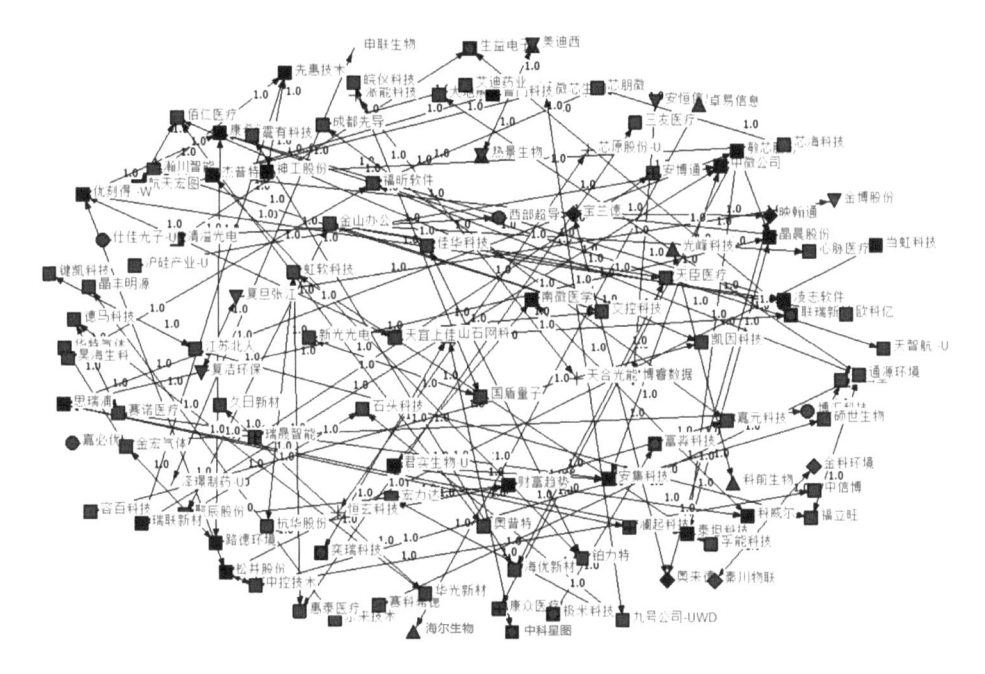

图 3-3　科创板上市公司网络关系图

注：数据来源于 Csmar 及 Wind 数据库，经由 Ucinet 软件生成可视化网络分析图片。

3.2 我国业绩预告制度的政策演进与实践特征

3.2.1 我国业绩预告制度的政策演进

业绩预告是指上市公司在会计报告公告日之前，对企业当期盈余信息的提前披露。业绩预告旨在提前释放业绩风险，从而保障中小投资者等信息弱势群体的利益。截至 2023 年，我国业绩预告制度的建立与发展大体上经历了四个阶段。

第一阶段：业绩预告制度的初步建立。业绩预告制度最早发源于 20 世纪西方发达国家，美国于 20 世纪 40 年代率先建立了"预先警示"的信息披露制度，这是正式业绩预告披露制度的雏形。直到 1995 年，美国建立了相对完善的业绩预告制度和规则。而我国的业绩预告制度形成相对较晚，1998 年 12 月，中国证监会发布了《关于做好上市公司 1998 年度报告有关问题的通知》,首次要求连续亏损的上市公司及时披露业绩信息。经过几年的演变,业绩预告制度的雏形逐渐形成。根据上海证券交易所及深圳证券交易所的有关规定,从2002年起,要求预测全年经营成果可能为亏损或者与上年相比发生大幅度变动,即净利润与上年同期相同指标相比上升或下降50%或50%以上的企业,应在第三季度报告中的"经营情况阐述与分析"栏目中予以警示,而第三季度报告的披露必须在10月31日前完成。

第二阶段:业绩预告制度的发展阶段。业绩预告制度在实践中一次次经历细化与改革,这对业绩预告的发展起到了重要作用。①对强制性预告的范围进行拓展。2004年9月27日,上海证券交易所与深圳证券交易所分别发布《关于做好2004年第三季度报告工作的通知》,将"上市公司当年相比上年同期净利润发生大幅度变动的情形"重新界定为"上升或下降50%以上,或由亏损变为盈利",这就意味着企业如若经营业绩相比上年同期发生了扭亏为盈,也应当就相关情况进行业绩预警,并对业绩变动原因进行说明。2005年12月29日,上海证券交易所与深圳证券交易所分别发布《关于做好2005年年度报告工作的通知》,对上市公司业绩预告披露净利润与实际净利润差异较大的公司提出业绩预告修正要求,并要求及时披露业绩预告修正公告。自此,业绩预告制度正式具备了纠偏功能。②取消部分上市公司季度、中期业绩预告的强制性要求。2006年5月,上海证券交易所修订《上海证券交易所股票上市规则》,仅对达到强制披露标准的上市公司提供年度业绩预告提出要求,而不再强制要求上市公司披露季度及中期财务报告。

第三阶段:高度重视中小板及创业板制度细化的阶段。对中小板及创业板提出了区别于主板的特殊要求。2007年9月,深圳证券交易所发布《关于做好中小企业板上市公司2007年第三季度报告工作的通知》,对可能发生亏损、扭亏为盈或净利润与上年相比有增减变动情况的中小板上市公司提出需要在季度业绩预告中进行相关披露的要求。2008年12月23日,深圳证券交易所发布《中小企业板信息披露业务备忘录第1号:业绩预告、业绩快报及其修正》(以下简称《备忘录1号》),要求中小板上市公司对年度、半年度以及季度的业绩预告进行全面披露,同时对业绩预告披露净利润的变动幅度、变动金额、不确定性因素可能引致的影响等的披露提出具体要求。并将该规定延续使用至 2018 年。2019 年 3 月，深圳证券交易所监管部再次修订《备忘录 1 号》，不再要求所有中小板公司强制披露中期、第三季度和年度业绩预告。在创业板方面，2009 年 6 月 6 日，深圳证券交易所发布《深圳证券交易所创业板股票上市规则》，对创业板上市公司提出了半强制的业绩预告披露要求，具体为会计年度全年、半年度、前三季度经营业绩符合强制披露规定要求时，须按规定及时披露业绩预告。随后，在 2012 年 1 月，深圳证券交易所发布了《创业板信息披露业务备忘录第 11 号——业绩预告、业绩快报及其修正》规范性文件，对创业板上市公司的业绩预告规则进行了进一步细化，对披露时间及披露的区域范围、变动的上下限幅度金额等提出了具体的要求，并在 2016 年 12 月对该文件进行了修订，强调了应采取定量披露的形式并须采取准确的表述方式。

第四阶段：业绩预告制度的全面完善阶段。2019 年 6 月 13 日，上海证券交易所开启了科创板试点注册制，实现了科创板的"增量"改革。2020 年 8 月 24 日，创业板改革并试点注册制平稳落地，同步推进"增量"和"存量"改革；2020 年 12 月 31 日，上海证券交易所发布了《上海证券交易所科创板股票上市审核规则（2020 年修订）》。2021 年 3 月 4 日，中国证监会审议通过《上市公司信息披露管理办法》，对经营业绩净利润为负或大幅度变动的上市公司提出须及时披露业绩预告的明确要求。2023 年 2 月 1 日，我国 A 股市场全面实行注册制，上海证券交易所及深圳证券交易所先后发布了《上海证券交易所股票上市规则（2023 年 2 月修订）》《深圳证券交易所股票上市规则（2023 年修订）》《深圳证券交易所创业板股票上市规则（2023 年修订）》规范性文件，其中，对各板块的上市公司均提出了更为科学、完善、明确、具体的业绩预告披露要求（详见表 3-4），标志着我国资本市场的业绩预告改革已迈向了深水区。

表 3-4　上市公司最新业绩预告规则汇总表（截至 2023 年 8 月）

上市板块类型	文件来源	按规定须进行业绩预告披露的情形	对业绩报告质量的要求
上海证券交易所—主板	《上海证券交易所股票上市规则（2023年2月修订）》	1. 应当在会计年度结束后1个月内进行预告的情形：净利润为负值；净利润与上年同期相比上升或者下降50%以上；扣除非经常性损益前后的净利润孰低者为负值，且扣除与主营业务无关的业务收入和不具备商业实质的营业收入后的营业收入低于1亿元；期末净资产为负值等。2. 应当在半年度结束后15日内进行预告的情形：净利润为负值；净利润实现扭亏为盈；实现盈利，且净利润与上年同期相比上升或者下降50%以上	1. 上市公司应当合理、谨慎、客观、准确地披露业绩预告，公告内容应当包括盈亏金额区间、业绩变动范围、经营业绩或者财务状况发生重大变动的主要原因等。如存在不确定因素可能影响业绩预告准确性的，公司应当在业绩预告公告中披露不确定因素的具体情况及其影响程度 2. 上市公司披露业绩预告，如计入本期经营业绩或者财务状况与已披露的业绩预告存在重大差异，应当及时披露原因并进行说明 3. 上市公司预计本期盈利预测更正公告中对更正的恰当性和审慎性予以说明
上海证券交易所—科创板	《上海证券交易所科创板股票上市规则（2020年12月修订）》	应当在会计年度结束后1个月内进行预告的情形：净利润为负值；净利润与上年同期相比上升或者下降50%以上；实现扭亏为盈	

— 56 —

续表

上市板块类型	文件来源	按规定须进行业绩预告披露的情形	对业绩预告质量的要求
深圳证券交易所——主板	《深圳证券交易所股票上市规则（2023年修订）》	1. 应当在会计年度结束后1个月内进行预告的情形：基本与《上海证券交易所股票上市规则（2023年修订）》的规定一致，并增加了"公司股票交易因特定情形被实施退市风险警示后的首个会计年度"的情形。 2. 应当在半年度结束后15日内进行预告的情形：净利润为负值；实现扭亏为盈；净利润与上年同期相比上升或者下降50%以上；实现扭亏为盈；期末净资产为负	4. 上市公司董事、监事和高级管理人员应当及时、全面了解和关注公司经营情况和财务信息，并在必要时与会计师事务所进行一定的沟通，审慎判断是否应当披露业绩预告。公司及其董事、监事和高级管理人员应当对业绩预告及更正公告、业绩快报及更正公告，盈利预测及更正公告披露的准确性负责，确保披露情况与公司实际情况不存在重大差异。（注：1和2适用于上海证券交易所及深圳证券交易所上市公司；3和4仅适用于上海证券交易所上市公司）
深圳证券交易所——创业板	《深圳证券交易所创业板股票上市规则（2023年修订）》	1. 应当在年年报出现以下情况时披露业绩预报：净利润为负；净利润与上年同期相比上升或者下降50%以上；实现扭亏为盈；期末净资产为负 2. 季度报和半年报无此此强制要求	

数据来源：上海证券交易所、深圳证券交易所官方网站信息，经整理而得。

— 57 —

3.2.2 我国业绩预告制度的实践特征

本书结合前文所述,以业绩预告相关政策制度为依据,将2010—2022年我国A股上市公司年度业绩预告作为研究对象,对业绩预告实践情况进行统计,主要数据来自Wind数据库。首先,对各年年度业绩预告的披露总数量进行统计,并根据沪深证券交易所的上市规则对强制性预告的定义,对强制性披露的公司数量及自愿性披露的公司数量进行进一步统计(将强制性披露定义为净利润为负、扭亏为盈或者报告净利润的上限或下限变动幅度超过50%,上市规则规定可免除的情况除外)。并根据披露的内容手工整理出定性披露及定量披露的公司数,统计定量披露所占的比例。其次,对业绩预告的消息类型进行划分,具体为根据Wind数据库中披露的消息类型将"不确定"的划分为不确定性消息,将其余类型"略减""略增""扭亏""首亏""续亏""续盈""预减""预增"均划分为确定性消息。再次,根据2006年沪深证券交易所上市规则的规定,年度业绩预告的披露时间不晚于次年1月31日,本书对于次年1月31日前的公司数量进行统计。最后,对各年发布过年度业绩预告更正公告的公司数量进行统计。此外,由于本书后续实证分析的研究对象为剔除金融行业及ST公司的企业,为保持一致性,此处统计数据也做了同样的处理。

表3-5报告了2010—2022年中国A股上市公司(剔除金融行业及ST公司)年度业绩预告的变化趋势。总体来看,年度业绩预告的披露总数量逐年上升,从2010年的1123份上升至2022年的2544份。其中定量披露的比例也由2010年的37.2%提高至2022年的99.8%。自2012年起,定量披露的比例大幅提升至85.9%,大概率与2012年深圳证券交易所发布的《创业板信息披露业务备忘录第11号——业绩预告、业绩快报及其修正》规范性文件,对创业板上市公司业绩预告提出须披露预告净利润及变动幅度范围的要求有关,其他板块的上市公司也逐渐规范业绩预告披露形式。然而,从统计数据来看,自愿性披露业绩预告的公司数量在绝大多数年份明显低于强制性披露业绩预告的公司数量,表明在2010—2022年我国上市公司业绩预告信息披露制度仍然以强制性披露为主,政府"有形的手"在资本市场业绩预告信息

披露行为中发挥了强有力的作用。①从披露形式来看，2011年及之前的业绩预告多以定性披露为主，自2012年开始定量披露的占比大幅提升。②从披露态度来看，除2019年及2022年略有回落之外，其余年份披露利好消息的公司数量均相比前一年呈明显的上升趋势。③从披露积极性来看，2020年以来，自愿性披露的公司数量有所下降，与前人的研究结论一致，可能与新《中华人民共和国证券法》实施后形成的威慑效应有一定关系，增强了资本市场对业绩预告的反应（孙洁和王梓臣，2023），致使企业短期内对业绩预告披露较为保守，但长期而言则更有利于业绩预告整体质量的提高。④从披露时间来看，随着业绩预告政策制度的颁布与落实，绝大部分上市公司在规定时间内进行了首次业绩预告信息的披露。⑤从修正情况来看，有修正情况的上市公司数量在近几年呈下降趋势。整体而言，当前业绩预告的披露形势整体向好，各方面较之前有显著提升。

表3-5 2010—2022年中国A股上市公司业绩预告披露情况统计
（剔除金融行业及ST公司）

年份	年度业绩预告披露公司数量（家）	定量披露占比（%）	强制性披露公司数量（家）	自愿性披露公司数量（家）	披露利好消息公司数量（家）	披露利空消息公司数量（家）	不确定性消息及未披露消息类型公司数量（家）	次年1月31日前披露的公司数量（家）	有修正情况的公司数量（家）
2010	1123	37.2	643	480	914	202	7	1102	203
2011	1373	47.9	586	787	926	443	4	1358	247
2012	1522	85.9	650	872	819	700	3	1505	260
2013	1554	86.0	804	750	1003	547	4	1548	316
2014	1653	86.1	891	762	1064	580	9	1630	327
2015	1899	88.0	1075	824	1173	718	8	1881	389
2016	2144	87.9	1056	1088	1621	506	17	2131	439
2017	2365	98.6	1315	1050	1751	591	23	2339	467

续表

年份	年度业绩预告披露公司数量（家）	定量披露占比（％）	强制性披露公司数量（家）	自愿性披露公司数量（家）	披露利好消息公司数量（家）	披露利空消息公司数量（家）	不确定性消息及未披露消息类型公司数量（家）	次年1月31日前披露的公司数量（家）	有修正情况的公司数量（家）
2018	2318	98.4	1330	988	1481	815	22	2288	475
2019	2079	98.1	1441	638	1282	775	22	1988	316
2020	2321	98.1	1772	549	1407	896	18	2294	447
2021	2423	99.8	2068	355	1469	953	1	2391	131
2022	2544	99.8	2154	390	1072	1462	10	2500	105
合计	25318		15785	9533	15982	9188	134	24955	4122

注：数据来源于Wind数据库，并经整理而得。

3.3 本章小结

我国政府通过"有形的手"对独立董事制度以及业绩预告制度不断进行改革与优化，相关制度得到了巨大的发展与完善。本章通过对独立董事制度及业绩预告制度的重要发展节点进行逐一梳理与阐释，就目前发展的实践特征进行了统计、归纳与阐述。

3.3.1 独立董事制度及实践特征

本章总结了独立董事制度在我国产生及发展的重要阶段。1997年，中国证监会发布的《上市公司章程指引》中首次提到上市公司可以根据需要设立独立董事职务，这是独立董事制度在我国资本市场中被正式提及。2001年，中国证监会发布的《关于在上市公司建立独立董事制度的指导意见》，要求上市公司于2002年6月30日前建立包含独立董事在内的公司治理结构，至此独立董事制度正式建立。此后，2004—2014年，独立董事制度迎来了多项改革与调整，对独立董事制度提出了更加明确和具体的要求，独立董事制度逐渐细化与完善。2018—2023年，独立董事制度得到了中国证监会及政府相关部门的高度重视，也在不断修正中更加全面、系统、精准与科学。

本章还对上市公司的独立董事相关数据进行了统计。结合本书研究的时间区间，本章从2001—2022年我国上市公司独立董事的统计数据中发现，自2001年上市公司独立董事制度在我国建立以来，独立董事的人数大幅度增长，截至2022年年末，已发展为拥有20000余人的庞大群体。而独立董事的学历也得到了空前的提升，截至2022年年末，独立董事中拥有博士学位的人数占34.89%。表明随着制度的逐渐完善，独立董事在公司治理结构中发挥着越来越重要的作用，而独立董事自身的专业素质能力也在不断提升。此外，本章还结合本书的研究对象独立董事社会关系嵌入，对2010—2022年A股上市公司独立董事社会网络嵌入、社会资本嵌入，以及独立董事-CEO社会关系嵌入的变化趋势进行了统计并分析了变化的可能原因。

3.3.2 业绩预告制度及实践特征

本章总结了业绩预告制度在我国产生及发展的重要阶段。自1998年中国证监会发布的《关于做好上市公司1998年年度报告有关问题的通知》首次对特定经营情况的公司须及时披露业绩信息提出要求，多年以来，我国一直采用半强制的业绩预告制度，经历了20余年的持续修正与完善，我国半强制的业绩预告制度逐渐成熟。2004年，监管部门对业绩预告的对象、预告披露的期限及最晚披露时间等均做出了明确规定；2005年，沪深证券交易所对达到特定披露标准的公司提出了业绩预告的修正要求；2016年，深圳证券交易所对主板上市公司业绩预告披露的形式做出了规范性要求，须以定量方式进行披露。此后，2019年，科创板注册制落地；2020年，创业板试行注册制；2023年，注册制全面实行，沪深证券交易所对各板块的上市公司均提出了更为科学、完善、明确、具体的业绩预告披露要求。此外，沪深证券交易所还针对中小板及创业板上市公司的特点，提出了一系列区别于主板上市公司的业绩预告要求。

本章还结合本书的研究对象，对2010—2022年上市公司业绩预告的实践特征进行了描述性统计。结果显示，我国上市公司的业绩预告仍以强制性披露为主，随着证监会及沪深证券交易所对业绩预告提出越来越详细具体的披露要求，上市公司业绩预告的披露更加规范。截至 2022 年，年度业绩预告的定量披露占比已达到 99.8%，披露的及时性大幅度提高，披露不确定性消息和未披露消息的公司，以及有修正情况的公司占比显著下降。我国上市公司业绩预告的整体质量不断上升，证明我国政府及相关部门"有形的手"在业绩预告披露中发挥了极为重要的作用。

4 理论基础与应用

本书研究的逻辑框架起点为影响管理层业绩预告披露质量与披露行为的因素，主要以代理理论及有限注意力理论为基础展开；本书研究的逻辑框架核心为独立董事不同层面的社会关系嵌入，主要以嵌入理论为基础展开；本书研究的逻辑框架内容为独立董事社会关系嵌入对管理层业绩预告披露质量及披露行为问题的治理效应，主要以资源依赖理论、新制度经济学非正式制度理论为基础展开。

4.1 代理理论

4.1.1 代理理论的提出与发展

代理理论最早于1932年由爱德夫·伯利（Adolph Berle）和嘉得纳·米恩斯（Gardiner Means）提出，他们对企业所有权与经营权分离引致的委托者与代理者的利益冲突进行了经济学分析，进而正式建立了代理理论。委托代理关系随后被运用到所涉及的各个领域及背景中，如经济、金融、会计、政治学、组织行为学及社会学中（Eisenhardt，1989）。该关系可以发生在所授权的各种背景中，如普遍意义上的客户与服务提供者、雇主与雇员、股东与公司管理者（Kiser，1999）。Arrow（1985）则在相关研究中基于代理论提出了隐藏行动模型和隐藏信息模型，即委托人客观上无法完全观察到代理人所采取的行动，或者不具备完全理解代理人行动的关键信息。而正因如此，代理人可能采取最小的努力而最终导致低于预期的结果，这便是道德风险（Elli and Johson，1993）。Petersen（1993）的研究认为代理理论主要包含的核心要素有：代理人的行为如何影响委托人对结果的预期；代理人的可靠性及可信度等问题；随机因素对结果产生的影响；委托代理关系中存在的信息不对称；委托代理关系的经济后果。代理理论对经济学与组织行为学的研究产生了重大影响，尽管一些学者批判其对组织的某些问题缺乏明确的针对性，但它仍然从经济学的角度打开了组织内部活动的"黑箱"。

4.1.2 代理理论的应用

委托人通常无法确定代理人总是按照对委托人最有利的方式去完成代理工作，为了防止代理人损害自己的利益，具备客观上的监督需求。在代理理论中，对公司治理主要有两个核心假设：一是二者的目标存在冲突，双方都追求自身利益的最大化，而所有者面临着代理人自利动机所引致的机会主义威胁；二是委托人想要检验、核实受托人的行为是困难的，并且也会导致高成本。代理人在未受到严格监督和约束的情况下会产生自利的机会主义行为，而这些行为与委托人的利益很可能存在分歧（Beyer et al., 2010）。代理人能够掌握很多的私有信息，并且因其专业能力而使委托人处于相对的信息劣势，而代理人在提供信息时也会进行自身成本收益的权衡与博弈。代理理论的两个重要分支是实证主义代理理论和委托人代理人理论（Jensen，1983）。目前实证主义代理理论的研究焦点在于对代理人与委托人所期望的结果不一致的识别，控制和调节委托人和代理人之间的差异（Eisenhardt，1989）。

在企业内部的经营管理中，管理层作为代理人，被认为存在自利的机会主义动机，可能存在与作为委托人的股东利益相左的信息披露目的，并导致产生信息披露问题，如信息披露不能完全反映客观事实、存在披露的个人偏好，或是出于对监管风险的规避不愿披露较多私有信息（Nagar et al., 2003）。代理理论认为，公司治理的主要功用是约束经理层的机会主义行为，如通过监督和控制等。而监督势必要付出一定的监督成本（Jensen，1983），为了较好地解决代理问题，基于现代公司治理理念，在董事会中引入了独立董事制度。独立董事被认为可以对管理层行为起到有效的监督作用，有益于解决管理层与公司股东之间严重的代理问题，独立董事则会为了维护自身声誉而勤勉尽职，因而不会通过与管理层合谋获取更多利益。良好的公司治理被认为与独立性较强的独立董事所发挥的监督作用有关，并能为公司带来更好的业绩（Walsh and Seward，1990），而能够更好地发挥咨询建议职能及监督职能的独立董事，则能够起到缓解代理问题、提高信息披露质量等作用（傅代国和夏常源，2014）。

4.2 有限注意力理论

4.2.1 有限注意力理论的提出与发展

传统金融学认为，资本市场的参与者都应该是完全理性的经济人，可以获得完全的信息，并能够基于此做出理性、准确以及高效的分析和判断。随着对实践的认识不断深入，学术界逐渐将心理学的概念融入金融学研究中，形成了行为金融学的雏形。心理学上认为，人类的注意力在认知过程中是一项稀缺资源，但面临多重信息和大量任务需要进行处理时，个体在分析及处理事务时的能力存在着无法避免的局限性，资本市场的参与者仅有能力关注和处理有限的信息（Tversky and Kahneman，1973），从而影响到决策的理性。Tversky 和 Kahneman（1973）的研究主要基于竞争性任务假说，即由于具有同样重要性及紧急性的任务具有竞争性时，难以对全部任务都分配适当的注意力，从而影响到所有相关任务的结果。而当个体面临的任务是多项会分散注意力的信息和事件时，会影响到个体处理问题的注意力和专注度，也会导致结果受影响。

4.2.2 有限注意力理论的应用

当下，有限注意力理论已被应用到资本市场的诸多方面。受到关注最多的为投资者的注意力方面，如股票分析、盈余公告（Della and Pollet，2007）等，市场中竞争信息（史永东等，2011）等会分散投资者的注意力，导致投资者未能做出预期的反应。资本市场上的信息纷繁复杂，投资者的信息搜集和分析处理能力较为有限，所形成的个人投资组合未必是最优的，而对盈余公告等的及时注意力则更稀缺，这是产生盈余预告飘移现象的原因之一（Kottimukkalur，2019）。学者从择时和选股两个方面研究我国基金经理在不同货币政策下的注意力配置和收益问题，发现了二者的显著区别和不同的适应性（王军和宋秀娜，2021）。

进一步，有限注意力理论也逐渐被用到对资本市场中其他参与者的行为的研究中，如对分析师有限注意力理论与盈余预测难度关系的研究（杨盼盼和余青林，2021），以及对管理层有限注意力与企业创新关系的研究（彭博和贺晨，2022）。管理层是对公司进行经营管理的主体，然而管理层也存在有限注意力的局限，在信息过载的情况下，不同信息的竞争很可能会导致管理层难以正确地识别和筛选出最为关键而有用的信息，注意力的分配不均可能导致信息披露的偏差。如若公司内部的其他高层人员能够提供专业性较强的、科学客观的咨询建议，则很大程度上能够缓解管理层有限注意力所引起的不良经济后果，对信息披露质量的提升具有积极意义。

4.3 嵌入理论

4.3.1 嵌入理论的提出与发展

20世纪40年代，Polanyi基于社会体系对经济体系运作的影响提出了嵌入理论，主要是基于经济体系与社会体系间的双边联系。Granovetter（1985）则强调经济行为在社会关系网络中的嵌入性，嵌入理论研究的重点在于经济行为与社会体系间复杂的联系。进一步，Granovetter将嵌入分为结构性嵌入和关系性嵌入，结构性嵌入是指主体的经济行为嵌入其所在的社会网络中，是对嵌入某种联结构成的网络的刻画，主要通过网络中的位置等来反映；而关系性嵌入是指主体的经济行为嵌入互动的关系网络中，主要通过关系质量等来度量。Granovetter对嵌入理论赋予了相较Polanyi更为丰富的内涵，将双边联系的嵌入性提升到了多边联系的嵌入性维度，从基本假设方面研究了嵌入理论在组织中自利行为方面的应用，并将网络分析方法引入社会经济学的研究中。从"理论—假设—方法"三个方面提升了嵌入理论的完整性和系统性。在Granovetter嵌入理论研究的基础上，嵌入理论逐渐被运用到组织行为的研究中。而嵌入理论对嵌入性概念的重新构架被认为将推动经济学和社会学领域研究的发展。嵌入理论的概念反映了个体经济行为复杂化和网络化的联系。

4.3.2 嵌入理论的应用

嵌入理论是新经济社会学研究的一个核心理论。经历了诸多学者的不断研究，该理论取得了巨大的进展，形成了较为完整的理论体系，并在社会网络、企业的经营与发展等多个领域得到了广泛应用，并进一步向社会资本等新经济社会学理论方向发展。

Granovetter的嵌入理论强调了个体关系在生成信任和阻止违规中的作用，与低度社会化和过度社会化的观点相比，嵌入性论点剖析了个体关系能带来优质的信息，源于其低成本、丰富详尽的信任、具有一定经济动机并在此基础上还有对持续信任的强烈的期待和规避机会主义的期待。凭借模仿与学习获得非公开知识的一个前提是与其他组织建立互相依赖与彼此信任的嵌入性关系（Hagedoorn，2006；黄中伟和王宇露，2007）。因此，嵌入关系有助于组织获得隐性知识（Lane and Lubatkin，1998）。①根据关系性嵌入的观点，关系可以分为强连接关系（Uzzi，1996）和弱连接关系（Granovetter，1973；Burt，1992）。在需要建立信任与长期合作的项目中，强连接关系所带来的紧密结合至关重要；弱连接关系通常在企业间竞争并不激烈时较为有效（Talmud and Mesch，1997）。在强连接关系中，成员间通过相互学习、交流，有利于彼此间信任的生成和发展；而弱连接关系则更有利于获得丰富的异质性信息资源（March，1991）。②根据结构性嵌入的观点，Burt（1992）的结构洞理论认为嵌入松散型网络的企业可以提高效率，并取得非剩余信息交换带来的中介优势；而Coleman（1988）的网络闭合理论则强调紧密型网络在促进伙伴间信任和合作方面的优势。

嵌入理论经过多年的发展已经从新经济社会学领域向企业管理、创新理论等领域发展，逐步形成了较完整的理论体系。从普遍联系的视角来分析嵌入理论，嵌入的概念和内涵逐渐从一般性的双边联系、多边联系，发展到网络化的复杂联系。国内的一些学者提出了相关研究的展望方向：向系统整体方向发展，对复杂联系进行统计分析；以个体或企业为分析视角，对复杂的联系进行细分和测量（杨玉波等，2014）；有必要考察嵌入性对组织内部各种经济行为的影响（黄中伟和王宇露，2007）。将嵌入理论融入企业的治理实践能够解释应用单一的代理理论或管家理论无法诠释的诸多实践现象，并为有关公司治理的政策制定带来有益启示，但不足之处在于尚缺乏实证证据来支撑当前嵌入理论发挥不同层次的作用（陈仕华和李维安，2011）。

近年来，对于嵌入理论的应用逐渐开始关注企业内部。内部董事之间的关系主要表现为强连接关系，他们之间的联系较为紧密，知识背景、信息及资源具有相似性，甚至是同质性。而独立董事作为外部董事，与所在公司成员的亲密程度相对较低，表现为弱连接关系。嵌入理论可以用来解释企业内部与独立董事之间的这种弱连接关系带来的治理效应，处于社会网络中的独立董事，其所嵌入的社会网络位置（如网络中心度等）会对其治理能力、治理意愿和独立性产生影响，提高企业信息披露质量（陈运森，2012）；在较多不同企业兼职而嵌入社会关系中的独立董事则会获得更多异质性的、多元化的知识和信息资源，从而有利于企业的内部治理与发展（Fracassi and Tate，2012）。嵌入性理论还常与社会资本理论联系起来共同解释拥有丰富社会资本的独立董事具备的声誉效应，多元化的信息与知识等也能促进独立董事履职效果的提升（高凤莲和王志强，2016a）；嵌入性理论也可用于对企业内部个体紧密关系（强连接关系）的解释，例如独立董事与高管的友好性或联结关系等，但是这类关系对企业的信息披露却未必总是有利的（陈霞等，2018；朱朝晖和李敏鑫，2020）。

4.4 资源依赖理论

4.4.1 资源依赖理论的提出与发展

资源依赖理论最早由杰弗瑞·菲佛（Jeffrey Pfeffer）和杰拉尔·萨兰基科（Gerald Salancik）于1978年正式提出。此后，资源依赖理论逐步完善与系统化，并在组织间关系的研究中发挥了重要的作用。Pfeffer和Salanick（1978）的研究发现资源的不可替代性、对组织的重要程度决定了组织对资源的依赖的强弱。而研究中也表明公司可以通过董事会获取外部环境资源，并证明董事除了可以保障企业经营的合法合规之外，还能够发挥交换信息资源以及获取外部支持的职能。Baker（1990）研究发现，公司与投资银行的关系可以增强企业抗风险的能力，证明了公司与其他公司之间的资源依赖关系。资源依赖理论的核心观点是任何一个组织都不是孤立存在的个体，而组织的发展并不是自给自足的。组织不再是被动地适应环境，而需要与外界环境进行资源交换，并让环境适应组织自身的需求与发展。目前对资源依赖理论的应用十分广泛。根据文献数据统计，2012年之后，资源依赖理论每年的被引次数均超过1000次（李超平和徐世勇，2019）。

4.4.2 资源依赖理论的应用

在经济学与管理学方面的研究主要聚焦在五个方面。

第一，成为解释企业并购行为的重要理论依据之一。出于企业的逐利本性和迫于竞争压力，企业会采取合并的行动。早期的研究表明，并购行为可以促使组织从其他企业（同行业企业或上下游企业）中获取企业发展所需要的资源并争取到战略优势，扩大规模，从而有效降低对外部环境的依赖性（Pfeffer，1972；Galbraith and Stile，1984）、弥补企业在资金、技术及顾客等方面的短板。而Cassiaro和Piskorski（2005）的研究则成了资源依赖理论与企业并购行为的近期证据。

第二，成为解释企业战略同盟关系的重要理论依据之一。由于面临诸多管理问题及资金限制，一些企业难以通过并购来争取资源，因此转而选择与其他企业形成战略同盟，并以此来形成资源互补、相互依赖的关系。而这种战略同盟关系可以使企业因资源实力的壮大，实现公司发展战略，更好地适应环境，从而形成竞争优势。

第三，成为解释企业董事会资本的重要理论依据之一。资源依赖理论认为，董事会是企业获得资源的重要途径。早期研究主要从董事会规模和构成展开探讨（Pfeffer，1972）。Hillman和Dalziel（2003）的研究则将董事会资本划分为人力资本和社会资本两个部分，并认为董事会资本除了可以为企业获得咨询建议的信息之外，还有利于企业获得资金等有形资源。

第四，成为解释企业政治行为的重要理论依据之一。除了资金、技术、客户及信息等外部资源，企业还可能通过对外部政治资源的依赖来改变外部经济环境，从而获取更多的利益。研究表明，高度依赖政治资源或政府监管机构的企业可能参与政治活动（Meznar and Nigh，1995）。

第五，成为企业领导是否继任的重要理论依据之一。在外部不断变化的环境中，拥有企业所依赖的资源的管理者会因为组织内部权力和控制力的改变而更有可能获得领导的席位（Pfeffer and Salanick，1978）。在对企业层面的研究中，多数学者认为拥有更多外部资源的领导更有可能提高企业绩效，改善财务状况等。

董事会的社会资本是企业资源依赖的重要方式，外部董事（独立董事）的社会资本也受到越来越多学者的广泛关注，Boyd（1990）的研究发现，公司会采取引入具有丰富社会资本的外部董事或独立董事来降低外部风险所带来的不确定性；Dalton等（1999）的研究证实了外部董事及独立董事拥有外部资源的重要性，并认为该类资源能够促进公司业绩水平的提高。而在我国，独立董事的社会资本也被证实具有提高公司治理水平的作用（高凤莲和王志强，2016a）。社会资本相对社会网络而言包含的内容更加丰富和多元，本书第5章所研究的独立董事社会网络嵌入是针对独立董事在多家企业兼任而形成的独特的关系网络，而第6章所研究的独立董事社会资本嵌入则包含独立董事曾经或当前在其他企业、金融行业、政府机关、高校等的履职经历以及所担任的职务等。在中国的经济体制下，企业受政府及金融等相关机构的影响较大，企业的生存环境与政府及金融环境也息息相关。独立董事的社会资本也对其履职的情况发挥了不可小觑的作用，从而会对企业及管理层的信息披露决策产生重要影响。

4.5 新制度经济学非正式制度理论

4.5.1 新制度经济学非正式制度理论的提出与发展

新制度经济学经历了40年的发展，被赋予了更多的内涵。制度不仅代表了法律及宏观经济政策等各类正式制度，还包括非正式制度下的文化、价值观等所带来的约束力。新制度经济学的代表诺斯将非正式制度概括为"非成文规则"，表现为被社会大众普遍接受并长久流传下来的行为准则。尽管正式的经济制度的持续变革能给社会的发展带来巨大影响，非正式制度却因文化的传承与沿袭得以保留，成为非物质文化遗产的组成部分。非正式制度能够通过语言的表述和特有的行为规范促进知识和价值观的传播和延续。新制度经济学非正式制度理论打破了制度与文化之间的割裂和桎梏，将二者融合起来。与正式制度的权威性、强制性、合法合规性不同，非正式制度是人们在长期生活中形成的，是经由代代相传的共有价值体系，会在经济活动中影响契约实施成本，对交易秩序有维护作用。关系机制及声誉机制均被认为作为非正式制度，能够一定程度地对正式制度起到补充作用。

4.5.2 新制度经济学非正式制度理论的应用

4.5.2.1 非正式制度差序格局理论及其应用

在中国几千年的文化熏陶下，儒家思想源远流长。儒家思想强调人与人之间相互尊重，也十分重视维护关系。儒家思想讲究伦理与差序，差序格局是在"伦"的基础上建立的等级制度，是在"伦"的基础上的拓展与延伸。而实践中，"差序格局"表现为以自我为中心的具有伸缩能力的社会关系法则（费孝通，1998、2015）。在特定情况下，差序格局所形成的关系网络会发挥正式制度之外的作用，以帮助预期目标的达成和实现（Redding and Micheal，1983），而这正是非正式制度在中国社会发挥作用的有力表现。

中国上市公司在治理过程中面对的正式信息渠道相对狭窄，而非正式信息渠道则在中国经济社会的运行中发挥着不可小觑的作用（Allen et al.，2005）。几千年的儒家文化深刻地影响着中国社会关系的格局，处于社会网络差序格局不同位置的行动者所获取的信任和地位是不同的，所获取的信息资源也相去甚远。而差序格局的非正式制度不仅影响着中国宏观经济社会的发展，也对微观企业的运行发挥着不容忽视的作用。陈德球等（2021）的研究发现，联合投资主体的关系网络作为非正式制度补充了创业投资领域正式制度的缺失，促进了企业的积极创新行为。

作为企业治理层重要组成部分的独立董事，其社会人的特征较为显著，其道德规范和形式特征也并非孤立存在，而是在复杂的社会关系及不断的资源信息交换中逐渐形成的，独立董事社会网络嵌入对企业发展的意义被越来越多的学者关注。独立董事社会网络嵌入对提高企业投资效率（陈运森和谢德仁，2011）、促进科学的企业并购（万良勇和胡璟，2014）、提升公司业绩水平（陈运森等，2018）及提高财务报告质量（张川等，2022）等均具有积极意义。基于差序格局理论，独立董事在所处社会网络中越是处于中心位置，越有可能拥有更多的资源、更畅通的信息渠道、更高的声誉，这激励并促进了社会学习效应的发生，强化了非正式制度效用对正式制度的有益补充，从而对企业的信息披露产生影响。

4.5.2.2 非正式制度声誉机制理论及其应用

声誉机制理论是现代西方经济学的前沿理论，由 Fama 和 Jesen（1983）将其引入经济学研究中，并使该理论得以发展。该理论首次探讨了经理人的职业声誉在职业生涯中所发挥的作用。声誉机制理论认为在达成一条可自我实现的协议的过程中，行为人在不断重复的博弈中形成了自我实现的路径，有利于博弈双方共同利益的实现。在企业中，对独立董事的激励包括物质层面的激励和精神层面的激励。独立董事在履行工作职责时不单重视经济上的收益，由履职所带来的精神上的成就感更是独立董事所追求的（Coles and Hoi，2003）。独立董事的声誉对其潜在的其他公司的任职席位具有较大影响，一旦声誉遭受损失，将带来超过现有履职所获取的工作报酬的经济损失（David，2004）。周繁等（2008）则从独立董事对目标公司的自主选择方面佐证了声誉的重要性，实证研究发现，终极控制人层级较高及知名度较高的公司容易受到"跳槽"独立董事的青睐。而嵌入社会关系中的独立董事除了在本公司任职之外，通常还拥有较多的其他社会兼职，如其他企业的独立董事席位、行业内协会团体的职务，以及承担高校及企业的专业指导工作等。声誉损失对这类独立董事的负面影响将更加显著，因此也会在无形中形成较强的威慑力，督促独立董事更加勤勉尽责，避免主观上的卸责。

4.5.2.3 非正式制度社会认同理论及其应用

社会认同理论于 1972 年被提出，指个人因群体的认同而获得的较为亲近的情感和价值意义。而这种认同主要来自类似的价值体系、知识结构或作为同一群体成员的身份。人们的个体经历或个人特征及隶属的团体等可以成为划分所属社会群体的依据，而人们一旦根据认同因素或动因因素获得了社会身份认同，则会认同并形成特定的典型规范，并会遵循一定的模式行事。社会认同理论认为个体通过社会分类，对自身所属的群体产生认同和偏好，对与自身差异较大的群体则更多地表现出偏见。个体通过实现或维持积极的社会认同来提高自尊，积极的自尊来源于对内群体与相关的外群体的有利比较。社会认同理论强调个体具有的上进心和内驱力，这种内驱力会促使个体与群体内与自身相似或地位略高于自身的其他个人做出对比。而积极的身份认同是通过内群体和外群体的比较而产生的。

社会认同理论被广泛应用到管理与组织研究中：①社会认同理论用于研究组织内员工倾向于选择和参与与其社会身份一致的活动，并倾向于拥护认同其社会身份的组织。②社会认同理论也用于对组织行为结果的研究，如组织的凝聚力、个体在群体中表现的合作性以及利他主义等（Turner，1982）。③社会认同理论还会影响到组织文化和价值观，对提高团体的积极性和忠诚度产生正向影响，还能进一步加强自身对社会身份的认同。

近期的研究开始转向社会身份认同所带来的群体间的互动行为，以及相互依存关系，也开始较多关注多个群体在同一情境下的认同。目前，社会认同理论已被广泛应用于社会学及与组织行为学的相关多重情境中，还涉及国际政治、农业经济及高等教育等领域。另外，社会认同理论除了强调互动的过程以外，还应关注群体或个人的社会身份认同带来的经济后果。在企业内部，高级管理人员与董事会的外部董事（独立董事）之间，由于社会身份的共同之处，能够强化管理层的履职能力或者对个体观念交感的验证，还能够为群组成员身份提供一个显著的基础，在构建及维持同质化的群体中发挥作用，以增加群组内成员身份的显著性及身份认同（罗肖依等，2023）。

4.6 本书中相关理论应用概述

上述内容梳理并探讨了本书的相关理论，为后续开展实证研究奠定了理论基础。

首先，从代理理论及有限注意力理论引出了本书研究的逻辑框架起点，即管理层业绩预告披露问题的原因。具体而言，管理层业绩预告披露问题主要表现为模糊披露（精确度不高）、预告净利润偏离实际净利润（准确度不高）、披露积极性不高（自愿性披露占比较低）、披露时间滞后（不及时）等。究其原因，可以划分为主观原因与客观原因两个方面。一方面，本书主要从代理理论的角度归纳了主观方面的原因。在代理理论模型下，管理层因为处于专业能力和企业内部信息的优势方，出于自利动机，很可能在业绩预告披露中出现机会主义的策略性选择，而这种自利动机未必会被准确识别，从而造成业绩预告的披露问题。代理理论认为，公司治理的主要功能是约束经理层的机会主义行为，如通过监督和控制等，良好的公司治理被认为与独立性较强的独立董事所发挥的监督作用有关（Walsh and Seward, 1990）。基于此引出本书的主旨：通过独立董事社会关系的嵌入增强公司治理能力，进而更好地对管理层业绩预告披露行为进行监督，减少择机披露、策略性披露、披露惰性等问题。另一方面，本书主要从有限注意力理论的角度归纳了客观方面的原因。业绩预告客观上存在一定难度，当管理层面临信息过载时，在有限注意力的影响下，只会关注其中一部分信息，而忽略其他信息，注意力的分配不均、对信息筛选和分析的不充分也增加了业绩预告产生问题的可能性。基于此引出本书的主旨：通过独立董事社会关系的嵌入增强公司治理能力，进而更好地对管理层业绩预告披露提供咨询建议，减少披露不积极、延迟披露等问题。

其次，以嵌入理论作为本书研究框架的核心，作为不同维度的独立董事社会关系嵌入的理论依据。独立董事作为外部董事，与所在公司成员的亲密程度相对较低，表现为弱连接关系。嵌入理论可以用来解释企业内部与独立董事之间的这种弱连接关系带来的治理效应，嵌入社会网络中的独立董事，其特有的人际关系互动及履职经历等会对其治理能力、治理意愿和独立性产生影响。本书基于嵌入理论，从结构性嵌入及关系性嵌入两个方面，对独立董事不同类型的社会关系嵌入对上市公司管理层业绩预告的影响进行综合研究。①基于嵌入理论展开研究的原因是：嵌入理论一方面认可独立董事在董事会决策和履职中具有明确的个人意志，并会运用专业知识和技能进行判断，另一方面又将独立董事的履职行为与其在所处社会关系中的互动交流及资源交换等相联系，从中获得异质性的信息、经验，并一定程度上形成新的认知与偏好（谢德仁和陈运森，2012）。将二者结合起来考虑，从而避免了低度社会化和过度社会化的观点。②基于结构性嵌入和关系性嵌入展开研究的原因是：结构性嵌入是指主体的经济行为嵌入其所在的社会网络中，是对嵌入某种联结构成的网络的刻画，主要通过网络中的位置等来反映；而关系性嵌入是指主体的经济行为嵌入互动的关系网络中，主要通过关系质量等来度量。具体为：一是独立董事社会关系嵌入的结构性嵌入。以独立董事所处的社会网络位置为切入点，对管理层业绩预告披露质量及披露行为展开探讨。二是独立董事社会关系嵌入的关系性嵌入。根据关系性嵌入存在的边界和功能可以将其划分为外部关系性嵌入和内部关系性嵌入，借鉴相关研究，将独立董事的外部关系性嵌入通过独立董事的社会资本进行反映，内部关系性嵌入通过独立董事与管理层之间建立的社会关系进行反映，并分别探讨其对管理层业绩预告披露质量及披露行为的影响。

最后，从新制度经济学非正式制度理论、资源依赖理论的角度构建了本书研究的逻辑框架，即从理论上解释独立董事社会关系对管理层业绩预告披露产生治理作用的逻辑。①本书基于新制度经济学非正式制度理论，从独立董事社会关系嵌入的角度研究其对管理层业绩预告的影响。具体为：基于非正式制度差序格局理论，将嵌入社会网络的独立董事与其他独立董事相区分，处于社会网络中心位置的独立董事能够辅助企业高层获得更为丰富的异质性外部企业信息，进而有利于其在管理层业绩预告中更好地发挥咨询建议职能；基于非正式制度声誉机制理论，嵌入社会网络及嵌入较多社会资本的独立董事通常拥有较高的行业地位，也更加重视自己的声誉，由于履职不力而造成的声誉损失成本更高，所以他们在履职中会更加勤勉尽责并缓解第一类代理成本，从而提高管理层业绩预告的披露水平；基于非正式制度身份认同理论，独立董事-CEO社会关系嵌入能够增加管理层对独立董事的信任，产生更强的身份认同感，从而有利于沟通交流与信息传递，降低业绩预告中的信息偏差，进而提高业绩预告的可靠性。②本书基于资源依赖理论，独立董事的社会网络及社会资本是其在专业领域长期深耕及在高频度的人际互动中建立起来的稀缺资源，而这些资源也能提高独立董事在董事会中的公信力及与管理层的议价能力，更有利于监督职能的发挥，从而有助于减少管理层在业绩预告中的机会主义自利行为。与此同时，这些资源所带来的信息效应也有助于提高企业的信息透明度，减少业绩预告问题。基于本章的理论基础，结合对本书研究的理论分析与理论应用，提出理论分析框架（如图 4-1 所示）。

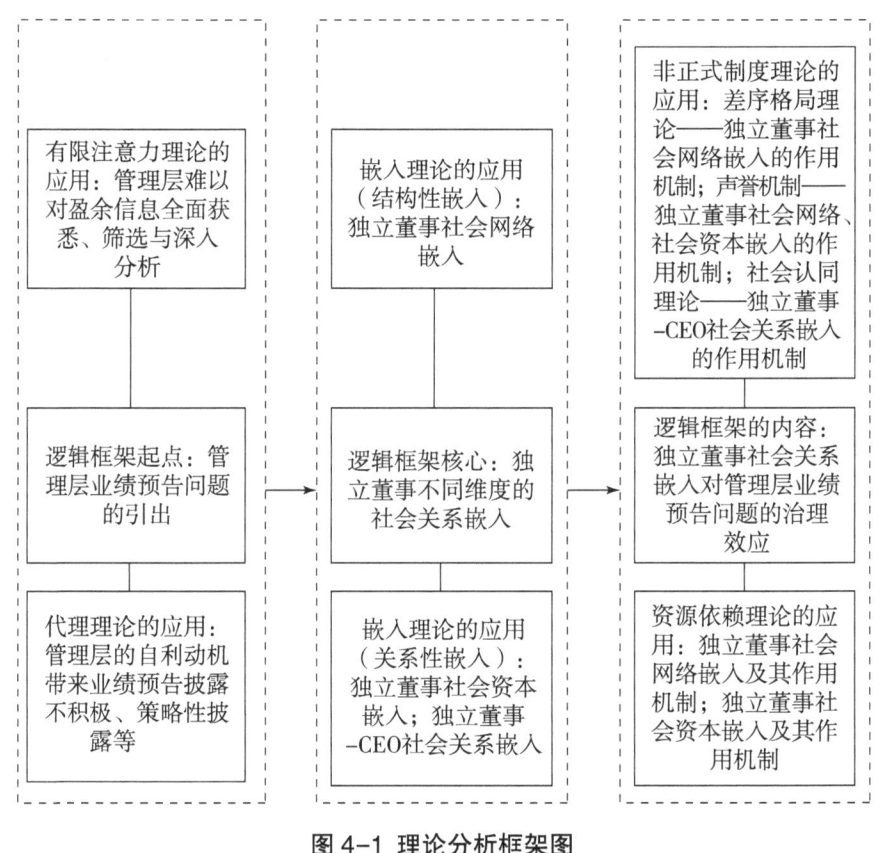

图 4-1 理论分析框架图

4.7 本章小结

本章为本书研究的相关理论基础及其在后续研究中的理论应用概述，主要内容包括以下三个方面。

第一，本书研究的逻辑框架起点主要基于代理理论及有限注意力理论，为解释管理层业绩预告披露质量不高的原因提供了理论依据。本章分别对代理理论及有限注意力理论的概念内涵、发展及其在企业经济行为中的作用进行了阐述，并基于上述理论针对管理层在业绩预告中的机会主义自利行为，以及管理层科学决策局限性等方面，进行了一定的阐释。

第二，本书研究的逻辑框架核心主要基于嵌入理论，为建立本书研究的核心逻辑框架提供了主要的理论依据。本章分别对嵌入理论的概念内涵、发展及其在企业经济行为中的作用进行了阐述，并基于嵌入理论针对其治理效果及对公司治理产生的影响进行了多个方面的阐述，为后续展开独立董事社会关系嵌入对管理层业绩预告的影响研究奠定了理论基础。

第三，本书研究的逻辑框架内容主要基于新制度经济学的非正式制度理论及资源依赖理论，为本书研究的逻辑内容提供了理论支撑。一方面，本章对非正式制度理论的概念内涵、发展进行了概述，并对非正式制度理论的几个重要分支，即差序格局理论、声誉机制理论及社会认同理论的概念内涵及在企业经济行为中的作用分别进行了阐述；另一方面，本章对资源依赖理论的概念内涵、提出及在企业经济行为中的作用分别进行了阐述，为后续研究的实证部分构建了理论框架层面的基础。

5 独立董事社会网络嵌入对管理层业绩预告的影响

根据本书研究的逻辑框架核心，以 Granovetter（1985）的社会嵌入理论为依据，将独立董事的社会关系嵌入分为结构性嵌入和关系性嵌入。其中，社会网络强调结构性嵌入对个体行为的影响（Granovetter，1985），而具体到企业，则逐渐与连锁董事的概念相结合（Peng et al.，2015）。本书借鉴相关研究建立理论研究框架，以独立董事社会网络嵌入（网络位置）反映独立董事社会关系嵌入的结构性嵌入。本章针对独立董事社会关系嵌入的结构性嵌入，即以独立董事社会网络嵌入为视角，对管理层业绩预告披露的精确度、准确度、自愿性与及时性展开探讨。

5.1 问题提出

党的二十大报告强调"加强和完善现代金融监管"，高度重视防范化解金融风险。而防范化解金融风险的一个基本前提是获取与此相关的真实数据，业绩预告则具备不容忽视的风险警示功能。低质量的业绩预告信息将对利益相关者造成误导，制约业绩预告发挥其应有作用。与此同时，作为中国资本市场改革的重要里程碑，现已全面施行的注册制也将信息披露质量作为重中之重。注册制改革下，监管层从事前核准转向事中和事后监管，从而将公司上市过程中的信息披露责任转移到发行人和中介机构身上。因而，在注册制下，为了提升信息质量以缓解信息不对称及信息摩擦问题，上市公司亟须提高公司治理水平，全面提升信息披露质量。在我国，证监会要求上市公司在财务报告公告日前提前进行业绩预告，以缓解财务报告日当天股价的剧烈震荡，这有利于保护中小投资者的利益。投资者能够从业绩预告中获得有关公司经营状况的重要前瞻性信息，可缓解信息不对称问题，降低交易成本并一定程度上影响市场预期，帮助投资者降低投资风险（Beyer et al.，2010；李志生等，2018）。

然而在资本市场的实践中，业绩预告披露问题却屡见不鲜。一方面，管理层的业绩预告部分基于企业经营的历史信息，结合本期已有财务绩效信息，并凭借管理层的相关经验、预测能力及综合考虑市场行情等多方面综合而成，客观上存在偏离实际利润及不易精确预测的可能性。基于有限注意力理论，若管理层不能及时充分地获取并合理筛选企业的私有盈余信息，会对业绩预告披露的积极性及披露内容产生负面影响（彭博和贺晨，2022）。另一方面，与定期的财务报告不同，业绩预告无须经由会计师事务所审计，监管处罚制度及投资者保护机制不如财务报告信息严格和完善，主观上，公司管理层相较于外部投资者更能掌握公司核心的经营管理情况，因而是信息优势方，具备通过择机交易获取利益的条件（曾庆生，2008；曾庆生和张耀中，2012），管理层在业绩预告披露中所具备的自由裁量权也给其操作留下了空间。具体表现在：①基于代理理论，出于自利的考虑，管理者的目标并非总是与股东及投资者一致，只有在充分权衡并确定利大于弊时方愿意披露真实完整的私有信息（Nagar，1999），这也给业绩预告自愿性披露带来不可忽视的阻碍；②相对于外部利益相关者，管理层在业绩预告信息中是优势方，他们很可能在不违背监管底线的基础上出于自利的动机对业绩预告准确度进行策略性操纵（张娆等，2017）；③管理层出于减少个人交易风险的动机，可能在买入股票前有意降低业绩预告的精确度与准确度，进行模糊及有偏的披露（Rogers，2008）；④管理层披露业绩预告的时间滞后很可能与对财务报表的策略性粉饰有关（李洋，2021）。

管理层对业绩预告进行有策略的择机披露会对投资者的判断与选择造成影响，对资本市场的稳定运行带来风险（Muramiya and Takada，2017）。在当前业绩预告信息披露可靠性较低，模糊披露较为常见的情况下，业绩预告准确性的提高能够提振广大投资者对上市公司信息质量的信心（李馨子和罗婷，2014）。精确的管理层业绩预告可以为企业调整市场预期及传递信息等。以往研究发现公司治理结构及管理层特性等对业绩预告质量具有一定的影响

（张艺琼等，2019；廖义刚和邓贤，2017；孔晨和陈艳，2019）。公司治理水平的提高能够降低信息不对称程度和代理成本，而独立董事制度的引入是提高公司治理水平的有力举措，是我国资本市场发展完善的标志。制定独立董事制度的目的是缓解股东和管理层之间的第一类代理成本，独立董事在企业的公司治理实践中扮演着不可或缺的角色。然而，有研究发现独立董事在行使独立监督权时面临管理层和大股东的压力，独立董事的投票权很多情况下形同虚设（叶康涛等，2011）。究其原因，一些学者认为可能是未将公司间独立董事的兼任关系一并纳入考虑，导致独立董事的经济角色与社会角色相分离，将所有独立董事的功能视为完全相同，对其影响和作用的评估不准确（梁上坤等，2018）。在关系主导型的中国社会，作为公司治理结构的重要部分，独立董事兼任的现象在我国上市公司的实践中比比皆是（田高良等，2011）。

连锁董事网络在我国企业中极为普遍，2020年拥有连锁董事的公司超过90%，在近20年内增长了3倍。而其中连锁独立董事更是连锁董事中占比最大的群体，2020年，连锁独立董事在所有连锁董事中占比接近八成，比20年前翻了4倍。连锁独立董事所形成的社会关系网络则是当今不可忽视的公司治理实务，也成为众多学者密切关注的研究问题。与其他的社会行动者一样，独立董事的治理也是一个动态的人际互动过程，而因为在上市公司董事会中与其他董事的特殊弱连接关系，他们更易在其所处的外部社会关系中获得镶嵌在社会网络中的异质性信息和资源，进而对其咨询及监督职能的发挥产生一定影响（陈运森，2012；傅代国和夏常源，2014）。作为企业的高层，管理层能够在第一时间接触并了解到公司经营运作的相关信息，如果未对其进行及时有效的监督，理性经济人假设认为他们会出于机会主义自利的动机对信息进行操纵并从中谋取私人利益。而在我国半强制性披露业绩预告的制度下，上市公司对业绩预告的控制权和裁量空间较大，管理层择机的操纵行为可能更加严重。而嵌入社会网络中的独立董事凭借其丰富的异质性信息及声誉效应，具备更强的能力及意愿对有损公司利益的行为进行监督。

基于上述研究背景，本章以独立董事网络中心度指标衡量独立董事社会网络嵌入，就独立董事社会网络嵌入对管理层业绩预告披露行为及披露质量的影响进行了理论推导和实证研究。本章的主要贡献在于：①本章的研究拓展了独立董事社会网络嵌入治理影响企业业绩预告的研究文献。与以往探讨管理层业绩预告相关文献的角度不同，本章从独立董事所嵌入社会网络的网络位置出发，研究其对管理层业绩预告误差及消息类型的影响及其内在逻辑，丰富了中国情境下独立董事特殊性的相关研究。②本章对独立董事社会网络嵌入对上市公司管理层业绩预告产生影响的作用机制进行了理论及实证方面的深入探讨。从独立董事社会网络嵌入的信息效应及声誉机制两个方面剖析了独立董事网络对于提高业绩预告质量的影响路径及影响机制，厘清了影响发生的内在逻辑与传导机制，丰富了公司治理的相关文献。③本章分别从企业外部环境因素及企业内部环境因素角度分析了上述影响作用的边界条件，综合分析了企业外部的宏观市场环境、企业内部的经营环境及公司治理机制下独立董事社会网络嵌入，对管理层业绩预告披露的精确度、准确度、自愿性与及时性产生的影响。本章从有限注意力及机会主义动机角度揭示了管理层在业绩预告披露中可能存在的问题，有助于投资者、中介机构等识别管理层业绩预告的披露策略，而且从独立董事社会网络嵌入的角度提供了增强独立董事履职效果、抑制管理层机会主义行为的可能性，为进一步加强公司治理，完善我国业绩预告制度，促进资本市场高质量发展提供了一定的参考依据。

5.2 理论分析与研究假设

5.2.1 独立董事社会网络嵌入与管理层业绩预告准确度和精确度

我国管理层业绩预告制度起步较晚，且对于很多企业来说业绩预告并非必需的，管理层对业绩预告披露的结果所需承担的责任也不如财务报告严格，因而为选择性披露和择机披露等机会主义行为留下了一定的空间。一方面，就业绩预告的披露质量而言，准确的业绩预告可以为企业调整市场预期及传递信息，不仅能反映预测净利润与企业实际净利润之间的差异，也能反映业绩预告信息的有用程度（罗玫和宋云玲，2012）。准确度较低的业绩预告也会加重管理层与外部信息使用者的信息不对称,增加投资风险(朱杰,2020)。而业绩预告的精确性则反映了业绩预告披露的闭区间宽度,是业绩预告形式上的精确程度的重要反映。概而论之,精确度较高的业绩预告反映出管理层对公司未来收益的确定程度较高。另一方面,上市公司业绩预告的准确度和精确度是多种因素共同作用的结果,客观上,身处外部动态经济环境中的企业,对未来的经营情况存在一定程度的不确定性,加之管理层的专业能力及信息获取能力所限,会造成业绩预告的净利润偏离实际净利润,或较为粗略模糊、精确度不高。主观上,管理层出于对自身利益权衡的博弈考虑,会利用自身权力降低业绩预告的准确度(周冬华和赵玉洁,2013);管理层也有动机有意降低业绩预告的精确度,以规避最终实际业绩未能落在业绩预告区间内所带来的负面影响和相应责任(林钟高和赵孝颖,2020)。作为公司治理的重要组成部分,独立董事理应对管理层的机会主义行为采取相应的措施,抑制该行为发生。而嵌入社会网络中的独立董事则能更好地发挥其咨询与监督的职能,具体从以下几个方面进行详细探讨。

第一,根据非正式制度差序格局理论。我国目前正处于经济转型升级的关键时期,市场经济制度尚不够健全,社会关系网络作为替代机制发挥着不容小觑的作用,在中国关系型的社会中形成了特有的差序格局(费孝通,1998;陈德球,2021)。几千年的儒家文化也深刻影响着中国社会关系的格局,处于社会网络差序格局不同位置的行动者所获取的信任和地位是不同的,所获取的信息资源也相去甚远。独立董事要发挥监督和咨询的职能需要较为丰富的信息资源。在社会网络中处于较中心位置的个体通常能够掌握更多的信息(Schabus,2022),而嵌入社会网络结构中的独立董事拥有更畅通的信息渠道,从而产生信息效应。具体而言,一方面,在社会网络中嵌入程度更高(在社会网络中处于中心位置)的独立董事能帮助企业获取更多的外部信息,降低风险并提高管理层决策的科学性(傅代国和夏常源,2014),从而对管理层有限注意力和逐利的机会主义行为起到一定的遏制作用;另一方面,独立董事社会网络也是输出信息的重要渠道(Akbas et al.,2016)。就管理层业绩预告而言,管理层业绩预告经财务初步测算后需要董事会的全体成员共同商讨，再经过董事会决议并最终由管理层发布，无须经会计师事务所进行独立审计，独立董事可单独发表独立意见。因而独立董事发挥的咨询建议功能对于管理层业绩预告的精确度及准确度十分重要。在社会网络中嵌入程度较高的独立董事具备更高的资源禀赋和影响力，有助于打破管理层信息壁垒，在企业决策中具备更强的议价能力，从而有助于提升业绩预告披露水平。

第二，根据非正式制度声誉机制理论。在社会网络中嵌入程度较高的独立董事，即处于中心位置的独立董事通常拥有较高的声誉（张川等，2022）。出于对声誉的看重和维护，独立董事对上市公司的合规性及信息披露的真实性都具有更强的监督意愿和动力（田高良等，2011）。独立董事能够得到多家单位的聘用，即在社会网络中嵌入程度较高，通常被认为具有较高的个人社会信用，是其个人拥有社会资源的体现（Choi et al.，2011）。镶嵌在这些社会网络中的社会资源可以被直接利用，与此同时，也能提升个人的社会地位。较好的履职业绩能使独立董事获得较高的业界口碑、不断积累声誉，并争取到更多的潜在合作机会。而更多的履职机会也会降低独立董事对现有任职产生的机会成本黏性，从而有助于提高独立董事在履职中的独立性。而较差的履职业绩会导致其难以获得其他公司的兼职席位，其任职机会和收入会明显减少（Ertimur et al.，2012；刘浩等，2012）。基于此，在社会网络中嵌入程度较高的独立董事会更加看重个人的声誉，因为徇私舞弊的行为可能会带来更高的违法成本，致使声誉受损，从而失去其他公司的独立董事席位并对其行业口碑造成巨大影响。进一步，独立董事也能够通过自我的身份认同对自己的职业行为更加自信，从而增强决策的独立性，强化对管理层的监督作用。尽管投资者等利益相关者希望得到准确度及精确度更高的业绩预告，以获取关于企业运营的更加有用的信息，便于做出投资决策，但管理层则存在降低业绩预告精确度的动机，以规避不确定性风险及相应责任，或为了获取私人利益。在企业中，在社会网络中嵌入程度更高的独立董事对自身声誉及同行的认可具有更强烈的需求，其参与公司治理决策并监督高层管理者的动力和能力更强，能够更敏锐地识别管理层在业绩预告中的机会主义动机，并进行适时的干预。此外,管理层机会主义操作的行为可能通过独立董事社会网络嵌入而在独立董事所任职的多家公司中得以传播,从而造成管理层的声誉损失,管理层也会为了维护声誉而产生较多的忌惮并尽量规范自身行为。基于以上分析,本章提出两个假设。

H5-1:独立董事社会网络嵌入程度越高,管理层业绩预告的精确度越高。

H5-2:独立董事社会网络嵌入程度越高,管理层业绩预告的准确度越高。

5.2.2 独立董事社会网络嵌入与管理层业绩预告自愿性和及时性

网络关系的实质是资源。基于资源依赖理论,一方面,在社会网络中,处于中心位置的独立董事嵌入社会网络的程度更高,除了自身学历及专业背景之外,其丰富的履职经验提升了他们对于相关知识的认知,也使他们更擅长处理复杂棘手的情况,从而降低了各种不确定性及风险发生的可能。而内外部环境带来的各种潜在风险和不确定性也正是影响管理层业绩预告披露积极性的重要因素(宋云玲和宋衍蘅,2022),因为管理层会担心因自身能力不足导致披露误差较大,从而带来市场的负面效应。Akbas 等(2016)研究认为成熟的投资者更易于获取董事网络较大的公司的信息。另一方面,处于关系连接中的独立董事因嵌入社会网络中的程度较高而能够获得更多正式渠道所难以获取的信息(张川等,2022)。基于嵌入理论,与内部董事相比,独立董事与企业高管的关系属于弱连接关系,弱连接关系更有利于为企业提供多元化的异质性信息(Burt,1992),弱连接关系有利于隐性知识与信息在网络中传播(陈运森和郑登津,2017)。这些知识与信息,一方面使在社会网络中嵌入程度更高的独立董事能够获取较多其他企业的经营状况、知悉其他企业面临的各种问题及应对措施等,也能为独立董事提供较为充分的企业间横向对比条件及更为丰富的行业分析经验;另一方面,弱连接关系有利于学习效应的形成,处于网络中重要位置的独立董事通过学习效应能够获取更多的最新相关政策信息和行业资讯等特质性信息,并进行深入解读(周建等,2023)。有利于独立董事为管理层提供更为专业及有价值的咨询建议,进而增强管理层自愿披露业绩预告的信心、减少不确定性感知,从而提高管理层自愿性披露的可能性。

此外,基于资源的网络传递效应(Fracassi,2016),独立董事的社会关系网络有助于信息在其所任职的多家公司中快速传递,包括对外部经营风险的识别、行业面临的机遇挑战及最新的会计信息处理方式等,而这些信息有助于独立董事提高识别业绩预告问题的效率。而由所处网络位置带来的资源禀赋效应也增强了独立董事在公司中的地位及议价能力,提高了其对管理层决策的影响能力,减少了双方在业绩预告形成最终意见之前的讨价还价中由于分歧及管理层信息壁垒而造成的时间浪费,从而促使管理层业绩预告发布更为及时。据此提出以下两个假设。

H5-3:独立董事社会网络嵌入程度越高,管理层业绩预告披露的自愿性可能越大。

H5-4:独立董事社会网络嵌入程度越高,管理层业绩预告披露的及时性可能越大。

5.3 研究设计

5.3.1 模型设定与变量说明

5.3.1.1 模型设定

为验证独立董事社会网络嵌入对业绩预告精确度的影响(假设 H5-1),建立模型 5-1,采用面板数据的 OLS 模型进行估计,同时控制公司行业和年份,并做企业层面的聚类稳健性处理。模型设定如下:

$$\text{Precise}_{it} = \beta_0 + \beta_1 \text{Centrality}_{it} + \beta_3 \text{Controls}_{it} + \sum \text{Indus} + \sum \text{Year} + \varepsilon_{it}$$
(5-1)

为验证独立董事社会网络嵌入对业绩预告准确度的影响(假设 H5-2),建立模型 5-2,采用面板数据的 OLS 模型进行估计,同时控制公司行业和年份,并做企业层面的聚类稳健性处理。模型设定如下:

$$Bias_{it} = \beta_0 + \beta_1 Centrality_{it} + \beta_3 Controls_{it} + \sum Indus + \sum Year + \varepsilon_{it}$$
(5 - 2)

为验证独立董事社会网络嵌入对业绩预告自愿性的影响（假设 H5-3），建立模型 5-3，采用面板数据的 Logit 模型进行估计，同时控制公司行业和年份，并做企业层面的聚类稳健性处理。模型设定如下：

$$Voluntary_{it} = \beta_0 + \beta_1 Centrality_{it} + \beta_3 Controls_{it} + \sum Indus + \sum Year + \varepsilon_{it}$$
(5 - 3)

为验证独立董事社会网络嵌入对业绩预告及时性的影响（假设 H5-4），建立模型 5-4，采用面板数据的 Probit 模型进行估计，同时控制公司行业和年份，并做企业层面的聚类稳健性处理。模型设定如下：

$$Timely_{it} = \beta_0 + \beta_1 Centrality_{it} + \beta_3 Controls_{it} + \sum Indus + \sum Year + \varepsilon_{it}$$
(5 - 4)

5.3.1.2 变量说明

解释变量：独立董事社会网络嵌入以独立董事网络程度中心度来度量（Centrality），程度中心度是能够最直观地反映独立董事网络中心度的指标，程度中心度越高表征嵌入程度越高（陈运森和谢德仁，2011）。本章借鉴李志生等（2018）的研究，用 p_{ij} 表示公司 i 和公司 j 之间是否存在关系，如公司 i 的独立董事成员在公司 j 担任独立董事职务，则 $p_{ij}=1$，否则 $p_{ij}=0$，用 n 表示构成连锁独立董事网络的企业数量。公司 i 的独立董事网络程度中心度 $Centrality_i$ 的计算公式为：

$$Centrality_i = \sum_{j=1}^{n} p_{ij}/n - 1 \qquad (5-5)$$

被解释变量：被解释变量为业绩预告精确度误差（Precise）、业绩预告准确度误差（Bias）及业绩预告自愿性（Voluntary）和业绩预告及时性

(Timely)。①业绩预告精确度误差（Precise），本章借鉴常利民（2022）的研究，采用管理层年度预测净利润上限与预测净利润下限的差值比企业当年实际净利润，并取绝对值度量，Precise 值越小，精确度越高。②业绩预告准确度误差（Bias），借鉴 Houston 等（2019）及朱杰（2020）的相关研究，采用预测净利润上、下限均值与实际净利润的差值除以企业当年营业收入，并取绝对值度量，Bias 值越小，准确度越高。③业绩预告自愿性（Voluntary），本章借鉴李欢和罗婷（2016）、王丹等（2020）对自愿性披露的度量方式，自愿性披露取值为 1，强制性披露则取值为 0。其中，强制性披露定义为利润为负、扭亏为盈或报告净利润浮动的上限或下限超过 50%，沪深两市的上市规则规定可免除的情况除外。④业绩预告及时性（Timely），本章借鉴彭博和贺晨（2022）的研究，对会计期间结束日期与业绩预告发布时间的间隔天数进行计算，然后对数据进行五分位数打分，该变量数值越大则表示业绩预告越及时。

控制变量：本章借鉴王丹等（2020）的做法，在模型中引入可能对回归结果产生干扰的控制变量，将能够反映公司治理结构的指标及部分财务指标等一并纳入模型中进行考虑。选取偿债能力、盈利能力、审计质量、产权性质、董事会规模、管理层持股比例等作为常规财务及公司治理指标。此外，参考独立董事社会网络嵌入及业绩预告披露相关研究，本章还加入了独立董事占比、独立董事所在地与公司所在地是否一致及媒体关注度等指标作为控制变量。在本章稳健性检验及进一步检验中将使用变量的度量方式也一并列出，具体如表 5-1 所示。

表 5-1 变量定义列表

变量类型	变量名称	变量符号	变量度量
解释变量	独立董事社会网络嵌入（程度中心度）	Centrality	具体度量方式见上文

续表

变量类型	变量名称	变量符号	变量度量
被解释变量	业绩预告精确度误差	Precise	|（预测净利润上限-预测净利润下限）/实际净利润|
	业绩预告准确度误差	Bias	|（预测净利润上下限均值-实际净利润）/企业当年营业收入|
	业绩预告自愿性	Voluntary	自愿性披露取值为1，强制性披露则取值为0。其中，强制性披露定义为将利润为负、扭亏为盈或报告净利润浮动的上限或下限超过50%，沪深两市的上市规则规定可免除的情况除外
	业绩预告及时性	Timely	对会计期间结束日与业绩预告报告日间隔天数进行五分位数打分，间隔天数越短得分越高，表明业绩预告越及时
控制变量	偿债能力	Lev	企业总负债与总资产的比值
	盈利能力	Roa	企业净利润与总资产的比值
	审计质量	Big10	是否由国内十大会计师事务所审计，是为1，否为0
	产权性质	Soe	国有企业则取值为1，非国有企业取值为0
	董事会规模	Boardsize	董事会董事数量取自然对数
	管理层持股比例	Managehold	管理层持股数量占总股数量之比
	媒体关注度	Mediaattention	媒体跟踪数的自然对数
	独立董事占比	Inratio	独立董事的人数与董事会人数的比值
	独立董事工作地点	Sameplace	独立董事所在地点与公司在同一城市取值为1，否则为0
稳健性、机制检验及进一步分析所用其他变量	独立董事网络结构洞	Stru	具体度量方式详见稳健性检验
	独立董事网络中心度综合指标	Net	具体度量方式详见稳健性检验

续表

变量类型	变量名称	变量符号	变量度量
稳健性、机制检验及进一步分析所用其他变量	业绩预告精确度误差2	Precise2	|（预测净利润上限-预测净利润下限）/（业绩预告净利润上限+业绩预告净利润下限）|/2
	业绩预告准确度误差2	Bias2	|（实际净利润-预测净利润上下限均值）/净利润实际值|
	业绩预告自愿性2	Voluntary2	自愿性披露取值为1，强制性披露则取值为0。其中，略增、略减、续盈和不确定定义为非强制性，预增、预减、首亏、续亏和扭亏为强制性
	业绩预告及时性2	Timely2	首次业绩预告披露在当年10月及之前的为披露及时，赋值为1，否则赋值为0
	市场化指数	Market	根据王小鲁等计算的分省份理念市场化指数对样本企业进行赋值
	信息透明度	Opacity	以深圳证券交易所对上市公司信息披露质量评级的结果来进行衡量，并进行相应等级的赋值，4=优秀，3=良好，2=及格，1=不及格。评级越高，赋值越大
	融资约束	SA	融资约束SA指数
	两职合一	Dual	董事长和总经理为同一人时取值为1，否则为0

5.3.2 样本选择与数据来源

我国业绩预告制度在循序渐进地完善。自2009年6月6日深圳证券交易所发布《深圳证券交易所创业板股票上市规则》后，整体上我国业绩预告制度基本趋于稳定。因而本章选取2010年作为研究起始时间，以2010—2022年我国A股上市公司为研究样本。连锁独立董事兼任信息则通过整理Csmar（国泰安）数据库及Wind（万得）数据库中所有于2010年12月31日至2022年12月31日上市的公司的独立董事的兼任情况而初步获得。在初步确定连锁独立董事的人员名单后再通过人员 ID 号码排除同名同姓者,将连锁独立董事的信息进一步确定下来。在进行原始资料的收集、整理和编码之后,利用 Python 编程技术将上述公司独立董事兼任表格转换成为 0-1 矩阵,具体为通过判断两家企业之间是否存在兼任的连锁独立董事来实现,如果存在则赋值为 1,否则就赋值为 0,进一步形成 12 个年份的 0-1 矩阵数据表格。将表格数据通过 Ucinet 和 Pajek 分析工具计算出独立董事个人层面的网络中心度指标,最后将个人层面数据的平均值作为其所属公司层面的相应指标。样本公司的其他指标数据来自 Csmar(国泰安)数据库,剔除金融行业、ST、*ST 及 SST、业绩预告及实际利润数据缺失、业绩预告类型为不明确、定性预测的样本,并进一步剔除独立董事网络中心度指标无法测量及控制变量数据缺失的样本,选取公司年度首次业绩预告数据,获得共 18891 个有效公司/年份观测值。具体剔除过程如表 5-2 所示。

表 5-2 样本筛选过程

筛选过程	剔除样本	剩余样本
2010—2022 年的原始样本 (剔除金融行业、ST 公司)		39890
剔除未公开披露年度业绩预告的公司样本	14572	25318
剔除年度业绩预告为定性预测 及未披露净利润数据的样本	1909	23409
剔除核心变量独立董事社会网络嵌入指标 无法测量及控制变量存在缺失的样本	4518	18891

5.4 实证结果与分析

5.4.1 描述性统计

如表 5-3 所示,业绩预告精确度误差(Precise)的均值为 0.664,最大值为 11.84,最小值为 0,而均值与中位数有一定差异,反映了上市公司业绩预告精确度区别较大,且数据分布不太均匀。业绩预告准确度误差(Bias)

也具有类似的特征。二者的均值大于中位数，说明大部分上市公司业绩预告的精确度和准确度低于均值。业绩预告的自愿性（Voluntary）均值也显著大于中位数，表明自愿性披露业绩预告的公司占比较小。而业绩预告及时性（Timely）及独立董事社会网络嵌入（Centrality）的中位数与均值较为接近，表明数据分布较为均匀，与前人的相关研究大体一致。独立董事工作地点一致性、是否由国内十大会计师事务所审计指标的均值和中位数差异较大，表明各个企业间存在一定差异。为消除极端值的影响，我们对连续变量进行1%及99%分位数的缩尾处理。

表 5-3 描述性统计结果

变量	样本量	最小值	均值	中位数	最大值	标准差
Precise	18891	0	0.644	0.230	11.84	1.581
Bias	18891	0.001	3.184	0.090	16.011	5.430
Voluntary	18891	0	0.335	0	1	0.472
Timely	18891	1	3.042	3	5	1.401
Centrality	18891	0	0.410	0.400	1.500	0.346
Lev	18891	0.048	0.404	0.391	0.906	0.208
Roa	18891	−0.299	0.030	0.034	0.214	0.074
Big10	18891	0	0.470	0	1	0.488
Soe	18891	0	0.255	0	1	0.436
Boardsize	18891	1.609	2.103	2.197	2.565	0.190
Managehold	18891	0	0.174	0.060	0.688	0.207
Mediaattention	18891	1.099	3.387	3.526	5.004	0.909
Inratio	18891	0.333	0.377	0.364	0.571	0.053
Sameplace	18891	0	0.399	0	1	0.490

5.4.2 基准回归检验

表 5-4 报告了模型 5-1 至模型 5-4 的回归结果，可以看到在第（1）列和第（2）列中独立董事社会网络程度中心度（Centrality）的系数为负，并

均在5%的统计水平上显著，说明独立董事社会网络嵌入程度越高的上市公司，其管理层披露的业绩预告精确度和准确度都越高（误差越小）。由此，前文中提出的假设 H5-1 和假设 H5-2 得到验证。在第（3）列及第（4）列中，Centrality 的系数为正，并分别在 5%、1% 的统计水平上显著，说明独立董事网络嵌入程度越高的上市公司，其管理层进行业绩预告自愿性披露与及时性披露的可能性越大。由此，前文中提出的假设 H5-3 和假设 H5-4 均得到了验证。检验结果表明，在中国情境下，独立董事的社会网络嵌入程度能够正向影响管理层业绩预告的精确度、准确度、积极性与及时性，对于业绩预告的披露行为及披露质量起到了正向作用。此外，从控制变量的回归结果可知，企业的盈利能力（Roa）、管理层持股比例（Managehold）、独立董事工作地点的一致性（Sameplace）对业绩预告披露（除精确度外）具有积极影响。表明企业的盈利能力越强，业绩预告质量越高；管理层持股比例越大，对管理层的激励作用越强，对业绩预告质量也会产生积极影响；独立董事所在地与工作地点的一致性，则反映出独立董事能够亲力亲为地参与企业监督，对提升管理层业绩预告披露的准确度与自愿性也有正向作用，基本支持了 Alam 等（2014）和郝玲玲（2018）的本地独立董事更能发挥信息效应及治理作用的研究结论。而独立董事所占比例的指标系数并不显著，与田莹莹（2013）得到的独立董事对业绩预告披露不存在显著影响的结论一致。

表 5-4　独立董事社会网络嵌入与管理层业绩预告的回归结果

变量	（1）Precise	（2）Bias	（3）Voluntary	（4）Timely
Centrality	-0.072**	-0.670**	0.099**	0.143***
	(-2.24)	(-2.09)	(2.12)	(3.65)
Lev	0.178**	0.850	-1.519***	-0.213**
	(2.44)	(0.78)	(-13.74)	(-2.49)
Roa	-3.562***	-4.324	10.630***	1.655***
	(-13.28)	(-1.38)	(29.34)	(10.22)

续表

变量	(1) Precise	(2) Bias	(3) Voluntary	(4) Timely
Big10	-0.039	1.393	0.124	-0.048
	(-0.65)	(1.29)	(1.14)	(-0.69)
Soe	-0.141***	0.209	-0.323***	-0.225***
	(-3.98)	(0.44)	(-5.80)	(-4.97)
Boardsize	-0.097	0.280	0.377***	0.160
	(-1.20)	(0.26)	(3.01)	(1.59)
Managehold	-0.200***	-4.960***	0.961***	-0.114
	(-3.53)	(-8.49)	(9.84)	(-1.33)
Mediaattention	0.122***	-0.120	-0.324***	-0.060***
	(6.96)	(-0.53)	(-10.12)	(-3.61)
Inratio	-0.155	2.386	0.362	-0.173
	(-0.59)	(0.73)	(0.83)	(-0.50)
Sameplace	-0.009	-0.623**	0.129**	-0.059**
	(-0.41)	(-2.26)	(3.43)	(-2.09)
常数项	0.017	-8.263	-1.813***	3.251***
	(0.06)	(-1.35)	(-3.48)	(8.28)
年份	控制	控制	控制	控制
行业	控制	控制	控制	控制
样本量	18891	18891	18835	18891
Adj. R^2/Pseudo R^2	0.050	0.055	0.226	0.073

注：***、**、* 分别代表在1%、5%、10%的水平上显著（结果保留三位小数），本章下表同。

5.4.3 稳健性及内生性检验

5.4.3.1 稳健性检验——替换被解释变量

本节对基准回归中所用到的业绩预告精确度（Precise）、业绩预告准确度误差（Bias）、业绩预告及时性（Timely）和业绩预告自愿性（Voluntary）

采用其他方法重新进行度量。①业绩预告精确度（Precise2），本节借鉴林钟高和赵孝颖（2020）的相关研究，采用预告净利润上限与下限的差值比业绩预告上限与下限之和的均值，并取绝对值度量，Precise2 值越小，精确度越高。②业绩预告准确度误差（Bias2），本章借鉴王彦慧和傅仁辉（2022）的相关研究，采用实际净利润与预测净利润的差值除以企业当年实际净利润，并取绝对值度量，Bias2 值越小，准确度越高。③业绩预告自愿性（Voluntary2），本节借鉴王彦慧和傅仁辉（2022）对自愿性披露的度量方式，自愿性披露取值为 1，强制性披露则取值为 0。其中，将略增、略减、续盈和不确定定义为非强制性，预增、预减、首亏、续亏和扭亏定义为强制性。④业绩预告及时性（Timely2），本节借鉴宋云玲和宋衍蘅（2022）的研究，对年度首次业绩预告披露在当年 10 月及之前的计为披露及时，赋值为 1，否则赋值为 0。将重新度量的指标带入主回归模型中，回归结果如表 5-5 所示，解释变量 Centrality 的回归结果基本未发生变化。

表 5-5　替换被解释变量后的回归结果

变量	（1）Precise2	（2）Bias2	（3）Voluntary2	（4）Timely2
Centrality	-0.078**	-0.343*	0.092*	0.274***
	(-2.25)	(-1.65)	(1.79)	(3.22)
Lev	0.072	0.956**	-1.487***	-0.250
	(0.89)	(1.98)	(-13.50)	(-1.31)
Roa	-3.734***	-23.700***	10.490***	-1.553***
	(-13.45)	(-13.48)	(29.44)	(-4.13)
Big10	-0.090	-0.325	0.0921	0.091
	(-1.34)	(-0.78)	(0.85)	(0.54)
Soe	-0.158***	-0.318	-0.312***	-0.514***
	(-3.71)	(-1.45)	(-5.66)	(-4.95)
Boardsize	-0.148	-0.731	0.355***	0.470**
	(-1.64)	(-1.40)	(2.84)	(2.12)

续表

变量	(1) Precise2	(2) Bias2	(3) Voluntary2	(4) Timely2
Managehold	-0.168**	-1.131***	0.944***	-0.532***
	(-2.54)	(-3.24)	(9.69)	(-2.76)
Mediaattention	0.094***	0.622***	-0.309***	-0.003
	(4.94)	(5.35)	(-9.76)	(-0.07)
Inratio	-0.261	-1.532	0.422	-0.405
	(-0.91)	(-0.91)	(0.98)	(-0.53)
Sameplace	-0.009	-0.192	0.112***	-0.085
	(-0.37)	(-1.32)	(3.00)	(-1.39)
常数项	-1.007**	-9.937***	-1.797***	-1.150
	(-2.40)	(-4.57)	(-3.53)	(-1.25)
年份	控制	控制	控制	控制
行业	控制	控制	控制	控制
样本量	18891	18891	18831	18870
Adj. R^2/Pseudo R^2	0.051	0.060	0.225	0.256

5.4.3.2 替换解释变量

首先，采用结构洞指标。Burt（1992）的结构洞理论认为嵌入松散型网络的企业可以提高效率，并取得非剩余信息交换带来的中介优势。为了综合考虑独立董事社会网络嵌入的影响，采用网络结构洞指标替代网络中心度指标，重新检验独立董事社会网络嵌入对管理层业绩预告的影响，本章参照 Burt（1992）、陈运森（2015）、张川等（2022）的相关研究，根据式（5-6），并借助 Pajek 大型复杂网络分析工具测算独立董事个人的网络结构洞指标，再以公司为单位，将独立董事个人层面的网络结构洞指标进行加总并取平均值，获得公司层面的结构洞指标。独立董事个人社会网络结构洞的指标测算公式为：

$$Stru_{ij} = 1 - \sum_{i \neq j} (P_{ij} + \sum_{i \neq j, k} P_{ij}P_{ik})^2 \qquad (5-6)$$

其中，P_{ij} 度量的是独立董事 i 与独立董事 j 的直接连带关系强度，$\sum_{i \neq j,k} P_{ij}P_{ik}$ 表示网络内从独立董事 i 到独立董事 j 的全部通过 k 的路径中间接连带关系的总和；$\sum_{i \neq j}(P_{ij}+\sum_{i \neq j,k}P_{ij}P_{ik})^2$ 表示独立董事 i 因独立董事 j 而受到的限制程度，而 1 与该指数的差值代表结构洞的丰富程度 Stru。Stru 越大，代表信息优势越明显。将结构洞指标（Stru）带入基准回归模型中进行检验，其余变量保持不变，回归结果如表 5-6 所示，Stru 变量的估计系数符号与预期一致，且结果均显著。表明独立董事的网络位置越靠近中心，在社会网络中镶嵌得越紧密的公司，拥有更多的信息资源，其业绩预告的准确度、精确度越高，也越有可能进行及时的自愿性业绩预告披露。

表 5-6 替换解释变量（结构洞）后的回归结果

变量	(1) Precise	(2) Bias	(3) Voluntary	(4) Timely
Stru	-0.012***	-0.009***	0.316*	0.069***
	(-3.33)	(-2.59)	(1.71)	(3.54)
Lev	0.002	-0.011***	-1.489***	-0.229***
	(0.83)	(-3.10)	(-10.65)	(-2.66)
Roa	-0.120***	-0.242***	10.700***	1.692***
	(-20.23)	(-16.63)	(25.52)	(10.45)
Big10	-0.008***	-0.005**	0.122	-0.048
	(-4.08)	(-2.22)	(0.93)	(-0.69)
Soe	-0.004***	-0.007***	-0.321***	-0.230***
	(-3.22)	(-4.87)	(-4.17)	(-5.07)
Boardsize	-0.011***	-0.017***	0.442***	0.068
	(-3.36)	(-5.00)	(2.68)	(0.65)
Managehold	-0.011***	-0.014***	0.949***	-0.095
	(-4.79)	(-5.97)	(7.88)	(-1.10)

续表

变量	(1) Precise	(2) Bias	(3) Voluntary	(4) Timely
Mediaattention	-0.001	0.011***	-0.319***	-0.063***
	(-0.64)	(13.44)	(-9.17)	(-3.77)
Inratio	-0.009	-0.021**	0.408	-0.224
	(-0.93)	(-2.01)	(0.76)	(-0.65)
Sameplace	-0.001	-0.003***	0.130***	-0.057**
	(-0.35)	(-3.45)	(2.99)	(-1.99)
常数项	0.084***	0.030**	-2.075***	3.652***
	(6.75)	(2.51)	(-3.24)	(8.99)
年份	控制	控制	控制	控制
行业	控制	控制	控制	控制
样本量	18849	18849	18792	18849
Adj. R²/Pseudo R²	0.053	0.160	0.227	0.073

其次，采用网络中心度综合指标。如前文所述，除程度中心度外，本章的独立董事社会网络嵌入指标（独立董事网络中心度的衡量指标）还有中介中心度和接近中心度。与程度中心度不同，中介中心度衡量的是个体在社会网络中的媒介作用，即中介地位；而接近中心度则衡量的是社会网络中的个体与其他个体在距离上的远近（万良勇和胡璟，2014）。其中，借鉴 Grewal 等（2006）的研究测量具体的网络位置，g_{jk} 为连接公司 j 和 k 的最短路径数量；而 d (i, j) 为连接公司 i 与公司 j 的最短路径长度，n 表示公司独立董事总人数。计算公式如下：

$$\text{Betweenness}_i = \frac{\sum_{j<k} \frac{g_{jk}(i)}{g_{jk}}}{\frac{(n-2)(n-1)}{2}} \quad (5-7)$$

$$\text{Closeness}_i = \frac{(n-1)}{\sum_{j=1}^{n} d(i, j)} \tag{5-8}$$

在获得独立董事个人层面的中介中心度和接近中心度指标后，通过取企业中全部独立董事的中介中心度和接近中心度均值而获得企业层面的相应指标。获得中介中心度及接近中心度指标后，本书借鉴李留闯等（2012）和陈运森等（2018）的相关研究，采用独立董事网络中心度的综合指标（Net）替换基准回归中的程度中心度指标（Centrality），综合指标（Net）为程度中心度、中介中心度和接近中心度三个指标整合计算的结果。将独立董事网络中心度综合指标（Net）代入基准回归模型中，其余变量保持不变，回归结果如表5-7所示，Net变量的估计系数符号与预期一致，且结果均显著。再次证明了回归结果的稳健性。

表5-7 替换解释变量（中心度综合指标）后的回归结果

变量	(1) Precise	(2) Bias	(3) Voluntary	(4) Timely
Net	-0.016***	-0.025*	0.231**	0.232***
	(-2.74)	(-1.85)	(2.08)	(3.14)
Lev	0.002	-0.011***	-1.498***	-0.227***
	(0.84)	(-3.05)	(-10.72)	(-2.64)
Roa	-0.120***	-0.241***	10.650***	1.669***
	(-20.34)	(-16.56)	(25.46)	(10.33)
Big10	-0.008***	-0.005**	0.126	-0.053
	(-4.13)	(-2.28)	(0.96)	(-0.76)
Soe	-0.004***	-0.007***	-0.321***	-0.232***
	(-3.24)	(-4.82)	(-4.17)	(-5.10)
Boardsize	-0.010***	-0.016***	0.414***	0.110
	(-2.99)	(-4.77)	(2.58)	(1.08)
Managehold	-0.011***	-0.014***	0.936***	-0.098
	(-4.88)	(-5.86)	(7.86)	(-1.14)

续表

变量	（1）Precise	（2）Bias	（3）Voluntary	（4）Timely
Mediaattention	-0.001	0.011***	-0.319***	-0.063***
	(-0.64)	(13.55)	(-9.19)	(-3.78)
Inratio	-0.009	-0.020*	0.349	-0.198
	(-0.88)	(-1.94)	(0.65)	(-0.57)
Sameplace	-0.001	-0.003***	0.130***	-0.058**
	(-0.40)	(-3.52)	(3.00)	(-2.04)
常数项	0.072***	0.021*	-1.802***	3.246***
	(6.02)	(1.83)	(-2.93)	(8.26)
年份	控制	控制	控制	控制
行业	控制	控制	控制	控制
样本量	18891	18891	18891	18891
Adj. R^2/Pseudo R^2	0.053	0.160	0.2265	0.0733

5.4.3.3 内生性检验——加入遗漏变量

为排除可能的替代性解释，本书在基准回归的基础上加入与业绩预告可能相关的其他变量：①加入省份固定效应（Province）。一般企业不会轻易更换省份，且省份是不随时间改变的重要变量。借鉴施炳展和李建桐（2020）的做法，在主回归控制年份和行业固定效应的基础上，进一步控制省份固定效应。回归结果如表5-8的第（1）至（4）列所示，加入省份变量后检验结果与基准回归基本一致。②公司业务复杂度（Age）。业务复杂度较高的公司，其业绩预告的难度通常也会相应较大。本章参照李瑞敬等（2022）的做法，以企业年龄作为公司业务复杂度的代理变量，公司成立时间越久，业务复杂度越高。在控制省份固定效应的基础上，加入Age指标，回归结果如表5-8的第（5）至（8）列所示，主要变量的回归系数和符号均与基准回归一致。由Age指标的系数及符号可知，其对于业绩预告自愿性披露具有负向影响，对于业绩预告精确度误差具有正向影响，证明业务复杂程度越高的

表 5-8 加入遗漏变量 (Panel A) 的回归结果

变量	加入省份 (Province)				加入业务复杂度 (Age)			
	(1) Precise	(2) Bias	(3) Voluntary	(4) Timely	(5) Precise	(6) Bias	(7) Voluntary	(8) Timely
Centrality	-0.071**	-0.606*	0.094*	0.121***	-0.069**	-0.443*	0.083**	0.114***
	(-2.22)	(-1.82)	(1.78)	(3.13)	(-2.18)	(-1.94)	(2.17)	(2.98)
Lev	0.167**	1.363	-1.543***	-0.244***	0.162**	2.372**	-1.514***	-0.219***
	(2.26)	(1.24)	(-13.73)	(-2.89)	(2.19)	(2.48)	(-13.42)	(-2.61)
Roa	-3.525***	-2.694	10.480***	1.509***	-3.518***	-0.585	10.440***	1.475***
	(-13.04)	(-0.86)	(28.86)	(9.44)	(-13.01)	(-0.19)	(28.76)	(9.29)
Big10	-0.0226	1.011	0.139	-0.0389	-0.022	1.669	0.134	-0.044
	(-0.38)	(0.93)	(1.26)	(-0.56)	(-0.36)	(1.54)	(1.22)	(-0.63)
Soe	-0.143***	0.101	-0.306***	-0.194***	-0.151***	-0.187	-0.238***	-0.155***
	(-4.04)	(0.21)	(-5.35)	(-4.35)	(-4.21)	(-0.37)	(-4.12)	(-3.50)
Boardsize	-0.0818	-0.102	0.412***	0.176*	-0.085	0.358	0.455***	0.189*
	(-1.01)	(-0.09)	(3.25)	(1.80)	(-1.05)	(0.34)	(3.57)	(1.94)
Managehold	-0.214***	-4.730***	0.933***	-0.137	-0.201***	-4.221***	0.842***	-0.199**
	(-3.70)	(-7.93)	(9.43)	(-1.60)	(-3.49)	(-7.46)	(8.47)	(-2.30)

续表

	加入省份（Province）				加入业务复杂度（Age）			
变量	(1) Precise	(2) Bias	(3) Voluntary	(4) Timely	(5) Precise	(6) Bias	(7) Voluntary	(8) Timely
Mediattention	0.120***	−0.153	−0.325***	−0.049***	0.120***	0.138	−0.324***	−0.051***
	(6.76)	(−0.68)	(−10.08)	(−3.00)	(6.77)	(0.61)	(−10.02)	(−3.06)
Inratio	−0.149	0.527	0.428	−0.183	−0.161	0.994	0.598	−0.124
	(−0.57)	(0.17)	(0.97)	(−0.54)	(−0.61)	(0.32)	(1.35)	(−0.37)
Sameplace	−0.011	−0.738***	0.139***	−0.052*	−0.011	−0.731***	0.139***	−0.053*
	(−0.45)	(−2.67)	(3.64)	(−1.84)	(−0.44)	(−2.65)	(3.62)	(−1.90)
Age					0.004*	0.251***	−0.036***	−0.020***
					(1.84)	(7.70)	(−9.46)	(−6.34)
常数项	−0.059	−6.808	−1.773***	3.153***	−0.091	2.510	−1.566***	3.305***
	(−0.21)	(−1.06)	(−3.29)	(7.93)	(−0.33)	(0.48)	(−2.89)	(8.39)
省份	控制	控制	控制	控制	控制	控制	控制	控制
年份	控制	控制	控制	控制	控制	控制	控制	控制
行业	控制	控制	控制	控制	控制	控制	控制	控制
样本量	18891	18891	18891	18891	18891	18891	18891	18891
Adj. R^2/Pseudo R^2	0.052	0.063	0.229	0.077	0.052	0.067	0.233	0.079

企业，业绩预告的披露意愿和披露质量可能越低。③企业风险承担水平（Return）。业绩预告的披露会涉及一定的成本及风险。本章借鉴解维敏和唐清泉（2013）及张敏等（2015）的相关研究，采用经行业调整的年度股票回报率的标准差来衡量企业的风险承担水平。在控制省份固定效应的基础上，加入 Return 指标，回归结果如表 5-9 的第（1）至（4）列所示，主要变量的回归系数和符号均与基准回归一致。此外，根据 Return 指标的符号及显著性可知，风险承担水平高能一定程度地提高企业业绩预告自愿性披露水平。

表 5-9 加入遗漏变量（Panel B）的回归结果

变量	加入风险承担水平（Return）			
	（1）Precise	（2）Bias	（3）Voluntary	（4）Timely
Centrality	-0.070**	-0.527*	0.083**	0.113***
	(-2.28)	(-1.81)	(2.08)	(2.96)
Lev	0.162**	0.974	-1.511***	-0.227***
	(2.19)	(0.89)	(-13.39)	(-2.71)
Roa	-3.519***	-2.378	10.440***	1.481***
	(-11.01)	(-0.76)	(28.75)	(9.34)
Big10	-0.021	1.033	0.136	-0.047
	(-0.38)	(0.95)	(1.23)	(-0.68)
Soe	-0.150***	-0.408	-0.236***	-0.161***
	(-4.13)	(-0.82)	(-4.07)	(-3.65)
Boardsize	-0.084	-0.307	0.455***	0.187*
	(-1.15)	(-0.29)	(3.57)	(1.92)
Managehold	-0.201***	-3.928***	0.843***	-0.198**
	(-3.49)	(-6.82)	(8.47)	(-2.30)
Mediattention	0.120***	-0.159	-0.323***	-0.052***
	(6.77)	(-0.71)	(-9.99)	(-3.12)

续表

变量	加入风险承担水平（Return）			
	(1) Precise	(2) Bias	(3) Voluntary	(4) Timely
Inratio	-0.151	-0.292	0.599	-0.134
	(-0.65)	(-0.09)	(1.36)	(-0.40)
Sameplace	-0.011	-0.720***	0.139***	-0.054*
	(-0.54)	(-2.61)	(3.63)	(-1.95)
Age	0.004*	0.254***	-0.036***	-0.021***
	(1.81)	(7.80)	(-9.43)	(-6.50)
Return	-0.001	0.415	0.125	-0.376***
	(-0.02)	(0.37)	(0.91)	(-3.90)
常数项	-0.090	-9.706	-1.645***	3.532***
	(-0.32)	(-1.49)	0.083	(8.79)
省份	控制	控制	控制	控制
年份	控制	控制	控制	控制
行业	控制	控制	控制	控制
样本量	18891	18891	18891	18891
Adj. R^2/Pseudo R^2	0.052	0.068	0.233	0.079

5.4.3.4 内生性检验——采用工具变量

为进一步防止本章的研究结果存在潜在的内生性问题，本章使用工具变量法对主效应进行检验。借鉴相关研究，张川等（2022）采用剔除本企业的行业均值作为工具变量、林钟高和辛明璇（2023）则采用同行业、同年份剔除本企业的均值作为工具变量，本章结合前文的分析采用同地区、同行业剔除本企业的独立董事社会网络嵌入（程度中心度）均值指标（Iv_Centrality）作为独立董事社会网络嵌入指标的工具变量。原因是根据解释变量独立董事社会网络嵌入的特点及第3章中对独立董事社会网络嵌入实践特征的统计分析，管理层业绩预告指标呈现一定的随时间变化的趋势，不适宜采用同年份同行业剔除本公司的均值作为工具变量。而同地区、同行业的独立董事社会网络嵌入不包含企业自身的社会网络嵌入,但企业情况具有一定的相似性,彼此间的模仿效应会对本企业的独立董事社会网络嵌入产生一定影响,同时又不影响本企业的业绩预告披露情况,因而选择采用同地区、同行业剔除本公司的均值指标作为工具变量。

结合模型构建及变量特征,本章采用 Ivregress2 两阶段估计(2SLS)方法,通过弱工具变量检验 Iv_Centrality 指标。回归结果如表 5-10 所示,在第一阶段的回归中,如第(1)列、第(3)列、第(5)列及第(7)列所示,独立董事社会网络嵌入(网络中心度)的工具变量 Iv_Centrality 显著影响独立董事社会网络嵌入 Centrality,两者之间的相关关系在 5% 的统计水平上显著为正。在第二阶段中,如表中第(2)列、第(4)列、第(6)列、第(8)列所示,解释变量 Centrality 的系数均在 5% 或 1% 的统计水平上显著,并且符号与主回归结果一致,表明本章研究得出的独立董事社会网络嵌入影响管理层业绩预告披露的结论稳健可靠。

5.5 进一步分析

5.5.1 影响机制检验

5.5.1.1 信息效应的中介机制检验

根据代理理论,管理层相对于董事会来说处于信息优势方,而出于机会主义的自利动机,管理层可能会构筑信息壁垒,以降低独立董事获取更多信息的可能性。而良好的公司治理是缓解信息不对称问题的有效手段,其中信息披露作为公司治理的核心,是公司治理机制中至关重要的部分(高雷和宋顺林,2007)。独立董事制度是抑制企业内部经营者和管理者的机会主义行为及提高公司治理水平的机制,已有研究证实独立董事所占比例越高,越能够提高公司信息透明度(崔学刚,2004)。独立董事嵌入社会网络中较为有利的中心位置,其所拥有的信息渠道就更丰富,不仅能够提高其在与管理层博弈时的议价能力,而且还能提升公司信息披露的质量。理论上而言,公司

5 独立董事社会网络嵌入对管理层业绩预告的影响

表 5-10 采用工具变量的回归结果

变量	第一阶段 (1) Centrality	第二阶段 (2) Precise	第一阶段 (3) Centrality	第二阶段 (4) Bias	第一阶段 (5) Centrality	第二阶段 (6) Voluntary	第一阶段 (7) Centrality	第二阶段 (8) Timely
Iv_Centrality	0.613** (2.08)		0.613** (2.08)		0.613** (2.08)		0.613** (2.08)	
Centrality		-0.207** (-2.13)		-0.147*** (-2.89)		0.307*** (3.08)		1.284*** (3.01)
Lev	0.015 (0.60)	0.257*** (3.43)	0.015 (0.60)	4.013*** (2.91)	0.015 (0.60)	-0.359*** (-15.06)	0.015 (0.60)	-0.476*** (-5.19)
Roa	0.115** (2.42)	-3.473*** (-12.83)	0.115** (2.42)	-0.836 (-0.23)	0.115** (2.42)	1.274*** (25.42)	0.115** (2.42)	2.135*** (11.18)
Big10	-0.001 (-0.02)	0.010 (0.15)	-0.001 (-0.02)	2.339 (1.36)	-0.001 (-0.02)	-0.049** (-2.35)	-0.001 (-0.02)	-0.321*** (-3.82)
Soe	-0.015 (-1.15)	-0.164*** (-4.05)	-0.015 (-1.15)	0.184 (0.24)	-0.015 (-1.15)	-0.050*** (-3.91)	-0.015 (-1.15)	-0.137*** (-2.69)
Boardsize	-0.055* (-1.76)	-0.171* (-1.84)	-0.055* (-1.76)	-0.172 (-0.10)	0.001 (0.08)	-0.003 (-0.30)	0.001 (0.08)	-0.061* (-1.72)

续表

变量	第一阶段 (1) Centrality	第二阶段 (2) Precise	第一阶段 (3) Centrality	第二阶段 (4) Bias	第一阶段 (5) Centrality	第二阶段 (6) Voluntary	第一阶段 (7) Centrality	第二阶段 (8) Timely
Managehold	0.008 (0.34)	-0.318*** (-4.89)	0.008 (0.34)	-6.664*** (-7.30)	-0.055* (-1.76)	0.126*** (4.26)	-0.055* (-1.76)	0.364*** (3.14)
Mediaattention	0.004 (0.78)	0.040*** (3.16)	0.004 (0.78)	-0.338 (-1.62)	0.008 (0.34)	0.288*** (11.37)	0.008 (0.34)	-0.054 (-0.56)
Inratio	-0.147 (-1.48)	-0.182 (-0.59)	-0.147 (-1.48)	2.090 (0.43)	0.004 (0.78)	-0.229*** (-6.25)	0.004 (0.78)	-0.260*** (-16.24)
Sameplace	0.015* (1.90)	-0.025 (-0.94)	0.015* (1.90)	-0.516 (-1.43)	-0.147 (-1.48)	0.098 (0.98)	-0.147 (-1.48)	-0.292 (-0.73)
常数项	-0.042 (-0.11)	1.125*** (3.21)	-0.042 (-0.11)	9.125 (1.51)	0.015* (1.90)	0.088*** (10.39)	0.015* (1.90)	0.134*** (4.13)
年份	控制	控制	控制	控制	-0.042 (-0.11)	-0.156 (-1.45)	-0.042 (-0.11)	1.112*** (2.58)
行业	控制	控制	控制	控制	控制	控制	控制	控制
样本量	18891	18891	18891	18891	控制	控制	控制	控制
Adj. R²	0.031	0.033	0.031	0.023.	18891			

的信息透明度应该是独立董事社会网络嵌入与业绩预告披露质量的影响路径。本章借鉴高雷和宋顺林(2007)的研究,以深圳证券交易所对上市公司信息披露质量评级的结果来衡量公司信息透明度(Opacity)。对相应评级等级进行赋值,评级越高,赋值越大。根据路径分析的逐步检验法,本章建立如下模型。

第一,为了检验信息透明度在独立董事社会网络嵌入与业绩预告精确度关系中的中介作用,建立如下模型:

$$\text{Precise}_{it} = \beta_0 + \beta_1 \text{Centrality}_{it} + \beta_2 \text{Controls}_{it} + \sum \text{Indus} + \sum \text{Year} + \varepsilon_{it} \tag{5-9a}$$

$$\text{Opacity}_{it} = \beta_0 + \beta_1 \text{Centrality}_{it} + \beta_2 \text{Controls}_{it} + \sum \text{Indus} + \sum \text{Year} + \varepsilon_{it} \tag{5-9b}$$

$$\text{Precise}_{it} = \beta_0 + \beta_1 \text{Centrality}_{it} + \beta_2 \text{Opacity}_{it} + \beta_3 \text{Controls}_{it} + \sum \text{Indus} + \sum \text{Year} + \varepsilon_{it} \tag{5-9c}$$

第二,为了检验信息透明度在独立董事社会网络嵌入与业绩预告准确度关系中的中介作用,建立如下模型:

$$\text{Bias}_{it} = \beta_0 + \beta_1 \text{Centrality}_{it} + \beta_2 \text{Controls}_{it} + \sum \text{Indus} + \sum \text{Year} + \varepsilon_{it} \tag{5-10a}$$

$$\text{Opacity}_{it} = \beta_0 + \beta_1 \text{Centrality}_{it} + \beta_2 \text{Controls}_{it} + \sum \text{Indus} + \sum \text{Year} + \varepsilon_{it} \tag{5-10b}$$

$$\text{Bias}_{it} = \beta_0 + \beta_1 \text{Centrality}_{it} + \beta_2 \text{Opacity}_{it} + \beta_3 \text{Controls}_{it} + \sum \text{Indus} + \sum \text{Year} + \varepsilon_{it} \tag{5-10c}$$

第三，为了检验信息透明度在独立董事社会网络嵌入与业绩预告自愿性披露关系中的中介作用，建立如下模型：

$$\text{Voluntary}_{it} = \beta_0 + \beta_1 \text{Centrality}_{it} + \beta_2 \text{Controls}_{it} + \sum \text{Indus} + \sum \text{Year} + \varepsilon_{it} \quad (5-11a)$$

$$\text{Opacity}_{it} = \beta_0 + \beta_1 \text{Centrality}_{it} + \beta_2 \text{Controls}_{it} + \sum \text{Indus} + \sum \text{Year} + \varepsilon_{it} \quad (5-11b)$$

$$\text{Voluntary}_{it} = \beta_0 + \beta_1 \text{Centrality}_{it} + \beta_2 \text{Opacity}_{it} + \beta_3 \text{Controls}_{it} + \sum \text{Indus} + \sum \text{Year} + \varepsilon_{it} \quad (5-11c)$$

第四，为了检验信息透明度在独立董事社会网络嵌入与业绩预告及时性披露关系中的中介作用，建立如下模型：

$$\text{Timely}_{it} = \beta_0 + \beta_1 \text{Centrality}_{it} + \beta_2 \text{Controls}_{it} + \sum \text{Indus} + \sum \text{Year} + \varepsilon_{it} \quad (5-12a)$$

$$\text{Opacity}_{it} = \beta_0 + \beta_1 \text{Centrality}_{it} + \beta_2 \text{Controls}_{it} + \sum \text{Indus} + \sum \text{Year} + \varepsilon_{it} \quad (5-12b)$$

$$\text{Timely}_{it} = \beta_0 + \beta_1 \text{Centrality}_{it} + \beta_2 \text{Opacity}_{it} + \beta_3 \text{Controls}_{it} + \sum \text{Indus} + \sum \text{Year} + \varepsilon_{it} \quad (5-12c)$$

模型5-9a与基准回归的模型5-1相同，模型5-9b检验解释变量独立董事社会网络嵌入与中介变量公司透明度（Opacity）的关系，模型5-9c为将中介变量加入基准回归模型5-1（独立董事社会网络嵌入与业绩预告精确度）的检验。模型5-10a与基准回归的模型5-2相同，模型5-10b检验解释变量独立董事社会网络嵌入与中介变量公司透明度的关系，模型5-10c为将中介变量公司透明度（Opacity）加入基准回归模型 5-2（独立董事社会网络嵌入与业绩预告精确度）的检验。模型 5-11a 与基准回归模型 5-3 相同，模型 5-11b 检验解释变量独立董事社会网络嵌入与中介变量公司透明度（Opacity）的关系，模型 5-11c 为将中介变量加入基准回归模型 5-3（独立董事社会网络嵌入与业绩预告自愿性披露）的检验。模型 5-12a 与基准回归模型 5-4 相同，模型 5-12b 检验解释变量独立董事社会网络嵌入与中介变量公司透明度的关系，模型 5-12c 为将中介变量公司透明度（Opacity）加入基准回归模型 5-4（独立董事社会网络嵌入与业绩预告及时性披露）的检验。

表 5-11 的第（1）列、第（4）列和表 5-12 的第（1）列、第（4）列为独立董事社会网络嵌入对业绩预告精确度、准确度与自愿性、及时性的检验，与前文基准回归的结果一致。表 5-11 的第（2）列、第（5）列和表 5-12 的第（2）列、第（5）列为独立董事社会网络嵌入对上市公司信息透明度（Opacity）的检验，检验结果显示 Centrality 的回归系数为正，并在 1% 的统计水平上显著，这表明独立董事社会网络嵌入正向影响公司信息透明度。接着，在模型 5-1 及模型 5-2 中引入 Opacity 变量后，回归结果如表 5-11 的第（3）列、第（6）列所示，Centrality 的回归系数均显著为负，与预期一致，而 Opacity 的回归系数为负，并在 1% 的水平上显著；在模型 5-3 和模型 5-4 中引入 Opacity 变量后，回归结果如表 5-12 的第（3）列、第（6）列所示，Centrality 的回归系数均显著为正，与预期一致，而 Opacity 的系数为正，并在 1% 的水平上显著。说明企业信息透明度在独立董事社会网络嵌入与业绩预告披露可靠性、自愿性与及时性的关系中均发挥了部分中介效应。独立董事社会网络嵌入通过提高上市公司信息透明度，为独立董事带来了资源效应并提升了其议价能力，有助于打破管理层的信息壁垒，从而提高业绩预告的可靠性，并促进管理层积极、及时地披露业绩预告。

表 5-11 信息效应的中介机制检验（Panel A）结果

变量	Precise 精确度误差			Bias 准确度误差		
	(1) Precise	(2) Opacity	(3) Precise	(4) Bias	(5) Opacity	(6) Bias
Centrality	-0.072**	0.127***	-0.080**	-0.670*	0.127***	-0.570*
	(-2.24)	(5.52)	(-2.50)	(-1.79)	(5.52)	(-1.73)
Opacity			-0.063***			-0.089***
			(-6.68)			(-6.47)
Lev	0.178**	-0.362***	0.202***	0.850	-0.362***	0.293
	(2.44)	(-7.47)	(2.76)	(0.78)	(-7.47)	(0.27)
Roa	-3.562***	2.649***	-3.730***	-4.324	2.649***	-2.253
	(-13.28)	(22.21)	(-13.71)	(-1.38)	(22.21)	(-0.71)
Big10	-0.039	-0.043	-0.036	1.393	-0.043	1.245
	(-0.65)	(-0.75)	(-0.61)	(1.29)	(-0.75)	(1.16)
Soe	-0.141***	0.018	-0.142***	0.209	0.018	0.187
	(-3.98)	(0.74)	(-4.02)	(0.44)	(0.74)	(0.40)
Boardsize	-0.097	0.096*	-0.103	0.280	0.096*	0.251
	(-1.20)	(1.72)	(-1.28)	(0.26)	(1.72)	(0.23)
Managehold	-0.200***	0.207***	-0.213***	-4.960***	0.207***	-4.729***
	(-3.53)	(5.03)	(-3.76)	(-8.49)	(5.03)	(-8.16)

— 110 —

续表

变量	Precise 精确度误差			Bias 准确度误差		
	(1) Precise	(2) Opacity	(3) Precise	(4) Bias	(5) Opacity	(6) Bias
Mediaattention	0.122***	0.088***	0.117***	-0.120	0.088***	-0.092
	(6.96)	(6.35)	(6.63)	(-0.53)	(6.35)	(-0.41)
Inratio	-0.155	0.284	-0.173	2.386	0.284	2.418
	(-0.59)	(1.48)	(-0.66)	(0.73)	(1.48)	(0.74)
Sameplace	-0.009	0.042**	-0.012	-0.623**	0.042**	-0.586**
	(-0.41)	(2.51)	(-0.52)	(-2.26)	(2.51)	(-2.13)
常数项	0.017	1.507***	-0.078	-8.263	1.507***	-8.886
	(0.06)	(6.59)	(-0.30)	(-1.35)	(6.59)	(-1.46)
年份	控制	控制	控制	控制	控制	控制
行业	控制	控制	控制	控制	控制	控制
样本量	18891	18890	18890	18891	18890	18890
Adj. R^2/PseudoR^2	0.050	0.197	0.052	0.055	0.197	0.057

表 5-12 信息效应的中介机制检验（Panel B）结果

变量	(1) Voluntary	(2) Opacity	(3) Voluntary	(4) Timely	(5) Opacity	(6) Timely
	Voluntary 自愿性披露			Timely 及时性披露		
Centrality	0.099*	0.127***	0.059*	0.143***	0.127***	0.124***
	(1.92)	(5.52)	(1.82)	(3.65)	(5.52)	(3.19)
Opacity			0.400***			0.0587***
			(19.93)			(5.40)
Lev	-1.519***	-0.362***	-1.429***	-0.213**	-0.362***	-0.395***
	(-13.74)	(-7.47)	(-12.65)	(-2.49)	(-7.47)	(-4.54)
Roa	10.630***	2.649***	9.768***	1.655***	2.649***	1.234***
	(29.34)	(22.21)	(26.81)	(10.22)	(22.21)	(7.66)
Big10	0.124	-0.043	0.169	-0.048	-0.043	-0.140*
	(1.14)	(-0.75)	(1.54)	(-0.69)	(-0.75)	(-1.96)
Soe	-0.323***	0.018	-0.323***	-0.225***	0.018	-0.258***
	(-5.80)	(0.74)	(-5.82)	(-4.97)	(0.74)	(-5.71)
Boardsize	0.377***	0.096*	0.356***	0.160	0.096*	0.055
	(3.01)	(1.72)	(2.81)	(1.59)	(1.72)	(0.55)
Managehold	0.961***	0.207***	0.902***	-0.114	0.207***	-0.087
	(9.84)	(5.03)	(9.06)	(-1.33)	(5.03)	(-1.03)

续表

变量	Voluntary 自愿性披露			Timely 及时性披露		
	(1) Voluntary	(2) Opacity	(3) Voluntary	(4) Timely	(5) Opacity	(6) Timely
Mediaattention	-0.324***	0.088***	-0.379***	-0.060***	0.088***	-0.109***
	(-10.12)	(6.35)	(-11.53)	(-3.61)	(6.35)	(-6.24)
Inratio	0.362	0.284	0.344	-0.173	0.284	-0.378
	(0.83)	(1.48)	(0.79)	(-0.50)	(1.48)	(-1.11)
Sameplace	0.129***	0.042**	0.112***	-0.059**	0.042**	-0.062**
	(3.48)	(6.59)	(-4.66)	(8.28)	(6.59)	(3.04)
常数项	-1.813***	1.507***	-2.466***	3.251***	1.507***	1.457***
	(-3.48)	(6.59)	(-4.66)	(8.28)	(6.59)	(3.04)
年份	控制	控制	控制	控制	控制	控制
行业	控制	控制	控制	控制	控制	控制
样本量	18835	18890	18834	18891	18890	18890
Adj. R^2/Pseudo. R^2	0.2266	0.197	0.2451	0.0732	0.197	0.0756

此外，采用 Bootstrap 方法进行重复 1000 次随机抽样的检验结果如表 5-13 所示，间接效应的结果在 95% 的置信区间内不包含 0，由此证明上述结果具有稳定性。另外，借鉴江艇（2022）的 Sobel 中介效应检验的结果如表 5-13 所示，中介变量 Opacity 系数的 Z 值均>2，P 值均<0.005，也再次证明了该中介作用的存在。

表 5-13　信息效应的中介机制检验：Bootstrap 间接效应检验及 Sobel 检验结果（Panel C）

作用路径	95%置信区间	Z 值	P>|z|
Centrality→Opacity→Precise	[0.0050, 0.0122]	4.161	0.000
Centrality→Opacity→Bias	[0.0107, 0.0259]	2.783	0.001
Centrality→Opacity→Voluntary	[0.0049, 0.0133]	4.842	0.000
Centrality→Opacity→Timely	[−0.0784, −0.0141]	4.749	0.000

5.5.1.2 声誉效应的中介机制检验

如前文所述，处于社会网络中心位置的独立董事更加看重自己在业界的地位和声誉，声誉的损失带来的成本远比履职所得报酬更高，还包括失去其他公司的兼职席位并丧失利益相关者的信任等（林钟高和辛明璇，2023）。社会网络中心度高的独立董事会为了维护自身的声誉而更加积极勤勉地履职，发挥监督效应，以避免管理层在业绩预告披露中的短视行为和机会主义自利行为。理论上而言，声誉效应的发挥也应为独立董事社会网络嵌入与业绩预告披露质量的影响路径。本章借鉴许为宾和周建（2017）的做法，使用主营业务收入与总资产的比例，即资产周转率衡量企业第一类代理成本（AC），以此衡量独立董事社会网络嵌入带来的声誉效应所产生的监督作用。该指标值越大，表明代理成本越小。根据路径分析的逐步检验法，本章建立如下模型。

第一，为了检验（缓解）代理成本在独立董事社会网络嵌入与业绩预告精确度关系中的中介作用，建立如下模型：

$$\text{Precise}_{it} = \beta_0 + \beta_1 \text{Centrality}_{it} + \beta_2 \text{Controls}_{it} + \sum \text{Indus} + \sum \text{Year} + \varepsilon_{it}$$
$$(5-13a)$$

$$\text{Agencycost}_{it} = \beta_0 + \beta_1 \text{Centrality}_{it} + \beta_2 \text{Controls}_{it} + \sum \text{Indus} + \sum \text{Year} + \varepsilon_{it}$$
$$(5-13b)$$

$$\text{Precise}_{it} = \beta_0 + \beta_1 \text{Centrality}_{it} + \beta_2 \text{Agencycost}_{it} + \beta_3 \text{Controls}_{it} + \sum \text{Indus} + \sum \text{Year} + \varepsilon_{it}$$
$$(5-13c)$$

第二，为了检验（缓解）代理成本在独立董事社会网络嵌入与业绩预告准确度关系中的中介作用，建立如下模型：

$$\text{Bias}_{it} = \beta_0 + \beta_1 \text{Centrality}_{it} + \beta_2 \text{Controls}_{it} + \sum \text{Indus} + \sum \text{Year} + \varepsilon_{it}$$
$$(5-14a)$$

$$\text{Agencycost}_{it} = \beta_0 + \beta_1 \text{Centrality}_{it} + \beta_2 \text{Controls}_{it} + \sum \text{Indus} + \sum \text{Year} + \varepsilon_{it}$$
$$(5-14b)$$

$$\text{Bias}_{it} = \beta_0 + \beta_1 \text{Centrality}_{it} + \beta_2 \text{Agencycost}_{it} + \beta_3 \text{Controls}_{it} + \sum \text{Indus} + \sum \text{Year} + \varepsilon_{it}$$
$$(5-14c)$$

第三，为了检验（缓解）代理成本在独立董事社会网络嵌入与业绩预告自愿性披露关系中的中介作用，建立如下模型：

$$\text{Voluntary}_{it} = \beta_0 + \beta_1 \text{Centrality}_{it} + \beta_2 \text{Controls}_{it} + \sum \text{Indus} + \sum \text{Year} + \varepsilon_{it}$$
$$(5-15a)$$

$$\text{Agencycost}_{it} = \beta_0 + \beta_1 \text{Centrality}_{it} + \beta_2 \text{Controls}_{it} + \sum \text{Indus} + \sum \text{Year} + \varepsilon_{it}$$
$$(5-15b)$$

$$Voluntary_{it} = \beta_0 + \beta_1 Centrality_{it} + \beta_2 Agencycost_{it} + \beta_3 Controls_{it} + \sum Indus + \sum Year + \varepsilon_{it} \quad (5-15c)$$

第四，为了检验（缓解）代理成本在独立董事社会网络嵌入与业绩预告及时性披露关系中的中介作用，建立如下模型：

$$Timely_{it} = \beta_0 + \beta_1 Centrality_{it} + \beta_2 Controls_{it} + \sum Indus + \sum Year + \varepsilon_{it} \quad (5-16a)$$

$$Agencycost_{it} = \beta_0 + \beta_1 Centrality_{it} + \beta_2 Controls_{it} + \sum Indus + \sum Year + \varepsilon_{it} \quad (5-16b)$$

$$Timely_{it} = \beta_0 + \beta_1 Centrality_{it} + \beta_2 Agencycost_{it} + \beta_3 Controls_{it} + \sum Indus + \sum Year + \varepsilon_{it} \quad (5-16c)$$

模型5-13a与基准回归模型5-1相同，模型5-13b检验解释变量独立董事社会网络嵌入与中介变量代理成本（Agencycost）的关系，模型5-13c为将中介变量加入基准回归模型5-1（独立董事社会网络嵌入与业绩预告精确度）的检验。模型5-14a与基准回归模型5-2相同，模型5-14b检验解释变量独立董事社会网络嵌入与中介变量代理成本（Agencycost）的关系，模型5-14c为将中介变量代理成本（Agencycost）加入基准回归模型5-2（独立董事社会网络嵌入与业绩预告精确度）的检验。

模型5-15a与基准回归模型5-3相同，模型5-15b检验解释变量独立董事社会网络嵌入与中介变量代理成本（Agencycost）的关系，模型5-15c为将中介变量加入基准回归模型5-3（独立董事社会网络嵌入与业绩预告自愿性披露）的检验。模型5-16a与基准回归模型5-4相同，模型5-16b检验解释变量独立董事社会网络嵌入与中介变量代理成本（Agencycost）的关系，模型5-16c为将中介变量代理成本（Agencycost）加入基准回归模型5-4（独立董事社会网络嵌入与业绩预告及时性披露）的检验。

表 5-14 的第（1）列、第（4）列和表 5-15 的第（1）列、第（4）列为独立董事社会网络嵌入对业绩预告精确度、准确度、自愿性和及时性的检验，与前文基准回归的结果一致。表 5-14 的第（2）列、表 5-15 的第（5）列和表 5-14 的第（2）列、表 5-15 的第（5）列，为独立董事社会网络嵌入对上市公司代理成本（Agencycost）的检验，检验结果显示 Centrality 的回归系数为正，并在 1% 的统计水平上显著。由于采用资产周转率进行度量选取的代理成本变量，该值越大则代理成本越小，因而表明独立董事社会网络嵌入缓解了企业的代理问题。接着，在模型 5-1 及模型 5-2 中引入 Agencycost 变量后，回归结果如表 5-14 的第（3）列、第（6）列所示，Centrality 的回归系数均为负，并分别在 5% 和 10% 的统计水平上显著，与预期一致；而 Agencycost 的回归系数均为正，并在 10% 及 5% 的统计水平上显著。在模型 5-3 和模型 5-4 中引入 Agencycost 变量后，回归结果如表 5-15 的第（3）列及第（6）列所示，Centrality 的回归系数均为正，并分别在 10% 和 1% 的统计水平上显著，与预期一致；而 Agencycost 的回归系数为正，并分别在 5% 及 1% 的统计水平上显著，说明代理成本在独立董事社会网络嵌入与业绩预告披露质量及披露行为的关系中均发挥了部分中介效应。独立董事社会网络嵌入通过声誉效应降低了第一类代理成本，抑制了管理层的机会主义自利行为，从而提高了业绩预告的质量并促进了积极的披露行为。

表 5-14 声誉效应的中介机制检验（Panel A）结果

变量	Precise 精确度			Bias 准确度		
	（1）Precise	（2）Agencycost	（3）Precise	（4）Bias	（5）Agencycost	（6）Bias
Centrality	−0.072**	0.030***	−0.074**	−0.670*	0.030***	−0.695*
	(−2.24)	(3.21)	(−2.31)	(−1.79)	(3.21)	(−1.85)
Agencycost			0.0677*			0.714**
			(1.65)			(2.06)

续表

变量	Precise 精确度			Bias 准确度		
	(1) Precise	(2) Agencycost	(3) Precise	(4) Bias	(5) Agencycost	(6) Bias
Lev	0.178**	0.546***	0.141*	0.850	0.546***	0.444
	(2.44)	(21.64)	(1.86)	(0.78)	(21.64)	(0.38)
Roa	-3.562***	1.061***	-3.634***	-4.324	1.061***	-5.125
	(-13.28)	(14.60)	(-13.17)	(-1.38)	(14.60)	(-1.58)
Big10	-0.039	0.021	-0.040	1.393	0.021	1.343
	(-0.65)	(0.91)	(-0.69)	(1.29)	(0.91)	(1.26)
Soe	-0.141***	-0.024**	-0.139***	0.209	-0.024**	0.221
	(-3.98)	(-2.08)	(-3.94)	(0.44)	(-2.08)	(0.47)
Boardsize	-0.097	-0.023	-0.095	0.280	-0.023	0.282
	(-1.20)	(-0.74)	(-1.18)	(0.26)	(-0.74)	(0.26)
Managehold	-0.200***	-0.050***	-0.196***	-4.960***	-0.050***	-4.909***
	(-3.53)	(-3.14)	(-3.47)	(-8.49)	(-3.14)	(-8.40)
Mediaattention	0.122***	-0.023***	0.124***	-0.120	-0.023***	-0.106
	(6.96)	(-4.68)	(7.06)	(-0.53)	(-4.68)	(-0.47)
Inratio	-0.155	-0.174**	-0.142	2.386	-0.174**	2.458
	(-0.59)	(-2.07)	(-0.54)	(0.73)	(-2.07)	(0.75)
Sameplace	-0.009	-0.015**	-0.009	-0.623**	-0.015**	-0.611**
	(-0.41)	(-2.04)	(-0.37)	(-2.26)	(-2.04)	(-2.22)
常数项	0.017	0.446***	-0.015	-8.263	0.446***	-8.710
	(0.06)	(4.69)	(-0.06)	(-1.35)	(4.69)	(-1.41)
年份	控制	控制	控制	控制	控制	控制
行业	控制	控制	控制	控制	控制	控制
样本量	18891	18894	18894	18891	18894	18894
Adj. R^2/ Pseudo R^2	0.050	0.224	0.051	0.055	0.224	0.055

表 5-15 声誉效应的中介作用检验（Panel B）结果

变量	(1) Voluntary	(2) Agencysost	(3) Voluntary	(4) Timely	(5) Agencysost	(6) Timely
	Voluntary 自愿性			Timely 及时性		
Centrality	0.099*	0.030***	0.099*	0.143***	0.030***	0.125***
	(1.92)	(3.21)	(1.89)	(3.65)	(3.21)	(3.21)
Agencysost			0.049**			0.168***
			(2.06)			(5.25)
Lev	−1.519***	0.546***	−1.550***	−0.213**	0.546***	−0.528***
	(−13.74)	(21.64)	(−13.72)	(−2.49)	(21.64)	(−5.92)
Roa	10.630***	1.061***	10.550***	1.655***	1.061***	1.187***
	(29.34)	(14.60)	(28.71)	(10.22)	(14.60)	(7.30)
Big10	0.124	0.021	0.120	−0.048	0.021	−0.157**
	(1.14)	(0.91)	(1.10)	(−0.69)	(0.91)	(−2.16)
Soe	−0.323***	−0.024**	−0.322***	−0.225***	−0.024**	−0.255***
	(−5.80)	(−2.08)	(−5.79)	(−4.97)	(−2.08)	(−5.61)
Boardsize	0.377***	−0.023	0.379***	0.160	−0.023	0.056
	(3.01)	(−0.74)	(3.03)	(1.59)	(−0.74)	(0.55)
Managehold	0.961***	−0.050***	0.964***	−0.114	−0.050***	−0.062
	(9.84)	(−3.14)	(9.88)	(−1.33)	(−3.14)	(−0.73)
Mediaattention	−0.324***	−0.023***	−0.322***	−0.060***	−0.023***	−0.104***
	(−10.12)	(−4.68)	(−10.06)	(−3.61)	(−4.68)	(−5.97)
Inratio	0.362	−0.174**	0.371	−0.173	−0.174**	−0.349
	(0.83)	(−2.07)	(0.85)	(−0.50)	(−2.07)	(−1.02)
Sameplace	0.129***	−0.015**	0.130***	−0.060**	−0.015**	−0.057**
	(3.43)	(−2.04)	(3.46)	(−2.09)	(−2.04)	(−2.03)
常数项	−1.813***	0.446***	−1.835***	3.251***	0.446***	1.300***
	(−3.48)	(4.69)	(−3.53)	(8.28)	(4.69)	(2.67)
年份	控制	控制	控制	控制	控制	控制
行业	控制	控制	控制	控制	控制	控制
样本量	18835	18894	18837	18891	18894	18894
Adj. R^2/ Pseudo R^2	0.227	0.224	0.227	0.073	0.224	0.076

此外，采用 Bootstrap 方法进行重复随机抽样的检验结果如表 5-16 所示，间接效应的结果在 95% 的置信区间内不包含 0，由此证明了上述结果的稳定性。另外，借鉴江艇（2022）的 Sobel 中介效应检验的结果如表 5-16 所示，中介变量 Agencycost 系数的 Z 值均>2，P 值均<0.005，也再次证明了该中介效应的存在。

表 5-16　声誉效应的中介作用检验：Bootstrap 间接效应检验及 Sobel 检验结果（Panel C）

作用路径	95%置信区间	Z 值	P>|z|
Centrality→Agencycost→Precise	[0.0003, 0.0063]	4.178	0.000
Centrality→Agencycost→Bias	[0.0243, 0.0768]	3.125	0.001
Centrality→Agencycost→Voluntary	[0.0001, 0.0009]	4.081	0.000
Centrality→Agencycost→Timely	[0.0023, 0.0036]	3.478	0.001

5.5.2 异质性检验

5.5.2.1 基于企业外部环境的异质性检验

与市场交易机制或市场性制度被看作正式制度不同，社会网络往往被判断为非正式制度（Stiglitz，2000）。个体倾向于从自己所嵌入的社会网络中寻求帮助，社会网络被认为弥补了正式制度缺失的信息和规范。在市场化宏观环境等正式制度相对不完善的情况下，社会网络等非正式制度对于促进公司合规化管理、提高治理水平具有积极的作用，对提高资源配置效率具有不容小觑的影响，从而可以抑制管理层的机会主义行为。有学者认为，在市场化进程较为缓慢、产品成熟度较低的地区，上市公司有更高的监督需求（Laporta et al.，2000）。根据王小鲁等计算的分省份市场化指数，参照杨道广等的方法，对企业所在地当年市场化指数进行中位数分组，将高于全国中位值水平的构建虚拟变量并赋值为 1，其余情况构建虚拟变量并赋值为 0。由表 5-17 的回归结果可见，在市场化水平较低的组，即表中第（1）列、第（3）列、第（5）列，主要解释变量回归结果均显著，且符号与预期一致。而在市场化水平较高的组，即表中的第（2）列、第（4）列、第（6）列，回归结果则不显著。说明独立董事社会网络嵌入这种非正式制度，能够在一定程度上弥补制度环境的治理缺位。此外，组间系数差异检验 SUE 的结果显示，除及时性披露组外，其余组别的差异统计上也具有显著性。另外，本章还使用了"市场中介组织发育程度及法律制度环境"指标作为分组检验的依据，结论并未发生改变。

5.5.2.2 基于企业内部环境的异质性检验——内部经营环境

对于自身融资约束较高的企业而言，由于自身的融资能力及投资能力受到限制，管理层为了确保企业现金流正常运转，可能会通过盈余管理提高业绩，以满足债务条款的要求。而融资约束程度越高，管理层为了筹措资金，越有可能有意使业绩预告偏离真实值，降低业绩预告的质量。同时，融资约束对企业的经营绩效会造成一定影响，使其披露业绩预告的积极性降低。而由独立董事社会网络嵌入所带来的异质性信息、知识等社会资源及独立董事较强的履职能力则能够缓解融资约束引起的企业业绩不佳的问题，同时，也能够使企业更有信心和把握披露更高质量的业绩预告。本章借鉴 Hadlock 和 Pierce（2010）及鞠晓生等（2013）的计算方法，采取 SA 指数度量企业面临的融资约束情况，SA 指数值为负且绝对值越大，表示企业融资约束程度越大。本章按照企业融资约束水平进行中位数分组检验，结果如表 5-18 所示。在融资约束较高的组中，即表中第（1）、第（3）列、第（5）列、第（7）列，解释变量 Centrality 的系数均显著且符号与基准回归一致。表明在融资约束程度较高的企业中，独立董事社会网络嵌入能够提高业绩预告的精确度与准确度，并能够正向影响管理层披露业绩预告的自愿性与及时性；而在融资约束水平较低的组中，即表中第（2）列、第（4）列、第（6）列、第（8）列，解释变量 Centrality 的系数均不显著，说明独立董事社会网络嵌入也能够在企业经营情况欠佳时起到提升业绩预告质量、促进积极披露的效果。此外，组间系数差异检验 SUE 的结果显示，除自愿性披露组外，其余组别的差异统计上也具有显著性。

表 5-17 市场化程度异质性检验结果

变量	(1) 市场化程度低 Precise	(2) 市场化程度高 Precise	(3) 市场化程度低 Bias	(4) 市场化程度高 Bias	(5) 市场化程度低 Voluntary	(6) 市场化程度高 Voluntary	(7) 市场化程度低 Timely	(8) 市场化程度高 Timely
Centrality	-0.123***	0.021	-0.736**	-0.593	0.125**	0.118	0.146***	0.049
	(-3.21)	(0.36)	(-2.07)	(-1.00)	(2.04)	(1.59)	(3.11)	(0.52)
Lev	0.142	0.251*	0.056	2.669	-1.410***	-0.081	-0.291***	-1.766***
	(1.62)	(1.87)	(0.04)	(1.50)	(-10.38)	(-0.59)	(-2.88)	(-8.96)
Roa	-3.776***	-3.098***	-4.637	-4.291	10.470***	1.692***	1.608***	11.17***
	(-11.85)	(-6.39)	(-1.18)	(-0.85)	(23.57)	(6.42)	(8.25)	(17.37)
Big10	0.006	-0.173*	1.572	0.705	0.213*	-0.077	-0.049	-0.172
	(0.09)	(-1.66)	(1.22)	(0.38)	(1.74)	(-0.63)	(-0.61)	(-0.72)
Soe	-0.151***	-0.073	0.323	0.143	-0.272***	-0.076	-0.240***	-0.350**
	(-3.78)	(-0.83)	(0.62)	(0.12)	(-4.39)	(-0.78)	(-4.89)	(-2.44)
Boardsize	-0.135	0.066	-1.309	3.446*	0.409***	0.198	0.163	0.333
	(-1.41)	(0.44)	(-0.99)	(1.86)	(2.68)	(1.23)	(1.36)	(1.44)
Managehold	-0.197***	-0.203	-5.768***	-3.469***	1.220***	-0.193	-0.042	0.588***
	(-2.72)	(-1.29)	(-7.58)	(-3.98)	(9.44)	(-1.59)	(-0.38)	(3.84)

续表

变量	(1) 市场化程度低 Precise	(2) 市场化程度高 Precise	(3) 市场化程度低 Bias	(4) 市场化程度高 Bias	(5) 市场化程度低 Voluntary	(6) 市场化程度高 Voluntary	(7) 市场化程度低 Timely	(8) 市场化程度高 Timely
Mediaattention	0.099***	0.158***	-0.138	-0.085	-0.298***	-0.055**	-0.064***	-0.380***
	(4.43)	(5.50)	(-0.45)	(-0.25)	(-7.32)	(-2.11)	(-3.10)	(-7.12)
Inratio	0.045	-0.179	3.106	3.129	-0.223	-0.050	-0.262	1.424*
	(0.13)	(-0.41)	(0.73)	(0.60)	(-0.41)	(-0.09)	(-0.65)	(1.91)
Sameplace	-0.016	-0.005	-0.558	-0.749**	0.162***	-0.074*	-0.052	0.048
	(-0.56)	(-0.13)	(-1.50)	(-2.18)	(3.46)	(-1.71)	(-1.49)	(0.74)
常数项	0.144	-0.441	-1.917	-24.32***	-1.704***	3.438***	3.225***	-1.865*
	(0.45)	(-0.87)	(-0.26)	(-2.78)	(-2.77)	(5.82)	(7.21)	(-1.78)
年份	控制	控制	控制	控制	控制	控制	控制	控制
行业	控制	控制	控制	控制	控制	控制	控制	控制
样本量	12518	6373	12518	6373	12465	6373	12518	6349
Adj. R^2/Pseudo R^2	0.053	0.050	0.048	0.109	0.219	0.081	0.0739	0.2495
SUE 组间系数差异检验	P=0.039		P=0.054		P=0.034		P=0.697	

表 5-18 企业融资约束异质性检验结果

变量	(1) 融资约束高 Precise	(2) 融资约束低 Precise	(3) 融资约束高 Bias	(4) 融资约束低 Bias	(5) 融资约束高 Voluntary	(6) 融资约束低 Voluntary	(7) 融资约束高 Timely	(8) 融资约束低 Timely
Centrality	-0.097**	-0.046	-0.572*	-0.581	0.092*	0.086	0.175***	0.087
	(-2.00)	(-1.14)	(-1.89)	(-1.24)	(1.93)	(1.15)	(3.39)	(1.60)
Lev	0.111	0.277***	1.472	-0.038	-1.631***	-1.370***	-0.502***	0.161
	(1.05)	(2.72)	(0.94)	(-0.02)	(-9.88)	(-8.64)	(-4.31)	(1.36)
Roa	-3.750***	-3.297***	-6.870	0.276	10.640***	10.830***	2.001***	1.281***
	(-9.61)	(-9.10)	(-1.42)	(0.07)	(20.38)	(20.71)	(9.01)	(5.78)
Big10	-0.100	0.025	0.139	2.980*	-0.012	0.136	0.009	-0.137
	(-1.28)	(0.29)	(0.09)	(1.87)	(-0.07)	(0.92)	(0.09)	(-1.34)
Soe	-0.160***	-0.119**	-0.306	0.544	-0.441***	0.0053	-0.232***	-0.081
	(-3.20)	(-2.29)	(-0.46)	(0.82)	(-5.78)	(0.06)	(-4.30)	(-1.17)
Boardsize	-0.148	-0.073	0.408	-0.507	0.428**	0.329*	0.298**	-0.024
	(-1.19)	(-0.72)	(0.23)	(-0.40)	(2.27)	(1.87)	(2.21)	(-0.18)
Managehold	-0.038	-0.030	4.786*	4.541*	0.023	-0.018	-0.080*	-0.018
	(-0.96)	(0.92)	(1.71)	(1.70)	(0.39)	(-0.34)	(-1.91)	(-0.42)

续表

变量	融资约束高 (1) Precise	融资约束低 (2) Precise	融资约束高 (3) Bias	融资约束低 (4) Bias	融资约束高 (5) Voluntary	融资约束低 (6) Voluntary	融资约束高 (7) Timely	融资约束低 (8) Timely
Mediaattention	-0.107***	-0.127***	-0.409	-.290	-0.378***	-0.324***	-0.057**	-0.089***
	(-3.63)	(-6.04)	(-1.11)	(1.03)	(-7.60)	(-7.53)	(-2.39)	(-3.84)
Inratio	0.0215	-0.291	4.402	-0.504	0.776	-0.015	0.240	-0.663
	(0.06)	(-0.85)	(0.84)	(-0.14)	(1.25)	(-0.02)	(0.54)	(-1.41)
Sameplace	-0.001	-0.025	-1.155***	0.186	0.079	0.165***	-0.064*	-0.065*
	(-0.02)	(-0.78)	(-2.66)	(0.56)	(1.42)	(3.12)	(-1.72)	(-1.65)
常数项	-0.114	-0.244***	-7.397***	-2.480***	1.274***	0.609***	0.331***	-0.511***
	(-1.24)	(-3.45)	(-7.76)	(-3.46)	(8.57)	(4.55)	(2.62)	(-4.62)
年份	控制	控制	控制	控制	控制	控制	控制	控制
行业	控制	控制	控制	控制	控制	控制	控制	控制
样本量	12518	6373	12518	6373	12465	6373	12518	6373
Adj. R^2/Pseudo R^2	0.050	0.052	0.039	0.101	0.201	0.081	0.074	0.068
SUE组间系数 差异检验	P=0022		P=0.056		P=0.229		P=0.0097	

5.5.2.3 基于企业内部环境的异质性检验——内部治理环境

总经理与董事长两职合一通常代表了权力更为集中的领导结构，也代表了管理层拥有更大的决策权，从而难以充分保障董事会的独立性，削弱董事会对管理层的监管力度。本章针对独立董事社会网络嵌入对业绩预告质量的影响进行两职合一（Dual）分组检验，总经理与董事长两职合一的公司赋值为1，否则为0。回归结果如表5-19所示。在两职分离的组中，即表5-19中第（1）列、第（3）列、第（5）列、第（7）列，解释变量Centrality的系数均显著，且符号与基准回归一致，表明在两职分离的企业中，独立董事社会网络嵌入能够提高管理层业绩预告的精确度与准确度，并能够正向影响披露的自愿性与及时性；而在两职合一的组中，即表中第（2）列、第（4）列、第（6）列和第（8）列，解释变量Centrality的回归系数均不显著。以上结果表明，在总经理与董事长由不同人员担任的公司中，独立董事社会网络嵌入更能影响业绩预告质量，可能是由于在两职分离的公司中董事会的独立性更强，独立董事能够发挥更大的作用。此外，组间系数差异检验SUE的结果显示，除及时性组外，其余组别的差异统计上也具有显著性。

5 独立董事社会网络嵌入对管理层业绩预告的影响

表 5-19 两职合一异质性检验结果

变量	两职分离 (1) Precise	两职合一 (2) Precise	两职分离 (3) Bias	两职合一 (4) Bias	两职分离 (5) Voluntary	两职合一 (6) Voluntary	两职分离 (7) Timely	两职合一 (8) Timely
Centrality	-0.123***	0.0212	-0.736*	-0.593	0.118*	0.049	0.146***	0.125
	(-3.21)	(0.36)	(-1.77)	(-1.00)	(1.84)	(0.52)	(3.11)	(0.99)
Lev	0.142	0.251*	0.056	2.669	-1.410***	-1.766***	-0.291***	-0.081
	(1.62)	(1.87)	(0.04)	(1.50)	(-10.38)	(-8.96)	(-2.88)	(-0.59)
Roa	-3.776***	-3.098***	-4.637	-4.291	10.47***	11.170***	1.608***	1.692***
	(-11.85)	(-6.39)	(-1.18)	(-0.85)	(23.57)	(17.37)	(8.25)	(6.42)
Big10	0.006	-0.173*	1.572	0.705	0.213*	-0.172	-0.049	-0.077
	(0.09)	(-1.66)	(1.22)	(0.38)	(1.74)	(-0.72)	(-0.61)	(-0.63)
Soe	-0.151***	-0.074	0.323	0.143	-0.272***	-0.350**	-0.240***	-0.076
	(-3.78)	(-0.83)	(0.62)	(0.12)	(-4.39)	(-2.44)	(-4.89)	(-0.78)
Boardsize	-0.135	0.066	-1.309	3.446*	0.409***	0.333	0.163	0.198
	(-1.41)	(0.44)	(-0.99)	(1.86)	(2.68)	(1.44)	(1.36)	(1.23)
Managehold	-0.197***	-0.203**	-5.768***	-3.469***	1.220***	0.588***	-0.0420	-0.193
	(-2.72)	(-2.29)	(-7.58)	(-3.98)	(9.44)	(3.84)	(-0.38)	(-1.59)

续表

变量	两职分离 (1) Precise	两职合一 (2) Precise	两职分离 (3) Bias	两职合一 (4) Bias	两职分离 (5) Voluntary	两职合一 (6) Voluntary	两职分离 (7) Timely	两职合一 (8) Timely
Mediaattention	0.099***	0.158***	-0.138	-0.085	-0.298***	-0.380***	-0.064***	-0.055**
	(4.43)	(5.50)	(-0.45)	(-0.25)	(-7.32)	(-7.12)	(-3.10)	(-2.11)
Inratio	0.045	-0.179	3.106	3.129	-0.223	1.424*	-0.262	-0.049
	(0.13)	(-0.41)	(0.73)	(0.60)	(-0.41)	(1.91)	(-0.65)	(-0.09)
Sameplace	-0.0162	-0.00542	-0.558	-0.749**	0.162***	0.048	-0.0519	-0.0739*
	(-0.56)	(-0.13)	(-1.50)	(-2.18)	(3.46)	(0.74)	(-1.49)	(-1.71)
常数项	0.144	-0.441	-1.917	-24.320***	-1.704***	-1.865*	3.225***	3.438***
	(0.45)	(-0.87)	(-0.26)	(-2.78)	(-2.77)	(-1.78)	(7.21)	(5.82)
年份	控制	控制	控制	控制	控制	控制	控制	控制
行业	控制	控制	控制	控制	控制	控制	控制	控制
样本量	12518	6373	12518	6373	12518	6373	12518	6373
Adj. R²/Pseudo R²	0.053	0.050	0.048	0.109	0.219	0.249	0.074	0.081
SUE 组间系数差异检验	P=0039		P=0.054		P=0.069		P=0.232	

5.6 本章小结

受儒家文化的影响，社会关系网络带来的影响早已深入中国社会经济生活的各个方面，因而在上市公司中将独立董事的治理效果与其所处环境相割裂，必定失之偏颇。业绩预告作为上市公司信息披露的重要组成部分，在为利益相关者提供有关企业未来盈余的重要信息，进而提高资本市场效率的同时，也存在被管理层的机会主义动机所操控的可能性。本章的研究结果表明，独立董事社会关系的结构性嵌入，即独立董事社会网络嵌入对管理层业绩预告的精确度、准确度和披露的及时性与自愿性均具有正向影响。在影响机制检验中发现，提高上市公司信息透明度并缓解代理问题是独立董事网络中心度与业绩预告披露精确度、准确度、及时性和自愿性之间关系的影响路径，在社会网络中嵌入程度较高的独立董事通过提高上市公司信息透明度，从而提升业绩预告质量并有效促进管理层积极、及时地披露业绩预告。进一步的异质性分析发现，就企业外部的经营环境而言，该效应在企业所在地市场化程度较低的企业中较显著；就企业内部的经营风险而言，该效应在企业融资约束程度较高的企业中较为显著；就企业内部的治理能力而言，该效应在总经理和董事长两职分离的企业中较为显著。

基于以上研究本章得到如下结论：身为企业治理结构的重要组成部分，独立董事要发挥监督作用需要一定的条件，镶嵌在连锁独立董事社会网络中的资源能够增强独立董事的履职意愿和履职能力，有利于打破管理层构筑的信息壁垒，从而全面了解和分析企业的经营运作情况，抑制管理层在业绩预告中的机会主义行为，更好地发挥公司治理的作用，与此同时也有利于独立董事在业绩预告中发挥咨询建议的职能。

当今中国经济发展面临"速度换挡节点"，与此同时，全球金融市场暗流涌动，想要维护资本市场平稳健康发展，增强应对不确定性风险冲击的韧性，必须提高前瞻性信息的质量。管理层业绩预告制度尽管以提高信息披露透明度、缓解信息不对称、维护股价平稳为目的，但管理层择机对业绩预告的操纵会对信息质量带来负面影响，影响其发挥风险警示作用。本章剖析了管理层在业绩预告中存在的机会主义动机及行为，并结合独立董事网络中心度对独立董事履职效果进行了检验，探讨了独立董事网络位置对管理层在业绩预告中的自利行为的治理作用及其机制。

基于研究结果本章得到如下启示：①独立董事在公司治理及前瞻性财务信息披露中并不是"橡皮章"一样的存在，然而独立董事发挥作用需要一定的边界条件，企业在聘用独立董事时应关注其社会网络的嵌入性，尽量使其能够更大程度地发挥监督和咨询的职能；②对于上市公司而言，融资渠道的拓宽、治理层的高度参与等都会对业绩预告质量产生一定的正向影响，同时，企业也应尽力扫清独立董事履职的障碍，加强对管理层机会主义动机及行为的识别与监督，提高业绩预告信息披露的真实性与准确性；③良好的市场化机制、公平的营商环境等有益于因独立董事社会网络嵌入而相互联系的各个企业进行更加规范化的、自愿性的业绩预告披露，更好地发挥独立董事社会关系结构性嵌入的正面效应。在全面施行的注册制下，以信息披露为核心的注册制被誉为在法理基础上的"自由主义"，而在形式上放松监管的"披露哲学"，发行人对信息质量的保障尤为重要。在注册制试行阶段，对于新制度下最新政策的详细解读和上市公司的重要上市决策制定等需要更加畅通的信息渠道和更高的专业水平。在严格落实发行人等相关主体的信息披露责任并强调风险防控的背景下，独立董事在公司决策中扮演的监督人和咨询人的角色尤为重要。通过优化公司治理结构，提升公司信息的透明度，独立董事社会关系的结构性嵌入所带来的治理效果则是进一步缓解信息不对称、建造良好的金融环境、防范化解风险的有利因素。

本章就独立董事社会网络嵌入，即独立董事社会关系嵌入的结构性嵌入对于上市公司业绩预告披露的影响进行了研究，并对其作用的机制及边界条件进行了较为详细的分析与探讨。对于独立董事社会关系嵌入对管理层业绩预告披露的影响的深入解析，还需进一步结合独立董事社会关系嵌入的关系性嵌入来展开全面的研究。

6 独立董事社会资本嵌入[①]对管理层业绩预告的影响

根据本书研究的逻辑框架核心，以 Granovetter（1985）的社会嵌入理论为依据，我们将独立董事的社会关系嵌入分为结构性嵌入和关系性嵌入。"关系"的发展与维系深深地嵌入行为主体的道德规范中，社会资本自然而然地成为连接企业和个人的纽带。本书借鉴相关研究建立理论研究框架，以独立董事社会资本嵌入反映独立董事社会关系嵌入的企业外部关系性嵌入。本章以独立董事的社会资本嵌入为视角，探讨其对管理层业绩预告披露的精确度、准确度及自愿性的影响。

6.1 问题提出

在资本市场中，信息是各利益相关者进行决策的重要依据。财务信息在各类信息中占据举足轻重的位置，高质量的财务信息有助于企业做出科学合理的决策。业绩预告是上市公司进行信息披露的重要途径之一（袁振超等，2014），其提供了前瞻性的预测报告，能够起到缓解管理层与外部利益相关者之间信息不对称的作用，有利于降低资本市场的投资风险。业绩预告通常是由管理层向股东、分析师及投资者等传递的与公司经营情况直接相关的前瞻性信息（Rogers and Stocken，2005）。业绩预告须在公司年报发布之前发布，相比于定期财务报告，业绩预告具有不受会计准则约束、非强制性披露（按规定须进行强制预告的除外）等特点。作为企业向外披露的未来企业经营业绩及盈余预测的信息，业绩预告的精确度和准确度也能一定程度地反映

[①] 独立董事的社会资本与人力资本在某些研究中被认为可能存在一定关联。但由于本书的研究对象为独立董事不同维度的社会关系嵌入，为保证各部分实证研究结果的可比性，控制变量保持一致，因而本书暂不将独立董事的人力资本纳入研究模型中。

管理层的披露策略，再加上客观因素的综合影响，很可能导致模糊披露和准确度偏离实际值（Houston et al.，2019）。而不精确、不准确的业绩预告很可能对利益相关者造成一定程度的误导，让他们难以对企业真实的盈余情况做出正确判断。在理性经济人假设下，具有信息优势的管理层很可能对业绩预告的准确度实施机会主义的操纵行为，谋取超额利润（张娆等，2017），而不准确的业绩预告被认为是不可靠的，对于信息使用者也不具备有用性（李馨子和肖土盛，2015）。此外，在多数情况下，企业对于是否披露业绩预告具有自主选择的权力。企业为了彰显管理能力、提升企业声誉等，也会主动地披露业绩预告。充分的信息披露能够克服逆向选择问题，自愿性披露业绩预告对于缓解资本市场信息不对称、提高资源配置效率等仍具有不容忽视的积极意义。而不积极的财务信息披露也会招致理性投资者的负面反应（Cunningham et al.，2020）。进一步，业绩预告的精确度及准确度的高低，是否自愿披露，是受到主观和客观的双重影响的博弈考量。客观方面，管理层可能受限于自身能力（林钟高和赵孝颖，2020），而且经济政策及经营环境的不确定性也会导致业绩预告难度增大（宋云玲和宋衍蘅，2022）。基于有限注意力理论，当管理层不能及时充分地获取并合理筛选企业的私有盈余信息时，会对业绩预告披露的积极性及披露质量产生负面影响（彭博和贺晨，2022）。主观方面，可能与管理层的机会主义自利动机有关，如为了避免由于业绩预告偏差值较大造成处罚，或为了避免诉讼风险、平抑负面消息对股价造成的冲击等（Houston et al.，2019），从而导致业绩预告披露积极性降低或披露较为模糊的业绩预告。基于代理理论，由于考虑自身利益，管理者的目标并非总是与股东及投资者一致，只有在充分权衡并确定利大于弊时他们才愿意披露真实完整的私有信息（Nagar，1999），这也给业绩预告自愿性披露带来不可忽视的阻碍。此外，尽管业绩预告主要由管理层发布，无须会计师事务所进行独立审计，但业绩预告的形成过程也需要经过董事会全体成员开会反复商讨，并最终与管理层共同形成决定。而在此过程中，独立董事可单独发表独立意见，因而独立董事发表的独立意见对于管理层业绩预告披露也十分重要。

在我国特有的关系型社会中，深度参与上市公司治理的独立董事在实践中总是嵌入错综复杂的社会关系中，由此体现出明显的"中国式治理"模式的特点。区别于依赖法律的契约型社会，"中国式治理"往往具有其独特的运行法则和道德风俗等，并且具有多维度和长期性等特点（Jiang and Kim，2015；蓝紫文等，2023）。具体到企业层面，独立董事是维系债权人、股东与经理的契约关系的桥梁和纽带。作为社会人，独立董事相对于内部董事及管理层而言，其道德规范和行为偏好更容易受到其所嵌入的诸多外部社会关系的影响（陈运森等，2018）。不同于独立董事的社会网络嵌入，独立董事的社会资本嵌入是指独立董事所嵌入的多元化的外部社会关系，与其过去曾有的多个行业及职务的履职经验和背景等造就的复杂经历有关，而这些履职经历都会或多或少地对独立董事的履职行为及履职能力带来影响。独立董事社会资本嵌入是其在专业领域长期深耕及与社会各界高频度的人际互动中所建立起来的稀缺资源，而这些资源也能提高独立董事在董事会中的公信力及与管理层的议价能力，更有利于其监督职能的发挥，从而有助于减少管理层的机会主义自利行为。社会资本既为企业发展带来核心竞争力，还对企业的公司治理水平具有不可忽视的意义（Laporta et al.，1999）。在当下宏观经济政策不确定性较高、资本市场实施注册制改革、企业正式制度监管治理转型尚未全面完成的情况下，独立董事所拥有的社会资本对于企业，乃至资本市场的作用仍是值得深入探讨的问题。

基于此，本章以2010—2022年我国A股上市公司为研究对象，实证考察了独立董事社会资本嵌入对业绩预告披露精确度、准确度与自愿性的影响，深入探讨了其中的逻辑关系及产生作用的理论机制。本章预期的主要贡献如下：①丰富了董事特征层面的业绩预告影响因素的相关文献。目前鲜有文献将多维度独立董事社会资本嵌入引入业绩预告影响因素的理论模型中，本章从企业内部公司治理的视角，探讨了独立董事所拥有的社会资本对业绩预告产生的作用。本章结合业绩预告披露准确度、精确度及自愿性，从非正式制度声誉理论、嵌入理论及资源依赖理论的溢出效应视角，探究了独立董事社会资本嵌入对业绩预告产生的影响。②揭示了独立董事社会资本嵌入影响业绩预告的内在逻辑及作用机制。本章研究发现企业信息透明度及独立董事勤勉度是独立董事社会资本嵌入对业绩预告可靠性与自愿性披露产生影响的关键路径。③本章在以上研究的基础上厘清了独立董事社会资本嵌入对业绩预告发生作用的内、外部环境条件，将宏观层面的经济环境、市场和法律环境，以及企业微观层面的未来经营能力和公司股权分布等因素纳入分析框架。此外，本章还考虑了业绩预告披露及时性的影响因素，将其作为异质性检验的分组依据。本章的研究结论有助于更深入地洞悉在融合当下经济环境及"中国式治理"模式的综合考量下，独立董事社会资本带来的差异化对其发挥咨询建议及监督职能的理论及实践意义。

6.2 理论分析与研究假设

业绩预告披露的目的是在财务报告发布之前，向利益相关者提前传递公司经营信息，并通过调整市场预期平抑股价大幅波动。对于企业而言，对内，业绩预告能够减少企业的披露成本和诉讼成本；对外，业绩预告能够让投资者及时获取辅助决策的信息、降低资本市场的投资风险。然而，诸多因素制约着企业业绩预告披露的积极性，客观原因包括外部环境的不确定性增加导致业绩预告难度加大，管理层有限的信息处理能力及分析能力会对业绩预告产生一定影响。主观原因则很可能是管理层出于自利的考虑：一则，更多的披露很可能引致更多的外部监督，从而削弱管理层自身对公司的控制（Kim et al.，2015）；二则，管理层会出于对披露形式、披露信息含量等的综合博弈考量，不愿承担由于披露内容而引起的相关责任（林钟高和赵孝颖，2020）。由此，很可能引致披露惰性，即自愿性披露较少，以及披露内容模糊。尽管业绩预告通常由管理层发布，但关于业绩预告的相关决策需要经过公司高层及董事会的共同商讨，独立董事则可在其中发表独立意见。作为董事会的重要成员，独立董事肩负多种职责，对企业的合规性管理及经营发展十分重要。一方面，独立董事要对公司经营情况、资源、业绩等进行独立判断并对保护所有股东利益负有责任；另一方面，独立董事还须监督公司管理者、促进信息公开并参与公司规划与决策。

以往的研究表明企业高层人员过去的职业背景和职业经历会给其留下深刻的烙印，进而对其随后的行为决策产生极大的影响。Pieper等（2015）研究发现个体在自身发展的特定阶段，所处的环境能对其产生重要的影响，并被打上环境特征的不可磨灭的烙印；而在此后的很长时间仍会持续受到该烙印的影响。独立董事的社会资本又多源于其在过去的工作环境和职业经历中的积累。因而独立董事嵌入错综复杂的社会关系对于其在当前企业中的各种判断和决策具备一定影响，也会对其履行监督及咨询建议的职能发生作用。

6.2.1 独立董事社会资本嵌入与管理层业绩预告准确度和精确度

准确的管理层业绩预告可以帮企业调整市场预期及传递信息，反映了预测净利润与企业实际净利润之间的差异，也反映了业绩预告信息的有用程度（罗玫和宋云玲，2012）。业绩预告的精确度则反映了业绩预告披露的闭区间宽度，是业绩预告形式上的精确程度的重要反映。企业前瞻性盈余信息属于管理层拥有的私有信息，当代理问题及信息不对称问题存在时，处于信息优势方的管理层在业绩预告的披露形式及披露内容等方面具有一定的选择权与裁量权。在理性经济人假设下，管理层的机会主义自利动机会促使其进行业绩预告，实施策略性披露，甚至不惜以降低业绩预告的可靠性和质量为手段，从而更好地实施对公司盈余的操控（张娆等，2017）。而管理层由于具有信息优势，容易出于机会主义自利动机而构筑信息壁垒，从而产生代理问题。管理层出于自利目的，也有动机和能力策略性地选择业绩预告的模糊披露，甚至刻意降低业绩预告的精确度和准确度（Cheng et al.，2013；袁振超等，2014）。而企业内部的治理能力对于抑制管理层在业绩预告中的机会主义动机及行为至关重要。

独立董事作为上市公司治理层的核心人员，其对保障企业以及高管行为的合法合规具有履职的责任与义务，而事实上并非所有独立董事所发挥的作用都是等同的。作为社会行为的主体，独立董事的行为规范也潜移默化地嵌入其个人的学习及履职经历中，并在与外界的持续互动与资源交换中形成颇具特色的个体行为风格。

基于资源依赖理论，社会资本是嵌入复杂社会活动和社会关系中的一种关系资源（Coleman，1988）。社会资本的外部溢出性不仅对宏观层面的社会经济发展带来影响，对于中观及微观层面的企业财务决策等也不无裨益。独立董事个人社会资本是其长期在专业领域深耕及在高频度的人际互动中逐渐建立起来的资源，是稀缺而不易获取的，这些资源会在其履职企业中产生溢出效应，渗透到公司的高层并发挥影响力（高凤莲和王志强，2016a）。独立董事社会资本兼有公共产品属性，并且能在其所履职的公司中产生正向的外部性。独立董事纵横交织的多维度社会资本嵌入会产生资源禀赋的效应，同时也会提高其在董事会中的公信力（Fama and Jensen，1983），有助于提升独立董事在发表独立意见时的议价能力（张艺琼等，2019）。嵌入多重社会资本的独立董事则能够更好地对管理层施加监督压力，增加管理层机会主义自利行为的成本，促使管理层对业绩预告披露决策的成本收益进行审慎评估与考量，降低其机会主义模糊披露的动机，抑制业绩预告准确度误差，提升业绩预告的精确度和可靠性。

基于声誉机制理论，嵌入较多社会资本的独立董事通常更重视自身的声誉。他们一般而言在业界也享有较高的声誉，获取物质激励的渠道通常也十分广泛，对于精神激励的追求则更加强烈，因而在履职上也会较好地遵循职业道德并发挥专业特长。进一步，嵌入较多社会资本的独立董事，其无论是在企业内还是在行政机关、高校、金融机构及行业协会等，都具有丰富及多样化的履职经验，通常在多个领域均具备知名度（高凤莲和王志强，2016b）。当下，除监管机构外，在新闻报道、网络自媒体发帖、分析师及机构投资者等社会组织或公众的监督日益加强的情势下，嵌入较多社会资本的独立董事履职不力所付出的成本代价大幅提高，苦心建立的声誉与地位也可能随之毁于一旦。声誉损失所引致的后果是较为严重的，除了受到政府监管部门的惩戒外，更可能影响其在资本市场上的地位（David，2004；江新峰等，2020）。一方面，独立董事的社会资本能够促使其提高履职勤勉度，激励其更好地履行咨询建议的职责，从而降低内、外部信息不对称，拓展信息渠道，进而缓解管理层有限注意力导致的问题，提升业绩预告的精确度和准确度；另一方面，嵌入较多社会资本的独立董事会更加尽职尽责，以谋求更多的潜在市场升迁机会，相对于社会资本贫瘠的独立董事，他们会更多地保持独立性与理性（Cashman et al.，2010），从而更有可能形成对管理层机会主义行为的监督与约束，抑制管理层在业绩预告披露中的自利倾向和策略性披露行为，进而有利于提升业绩预告的客观性和真实性。基于以上分析，本章提出如下假设。

H6-1：独立董事社会资本嵌入程度越高，企业业绩预告精确度越高。

H6-2：独立董事社会资本嵌入程度越高，企业业绩预告准确度越高。

6.2.2 独立董事社会资本嵌入与管理层业绩预告自愿性

基于声誉机制理论，嵌入丰富社会资本的独立董事，在声誉机制的激励下会更加勤勉地履职、更多地关注履职企业的经营情况和财务状况，而勤勉尽责的履职必然有助于其更好地发挥咨询建议作用。高声誉的独立董事多为行业内的专家学者或技术人才等，具有较为丰富的相关理论知识和实践经验，有助于对业绩预告内容进行更为深入的理解和分析，有助于提供相关咨询建议，降低企业内、外部不确定性因素的影响和干扰，从而促进管理层提高披露业绩预告的自愿性。独立董事丰富的履职经历及较高的专业地位等带来的社会资本，有助于辅助管理层降低业绩预告的感知难度，增强业绩预告披露的信心，从而进行更积极的披露。

基于关系性嵌入所带来的信息效应，嵌入较多社会资本的独立董事能够疏通多方面的信息渠道，降低企业获取外部信息的成本。基于嵌入理论，与内部董事相比，独立董事与企业高管的关系属于弱连接关系，弱连接关系更有利于为企业提供多元化的异质性信息（Fracassi and Tate，2012）。在相关金融机构、协会或政府咨询部门的任职经历等能够促使该类独立董事了解更多来自政府机关、行业主管部门的业绩预告相关要求，熟知资本市场的运行规律并能更深入地理解最新相关政策。而获取充分全面的宏观及微观信息是独立董事有效履职的基础（陈霞等，2018），该类独立董事将更全面和专业的信息传递到企业高层，有利于增强企业高层披露业绩预告的信心，也防范了因信息偏差而带来的业绩预告风险，该类独立董事带来的丰富的异质性咨询建议降低了业绩预告产生失误的可能性,从而有利于管理层自愿性披露业绩预告。基于以上分析,本章提出如下假设。

H6-3:独立董事社会资本嵌入程度越高,企业自愿性披露业绩预告的可能性越大。

6.3 研究设计

6.3.1 模型设定与变量说明

6.3.1.1 模型设定

为了验证假设 H6-1,即独立董事社会资本嵌入对业绩预告精确度的影响,建立模型 6-1,采用面板数据的 OLS 模型进行估计,同时控制公司行业和年份,并做企业层面的聚类稳健性处理。模型设定如下:

$$\text{Precise}_{it} = \beta_0 + \beta_1 \text{Scapi}_{it} + \beta_2 \text{Controls}_{it} + \sum \text{Indus} + \sum \text{Year} + \varepsilon_{it}$$

$$(6-1)$$

为了验证假设 H6-2,即独立董事社会资本嵌入对业绩预告准确度的影响,建立模型 6-2,采用面板数据的 OLS 模型进行估计,同时控制公司行业和年份,并做企业层面的聚类稳健性处理。模型设定如下:

$$\text{Bias}_{it} = \beta_0 + \beta_1 \text{Scapi}_{it} + \beta_2 \text{Controls}_{it} + \sum \text{Indus} + \sum \text{Year} + \varepsilon_{it}$$

$$(6-2)$$

为验证假设 H6-3,即独立董事社会资本嵌入对业绩预告披露自愿性的影响,建立模型 6-3,采用面板数据的 Logit 模型进行估计,同时控制公司行业和年份,并做企业层面的聚类稳健性处理。模型设定如下:

$$\text{Voluntary}_{it} = \beta_0 + \beta_1 \text{Scapi}_{it} + \beta_2 \text{Controls}_{it} + \sum \text{Indus} + \sum \text{Year} + \varepsilon_{it}$$

$$(6-3)$$

6.3.1.2 变量说明

解释变量：独立董事社会资本嵌入（Scapi）。本章借鉴高凤莲和王强（2016a）、刘丽珑等（2020）、盛宇华和朱赛林（2021）对独立董事社会资本嵌入的度量方式，在 Csmar 数据库中获得独立董事个人信息的原始资料，根据关系资源理论将独立董事社会资本嵌入划分为横向社会资本、纵向社会资本和社会声誉三个维度。具体为：①横向社会资本，根据独立董事的个人信息资料区分其是否曾在政府部门任职或作为政府的咨询专家、是否曾在金融行业任职、是否曾在或仍在其他企业兼任独董。②纵向社会资本，区分其是否为人大代表或政协委员、是否在行业协会或学会担任领导职务。③社会声誉，区分其是否获得劳动模范、三八红旗手等荣誉称号，是否获得政府表彰及嘉奖。手工整理后对于以上指标分别进行赋值，是为 1，否为 0，并根据任职单位的行政级别进行由高至低的赋值（根据中央级、省级、市级、区县级分别赋值 4~1），最后进行加总得到企业的独立董事社会资本嵌入。

被解释变量：①业绩预告精确度误差（Precise），本章借鉴常利民（2022）的研究，采用管理层年度预测净利润上限与预测净利润下限的差值比企业当年实际净利润，并取绝对值度量，Precise 值越小，精确度越高。②业绩预告准确度误差（Bias），借鉴 Houston 等（2019）及朱杰（2020）的相关研究，采用预测净利润上限、下限均值与实际净利润差值除以企业当年营业收入，并取绝对值度量，Bias 值越小，准确度越高。③业绩预告披露自愿性（Voluntary），本章借鉴李欢和罗婷（2016）、王丹等（2020）对披露自愿性的度量方式，自愿性披露取值为 1，强制性披露则取值为 0。其中，将利润为负、扭亏为盈或报告净利润浮动的上限或下限超过 50% 定义为强制性披露，沪深两市的上市规则规定可免除的情况除外。

控制变量：本章借鉴王丹等（2020）的做法，在模型中引入可能对回归结果产生干扰的控制变量，将能够反映公司治理结构的指标及部分财务指标等一并纳入模型中进行考虑。选取偿债能力、盈利能力、成长能力、审计质量、产权性质、董事会规模、管理层持股比例等作为常规财务及公司治理指标。此外，参考独立董事社会网络嵌入及业绩预告披露相关研究，本章还加入了独立董事占比、独立董事所在地与公司所在地是否一致及媒体关注度等指标作为控制变量。在本章稳健性检验及进一步检验中将使用变量的度量方式也一并列出，具体如表6-1所示。

表6-1 变量定义列表

变量	变量名称	变量符号	变量测量
解释变量	独立董事社会资本嵌入	Scapi	横向社会资本、纵向社会资本和社会声誉三个维度子指标加权后相加
被解释变量	业绩预告精确度误差	Precise	|（预测净利润上限-预测净利润下限）/实际净利润|
被解释变量	业绩预告准确度误差	Bias	|（预测净利润上下限均值-实际净利润）/企业当年营业收入|
被解释变量	业绩预告自愿性披露	Voluntary	自愿性披露取值为1，强制性披露则取值为0。其中，强制性披露定义为将利润为负、扭亏为盈或报告净利润浮动的上限或下限超过50%，沪深两市的上市规则规定可免除的情况除外
控制变量	偿债能力	Lev	企业总负债与总资产的比值
控制变量	盈利能力	Roa	企业净利润与总资产的比值
控制变量	成长能力	Tobinq	年末资产的市场价值除以账面价值
控制变量	审计质量	Big10	是否由国内十大会计师事务所审计，是为1，否为0
控制变量	产权性质	Soe	国有企业赋值为1，非国有企业赋值为0
控制变量	董事会规模	Boardsize	董事会董事数量取自然对数
控制变量	管理层持股比例	Managehold	管理层持股数量与总股数量之比
控制变量	媒体关注度	Mediaattention	媒体跟踪数的自然对数
控制变量	独立董事占比	Inratio	独立董事的人数与董事会人数的比值
控制变量	独立董事工作地点	Sameplace	独立董事所在地点与公司在同一城市取值为1，否则为0

续表

变量	变量名称	变量符号	变量测量
稳健性、机制检验及进一步分析所用其他变量	独立董事社会资本嵌入2	Scapi_high	横向网络关系、纵向网络关系和网络声誉三个维度子指标加权后相加，并进行中位数分组，高于中位数的取值为1，否则取值为0
	业绩预告精确度误差2	Precise2	|（预测净利润上限-预测净利润下限）/（业绩预告净利润上限+业绩预告净利润下限）|/2
	业绩预告准确度误差2	Bias2	|（实际净利润-预测净利润上下限均值）/净利润实际值|
	业绩预告自愿性披露2	Voluntary2	自愿性披露取值为1，强制性披露则取值为0。其中，略增、略减、续盈和不确定定义为非强制性，预增、预减、首亏、续亏和扭亏定义为强制性
	信息透明度	Opacity	以深圳证券交易所对上市公司信息披露质量评级的结果来进行衡量，并进行相应等级的赋值，4=优秀，3=良好，2=及格，1=不及格。评级越高，赋值越大
	独立董事勤勉度	Meeting	独立董事亲自参加会议次数的平均值
	董事会多样性	Diversity	董事会高工作相关度多样性，具体见本章影响机制检验
	业绩预告及时性	Timely	对会计期间结束日与业绩预告报告日间隔天数进行五分位数打分，间隔天数越短得分越高，表明业绩预告越及时
	管理层情感语调	Innotation	（正面词汇数量-负面词汇数量）/（正面词汇数量+负面词汇数量）；数值越大，情感倾向越偏向正面积极
	股权集中度	Hhi	第一大股东持股比例
	市场中介及法治环境	Market	市场中介组织发育和法律制度环境
	经济政策不确定性	Uncertainty	斯坦福大学和芝加哥大学联合开发的"中国经济政策不确定性指数"，以披露年度业绩预告当月的指数来衡量

6.3.2 样本选择与数据来源

本章选取 2010—2022 年我国 A 股上市公司为研究样本。关于独立董事社会资本嵌入的数据，本章根据 Csmar 数据库中上市公司披露的独立董事个人信息文件，剔除同名同姓者，经过逐一分析、手工整理及赋值而得。业绩预告的相关数据来自 Wind 数据库，本章采用年度业绩预告的数据进行分析。样本公司的其他指标数据来自 Csmar（国泰安）数据库，剔除金融行业、ST、*ST 及 SST、业绩预告及实际利润数据缺失、业绩预告类型为不明确或定性预测的样本，并进一步剔除独立董事社会资本嵌入指标无法获取及控制变量数据缺失的样本，选取公司年度首次业绩预告数据，获得共 18900 个有效公司/年份观测值。具体剔除过程如表 6-2 所示。

表 6-2 样本筛选过程

筛选过程	剔除样本	剩余样本
2010—2022 年的原始样本（剔除金融行业、ST 等公司）		39890
剔除未公开披露年度业绩预告的公司样本	14572	25318
剔除年度业绩预告定性披露的样本及未披露净利润数据的样本	1909	23409
剔除核心变量独立董事社会资本嵌入资料缺失的样本及控制变量缺失的样本	4509	18900

6.4 实证结果与分析

6.4.1 描述性统计

表 6-3 报告了变量的描述性统计结果。在被解释变量方面，精确度误差（Precise）指标的均值和中位数有一定差异，存在一定的分布不均匀、离散程度偏高的问题，但也表明大部分企业的业绩预告存在一定的精确度误差。业绩预告准确度（Bias）指标的均值与中位数差异较大，表明数据分布不均匀，各企业间业绩预告披露准确度存在较大差异。从披露自愿性（Voluntary）指标来看，A 股市场自愿披露业绩预告的企业占比约为 38.9%，表明我

国上市公司自愿披露的积极性并不高。解释变量独立董事社会资本嵌入（Scapi）指标的最小值为0，最大值为46，表明不同企业间的独立董事社会资本嵌入存在较为明显的差异。从控制变量来看，反映公司基本情况和财务方面指标的均值和中位数相差不大，分布较为均匀。反映独立董事工作地点一致性、是否由国内十大会计师事务所审计指标的均值和中位数差异较大，表明各个企业间存在一定差异。为消除极端值的影响，对连续变量进行1%及99%分位数的缩尾处理。

表6-3 描述性统计结果

变量	样本量	最小值	均值	中位数	最大值	标准差
Precise	18900	0	0.598	0.455	9.501	1.651
Bias	18891	0.001	3.213	0.090	12.011	4.430
Voluntary	18900	0	0.389	1	1	0.463
Scapi	18900	0	5.036	4	46	4.553
Lev	18900	0.095	0.427	0.392	0.830	1.370
Roa	18900	-0.335	0.044	0.048	0.248	0.081
Big10	18900	0	0.501	1	1	0.500
Soe	18900	0	0.262	0	1	0.440
Boardsize	18900	1.609	2.105	2.197	2.565	0.192
Managehold	18900	0	0.170	0.054	0.609	0.211
Mediaattention	18900	1.098	3.227	3.509	5.006	0.911
Inratio	18900	0.335	0.377	0.364	0.571	0.053
Sameplace	18900	0	0.418	0	1	0.493

6.4.2 基准回归检验

表6-4为本章的基准回归检验结果。表中第（1）列、第（2）列及第（3）列为将独立董事社会资本嵌入作为连续变量，分别考察其对管理层业绩预告精确度（Precise）、准确度（Bias）和披露自愿性（Voluntary）的影响的回归结果。第（1）列中Scapi的回归系数在5%的统计水平上显著为负，

表示独立董事社会资本嵌入对企业业绩预告精确度误差具有抑制作用；第（2）列中Scapi的回归系数也在5%的统计水平上显著为负，表明独立董事社会资本嵌入对管理层业绩预告准确度误差有显著的抑制作用；第（3）列中Scapi的回归系数在5%的统计水平上显著为正，表明独立董事社会资本嵌入对提高管理层业绩预告披露自愿性有显著的促进作用。由此可知，本章的假设H6-1、假设H6-2及假设H6-3均得到验证。此外，由表6-4中控制变量的回归结果可知，管理层持股对业绩预告披露自愿性及可靠性均有一定影响，独立董事所在地点与工作城市一致也能正向影响业绩预告披露的准确度与积极性，基本支持了Alam等（2014）和郝玲玲（2018）的本地独立董事更能发挥信息效应及治理作用的研究结论。而独立董事所占比例的回归系数并不显著，这与田莹莹（2013）提出的独立董事对业绩预告披露不存在显著影响的结论一致。

表6-4 独立董事社会资本嵌入与管理层业绩预告基准回归检验结果

变量	（1）Precise	（2）Bias	（3）Voluntary
Scapi	-0.029**	-0.021**	0.055**
	(-2.25)	(-2.36)	(2.32)
Lev	-0.012**	-2.056***	-2.950***
	(-2.38)	(-4.33)	(-15.43)
Roa	0.247***	21.610***	1.013***
	(30.47)	(27.47)	(4.78)
Big10	-0.009	0.246	0.088
	(-0.54)	(1.57)	(1.41)
Soe	0.003	0.787**	-0.389***
	(0.85)	(2.24)	(-2.80)
Boardsize	0.012*	0.521	0.121
	(1.89)	(0.87)	(0.50)
Managehold	-0.106***	-3.212***	0.548***
	(-9.41)	(-3.68)	(22.08)

续表

变量	（1）Precise	（2）Bias	（3）Voluntary
Mediaattention	0.107**	-0.283***	-0.201
	(2.13)	(-5.49)	(-0.82)
Inratio	0.003	0.147	-0.951
	(0.18)	(0.08)	(-1.34)
Sameplace	-0.005	-0.311**	0.127**
	(-0.32)	(-2.21)	(2.37)
常数项	0.012	-2.754	0.904*
	(0.63)	(-1.45)	(1.87)
年份	控制	控制	控制
行业	控制	控制	控制
样本量	18900	18900	18900
Adj. R^2/Pseudo R^2	-0.116	-0.138	0.389

注：＊＊＊、＊＊、＊分别代表在1％、5％、10％的水平下显著。下表同。

6.4.3 稳健性及内生性检验

6.4.3.1 稳健性检验——替换被解释变量

对业绩预告精确度（Precise）、准确度（Bias）及自愿性（Voluntary）采用其他方法重新进行度量：①业绩预告精确度误差（Precise2），借鉴林钟高和赵孝颖（2020）对业绩预告精确度的度量方式，以业绩预告净利润上限与下限之差，除以业绩预告净利润上下限之和的平均值，并取绝对值。该值反映了业绩预告的偏差，值越大，精确度越低。②业绩预告准确度误差（Bias2），借鉴王彦慧和傅仁辉（2022）的相关研究，采用实际净利润与预测净利润的差值除以企业当年实际净利润，并取绝对值度量，Bias2值越小，准确度越高。③业绩预告自愿性披露（Voluntary2），借鉴王彦慧和傅仁辉（2022）对披露自愿性的度量方式，自愿性披露取值为1，强制性披露则取值为0。其中，略增、略减、续盈和不确定定义为非强制性，预增、预减、首亏、续亏和扭亏定义为强制性。将替换后的被解释变量分别带入原基准回归模型中，保持其他变量不变，回归结果如表6-5所示，独立董事社会资本嵌入（Scapi）的回归系数的符号、大小及显著性与基准回归基本一致，表明原回归结果具有稳健性。

表6-5 替换被解释变量后的回归结果

变量	（1）Precise2	（2）Bias2	（3）Voluntary2
Scapi	-0.098*	-0.185**	0.093**
	(-2.18)	(-2.03)	(2.28)
Lev	0.003	-1.624***	-2.034***
	(0.14)	(-3.74)	(-17.41)
Roa	-0.094***	17.001***	32.910***
	(-3.08)	(23.62)	(32.59)
Big10	-0.006	0.176	0.006
	(-1.03)	(1.23)	(0.13)
Soe	0.024*	0.804**	-0.096*
	(1.74)	(2.50)	(-1.88)
Boardsize	0.021	0.252	-0.121
	(0.90)	(0.46)	(-0.89)
Managehold	-0.214	-4.190***	0.192***
	(-3.50)	(-4.02)	(9.56)
Mediaattention	0.030***	-0.163***	-0.278***
	(13.58)	(-3.09)	(-15.74)
Inratio	-0.059	-0.036	-0.623
	(-0.82)	(-0.02)	(-1.33)
Sameplace	-0.005	-0.254**	0.099**
	(-0.95)	(-1.97)	(2.30)
常数项	0.206***	-2.493	0.905**
	(2.80)	(-1.43)	(2.06)

续表

变量	(1) Precise2	(2) Bias2	(3) Voluntary2
年份	控制	控制	控制
行业	控制	控制	控制
样本量	18900	18900	18900
Adj. R^2/Pseudo R^2	-0.200	-0.171	0.3894

6.4.3.2 稳健性检验——替换解释变量

对独立董事社会资本嵌入指标进行重新度量，建立新指标 Scapi_high。具体为将横向网络关系、纵向网络关系和网络声誉三个维度的子指标加权后相加，并进行中位数分组，高于中位数的取值为 1，否则取值为 0。将替换后的被解释变量分别带入原基准回归模型中，其他变量保持不变，回归结果如表6-6所示。在第（1）列中 Scapi_high 的回归系数在1%的统计水平上显著为负，表示独立董事社会资本嵌入对企业业绩预告精确度误差具有抑制作用；第（2）列中 Scapi_high 的回归系数在5%的统计水平上显著为负，表明独立董事社会资本嵌入对管理层业绩预告精确度误差有显著的抑制作用；第（3）列中 Scapi_high 的回归系数在5%的统计水平上显著为正，表明独立董事社会资本嵌入对管理层业绩预告披露自愿性有显著的促进作用。以上结果与基准回归大体一致，表明回归结果具有稳健性。

表6-6 替换解释变量后的回归结果

变量	(1) Precise	(2) Bias	(3) Voluntary
Scapi_high	-0.034***	-0.272**	0.093**
	(-2.87)	(-2.34)	(2.19)
Lev	-0.012**	-2.057***	-2.034***
	(-2.38)	(-4.33)	(-15.16)
Roa	0.247***	21.61***	0.329***
	(30.47)	(27.48)	(2.94)

续表

变量	(1) Precise	(2) Bias	(3) Voluntary
Big10	−0.009	0.246	0.006
	(−0.54)	(1.58)	(0.11)
Soe	0.003	0.783**	−0.096
	(0.83)	(2.23)	(−1.57)
Boardsize	0.012*	0.528	−0.121
	(1.89)	(0.88)	(−0.81)
Managehold	−0.107	−3.284***	0.192***
	(−0.14)	(−5.50)	(9.06)
Mediaattention	0.106***	−0.212***	−0.278***
	(9.41)	(−3.68)	(−14.00)
Inratio	0.003	0.138	−0.623
	(0.17)	(0.07)	(−1.17)
Sameplace	−0.005	−0.312**	0.099*
	(−0.32)	(−2.22)	(2.11)
常数项	0.012	−2.759	0.905*
	(0.63)	(−1.45)	(1.87)
年份	控制	控制	控制
行业	控制	控制	控制
样本量	18900	18900	18900
Adj. R^2/Pseudo R^2	−0.116	−0.137	0.389

6.4.3.3 内生性检验——加入遗漏变量

为排除可能的替代性解释，本书在基准回归的基础上加入与业绩预告可能相关的其他变量。①加入省份固定效应（Province）。一般企业不会轻易更换省份，且省份是不随时间推移而改变的重要变量。借鉴施炳展和李建桐（2020）的做法，在主回归控制年份和行业固定效应的基础上，进一步控制省份固定效应。回归结果如表6-7第（1）至（3）列所示，加入省份变量后检验结果与主回归基本一致。②加入公司业务复杂度（Age）。业务复杂度较高的公司，其业绩预告的难度通常也会相应较大。本章参照李瑞敬等（2022）的做法，以企业年龄作为公司业务复杂度的代理变量，公司成立时间越久，业务复杂度越高。在控制省份固定效应的基础上，加入 Age 指标，回归结果如表 6-7 第（4）至（6）列所示，主要变量的回归系数和符号均与基准回归一致。由 Age 指标的系数及符号可知，其对于业绩预告披露自愿性具有负向影响，对于业绩预告精确度误差具有正向影响，说明业务复杂程度越高的企业，业绩预告质量可能越低。③加入企业风险承担水平（Return）。业绩预告的披露会涉及一定的成本及风险。本章借鉴解维敏和唐清泉（2013）及张敏等（2015）的相关研究，采用经行业调整的年度股票回报率的标准差来衡量企业的风险承担水平。在控制省份固定效应的基础上，加入 Return 指标，回归结果如表 6-7 第（7）至（9）列所示，主要变量的回归系数和符号均与基准回归一致。此外，根据 Return 指标的符号及显著性可知，企业风险承担水平高能一定程度地抑制业绩预告精确度误差。

6.4.3.4 内生性检验——采用工具变量

为进一步防止本章的研究结果存在潜在的内生性问题，我们借鉴高凤莲和王志强（2016a）的相关研究，尝试采用未领薪董事的比例（Wlxdir）和流通股比例（Ltratio）作为两个工具变量。原因是随着流通股的增加，外部利益相关者更加看重独立董事的独立性，更倾向于信赖有名望的独立董事；而未领薪的董事对独立董事的选择需求最低，此时独立董事被聘用主要凭借的是其自身专业能力和社会资本。两个指标均通过过度识别检验与弱工具变量检验。本章采用 Ivregress2 两阶段最小二乘法估计方法（2SLS），回归结果如表 6-8 所示，由第（1）列可知，Iv_Scapi 工具变量两个指标的回归系数在 5% 和 1% 的水平上显著为正，由第（2）列可知，Scapi 的回归系数为负，在 1% 的水平上显著，与基准回归的结果大体一致，说明在采用工具变量解决潜在内生性问题后，关于独立董事社会资本嵌入与业绩预告披露精确度偏差的原有结论仍然成立。由第（3）列可知，Iv_Scapi 两个指标的回归系数在 5% 和 1% 的水平上显著为正，由第（4）列可知，Scapi 的回归系数为负，

表6-7 加入遗漏变量后的回归结果

变量	加入省份（Province）			加入业务复杂度（Age）			加入风险承担水平（Return）		
	(1) Precise	(2) Bias	(3) Voluntary	(4) Precise	(5) Bias	(6) Voluntary	(7) Precise	(8) Bias	(9) Voluntary
Scapi	-0.030**	-0.215**	0.087**	-0.029**	-0.212**	0.088**	-0.031**	-0.211**	0.082*
	(-2.07)	(-2.02)	(2.04)	(-1.99)	(-2.05)	(2.06)	(-2.13)	(-2.04)	(1.90)
Lev	-0.011**	-1.850***	-2.028***	-0.014***	-1.945***	-2.002***	-0.012**	-1.968***	-1.989***
	(-2.30)	(-3.97)	(-14.76)	(-2.76)	(-4.12)	(-14.58)	(-2.36)	(-4.17)	(-14.25)
Roa	0.248***	20.920***	0.328***	0.248***	20.910***	0.328***	0.259***	20.750***	0.320***
	(3.05)	(27.11)	(2.92)	(3.05)	(27.11)	(2.92)	(31.10)	(26.50)	(28.14)
Big10	-0.071	0.219	0.033	-0.066	0.221	0.028	-0.048	0.218	0.025
	(-0.44)	(1.43)	(0.65)	(-0.41)	(1.44)	(0.54)	(-0.29)	(1.43)	(0.48)
Soe	0.004	0.302	-0.055	0.004	0.287	-0.035	0.003	0.295	-0.041
	(1.16)	(0.88)	(-0.87)	(1.05)	(0.83)	(-0.55)	(0.89)	(0.86)	(-0.63)
Boardsize	0.011*	0.761	-0.086	0.011*	0.765	-0.080	0.012*	0.769	-0.080
	(1.78)	(1.30)	(-0.57)	(1.79)	(1.31)	(-0.53)	(1.85)	(1.31)	(-0.53)
Managehold	-0.120	-3.241***	0.187***	-0.033	-3.246***	0.183***	-0.035	-3.246***	0.181***
	(-0.37)	(-4.76)	(8.60)	(-0.61)	(-4.84)	(8.38)	(-0.64)	(-4.84)	(8.26)
Mediaattention	0.156***	-0.205***	-0.278***	0.155***	-0.202***	-0.274***	0.152***	-0.209***	-0.277***
	(9.34)	(-3.61)	(-13.90)	(-9.23)	(-3.56)	(13.71)	(-8.61)	(-3.66)	(13.75)

续表

变量	加入省份 (Province)			加入业务复杂度 (Age)			加入风险承担水平 (Return)		
	(1) Precise	(2) Bias	(3) Voluntary	(4) Precise	(5) Bias	(6) Voluntary	(7) Precise	(8) Bias	(9) Voluntary
Inratio	0.051	0.448	−0.571	0.028	0.441	−0.544	−0.008	0.414	−0.573
	(0.03)	(0.25)	(−1.07)	(0.01)	(0.24)	(−1.06)	(−0.00)	(0.23)	(−1.07)
Sameplace	−0.004	−0.239*	0.113**	−0.004	−0.241*	0.110**	−0.004	−0.241*	0.114**
	(−0.28)	(−1.74)	(2.38)	(−0.30)	(−1.74)	(2.31)	(−0.30)	(−1.75)	(2.38)
Age				0.031***	1.214	−0.161*	0.033***	1.186	−0.170*
				(3.08)	(1.26)	(−1.88)	(3.19)	(1.23)	(−1.93)
Return							−0.008***	0.115	0.007
							(−8.05)	(1.19)	(0.14)
常数项	0.052*	−6.479**	0.908*	−0.023	−9.405**	1.260**	−0.023	−9.369**	1.276**
	(1.70)	(−2.26)	(1.79)	(−0.60)	(−2.55)	(2.34)	(−0.59)	(−2.54)	(2.34)
省份	控制	控制	控制	控制	控制	控制	控制	控制	控制
年份	控制	控制	控制	控制	控制	控制	控制	控制	控制
行业	控制	控制	控制	控制	控制	控制	控制	控制	控制
样本量	18900	18900	18900	18900	18900	18900	18120	18120	18120
Adj. R^2/Pseudo R^2	−0.116	−0.028	0.392	−0.115	−0.028	0.392	−0.086	−0.028	0.383

在5%的水平上显著,与基准回归的结果大体一致,可见在采用工具变量解决潜在内生性问题后,回归结果与基准回归的结果大体一致,说明关于独立董事社会资本嵌入与业绩预告精确度误差的原有结论仍然成立。由第(5)列可知,Iv_Scapi两个指标的回归系数在5%和1%的水平上显著为正,由第(6)列可知,Scapi的回归系数为正,在1%的水平上显著,与基准回归的结果大体一致,说明在采用工具变量解决潜在内生性问题后,关于独立董事社会资本嵌入与业绩预告自愿性披露的原有结论仍然成立。

表6-8 采用工具变量后的回归结果

变量	第一阶段 (1) Scapi	第二阶段 (2) Precise	第一阶段 (3) Scapi	第二阶段 (4) Bias	第一阶段 (5) Scapi	第二阶段 (6) Voluntary
IV_Scapi (Wlxdir)	0.058** (2.23)		0.058** (2.23)		0.058** (2.23)	
IV_Scapi (Ltratio)	0.872*** (6.31)		0.872*** (6.31)		0.872*** (6.31)	
Scapi		-0.012*** (-5.95)		-0.109** (-2.29)		0.108*** (7.37)
Lev	-0.536 (-1.29)	-0.009** (-2.57)	-0.536 (-1.29)	-1.819*** (-3.16)	-0.536 (-1.29)	-0.258*** (-11.04)
Roa	-0.074*** (-3.39)	0.178*** (22.37)	-0.074*** (-3.39)	17.497*** (6.60)	-0.074*** (-3.39)	2.695*** (46.40)
Big10	6.919*** (8.65)	0.010*** (7.46)	6.919*** (8.65)	0.418* (1.93)	6.919*** (8.65)	-0.024** (-2.49)
Soe	0.110 (1.63)	-0.003* (-1.70)	0.110 (1.63)	0.824*** (3.55)	0.110 (1.63)	-0.070*** (-5.99)
Boardsize	0.179* (1.92)	0.049*** (5.79)	0.179* (1.92)	4.399** (2.53)	0.179* (1.92)	-0.434*** (-7.12)
Managehold	0.141*** (5.81)	-0.101*** (-2.59)	0.141*** (5.81)	-2.518*** (-2.93)	0.141*** (5.81)	0.818*** (5.53)

续表

变量	第一阶段 (1) Scapi	第二阶段 (2) Precise	第一阶段 (3) Scapi	第二阶段 (4) Bias	第一阶段 (5) Scapi	第二阶段 (6) Voluntary
Mediaattention	0.128 (0.39)	0.201** (2.32)	0.028 (0.39)	−0.098 (−1.09)	−0.280 −(0.39)	−0.202 (−1.18)
Inratio	3.399*** (14.96)	0.082*** (4.12)	3.399*** (14.96)	8.255** (2.50)	3.399*** (14.96)	−0.840*** (−5.77)
Sameplace	−0.022 (−0.40)	0.009*** (6.57)	−0.022 (−0.40)	0.266 (1.53)	−0.022 (−0.40)	−0.022** (−2.21)
常数项	−4.184*** (−5.67)	−0.009 (−0.61)	−4.184*** (−5.67)	−7.536*** (−2.86)	−4.184*** (−5.67)	1.402*** (11.32)
年份	控制	控制	控制	控制	控制	控制
行业	控制	控制	控制	控制	控制	控制
样本量	18900	18900	18900	18900	18900	18900
Adj. R^2/ Pseudo R^2	0.050	0.132	0.050	0.141	0.050	0.106

6.5 进一步分析

6.5.1 影响机制检验

6.5.1.1 信息效应的中介机制检验

如前文所述，管理层由于机会主义的自利动机，可能会构筑信息壁垒，从而加重代理问题。而良好的公司治理是缓解代理问题的有效手段，其中信息披露是公司治理机制中至关重要的部分（高雷和宋顺林，2007）。独立董事制度是抑制企业内部经营者和管理者的机会主义自利动机和提高公司治理水平的有效手段，已有研究证实独立董事所占比例越高，越能够提高公司透明度（崔学刚，2004）。如前文所述，独立董事社会资本嵌入能够疏通企业获取外部信息的渠道，并能提高其在企业中的公信力和议价能力，从而更有益于其发挥咨询及监督职能，因此理论上而言，其对公司透明度的提升应有促进作用。而公司透明度的提升，理论上对管理层业绩预告信息披露质量的提高也有促进作用。实践中，独立董事所拥有的社会资本对于企业业绩预告精确度、准确度和自愿性的影响，究竟会不会以信息透明度为影响路径，需要进行相应检验。本章借鉴高雷和宋顺林（2007）的研究，以深圳证券交易所对上市公司信息披露质量评级的结果来衡量公司信息透明度，并进行相应等级的赋值，评级越高，赋值越大。根据路径分析的逐步检验法，本章建立如下模型。

第一，为了检验信息透明度在独立董事社会资本嵌入与业绩预告精确度关系中的中介作用，建立如下模型：

$$\text{Precise}_{it} = \beta_0 + \beta_1 \text{Scapi}_{it} + \beta_2 \text{Controls}_{it} + \sum \text{Indus} + \sum \text{Year} + \varepsilon_{it} \quad (6-4a)$$

$$\text{Opacity}_{it} = \beta_0 + \beta_1 \text{Scapi}_{it} + \beta_2 \text{Controls}_{it} + \sum \text{Indus} + \sum \text{Year} + \varepsilon_{it} \quad (6-4b)$$

$$\text{Precise}_{it} = \beta_0 + \beta_1 \text{Scapi}_{it} + \beta_2 \text{Opacity}_{it} + \beta_3 \text{Controls}_{it} + \sum \text{Indus} + \sum \text{Year} + \varepsilon_{it} \quad (6-4c)$$

第二，为了检验信息透明度在独立董事社会资本嵌入与业绩预告准确度关系中的中介作用，建立如下模型：

$$\text{Bias}_{it} = \beta_0 + \beta_1 \text{Scapi}_{it} + \beta_2 \text{Controls}_{it} + \sum \text{Indus} + \sum \text{Year} + \varepsilon_{it} \quad (6-5a)$$

$$\text{Opacity}_{it} = \beta_0 + \beta_1 \text{Scapi}_{it} + \beta_2 \text{Controls}_{it} + \sum \text{Indus} + \sum \text{Year} + \varepsilon_{it} \quad (6-5b)$$

$$\text{Bias}_{it} = \beta_0 + \beta_1 \text{Scapi}_{it} + \beta_2 \text{Opacity}_{it} + \beta_3 \text{Controls}_{it} + \sum \text{Indus} + \sum \text{Year} + \varepsilon_{it} \quad (6-5c)$$

第三，为了检验信息透明度在独立董事社会资本嵌入与业绩预告披露自愿性关系中的中介作用，建立如下模型：

$$\text{Voluntary}_{it} = \beta_0 + \beta_1 \text{Scapi}_{it} + \beta_2 \text{Controls}_{it} + \sum \text{Indus} + \sum \text{Year} + \varepsilon_{it} \tag{6-6a}$$

$$\text{Opacity}_{it} = \beta_0 + \beta_1 \text{Scapi}_{it} + \beta_2 \text{Controls}_{it} + \sum \text{Indus} + \sum \text{Year} + \varepsilon_{it} \tag{6-6b}$$

$$\text{Voluntary}_{it} = \beta_0 + \beta_1 \text{Scapi}_{it} + \beta_2 \text{Opacity}_{it} + \beta_3 \text{Controls}_{it} + \sum \text{Indus} + \sum \text{Year} + \varepsilon_{it} \tag{6-6c}$$

模型 6-4a 与基准回归模型 6-1 相同，模型 6-4b 检验解释变量独立董事社会资本嵌入与中介变量公司透明度（Opacity）的关系，模型 6-4c 为将中介变量加入基准回归模型 6-1 中的模型。模型 6-5a 与基准回归模型 6-2 相同，模型 6-5b 检验解释变量独立董事社会资本嵌入与中介变量公司透明度的关系，模型 6-5c 为将中介变量加入基准回归模型 6-2 中的模型。模型 6-6a 与基准回归模型 6-3 相同，模型 6-6b 检验解释变量独立董事社会资本嵌入与中介变量公司透明度的关系，模型 6-6c 为将中介变量加入基准回归模型 6-3 中的模型。检验结果如表 6-9 所示，表中第（1）列、第（4）列、第（7）列为独立董事社会资本嵌入对业绩预告精确度误差、准确度误差及披露自愿性的影响的检验结果，与前文基准回归的结果一致。表中第（2）列、第（5）列、第（8）列 Scapi 的回归系数符号为正，并在5%的水平上显著，这表明独立董事社会资本嵌入正向影响公司信息透明度。在模型 6-1 中引入 Opacity 变量后，回归结果如表 6-9 第（3）列所示，Scapi 和 Opacity 的回归系数均为负，并分别在1%和5%的水平上显著。在模型 6-2 中引入 Opacity 变量后，回归结果如表 6-9 第（6）列所示，Scapi 和 Opacity 的回归系数均为负，并分别在5%和1%的水平上显著。在模型 6-3 中引入 Opacity 变量后，回归结果如表 6-9 第（9）列所示，Scapi 和 Opacity 的回归系数均

表 6-9 信息效应的中介机制检验（Panel A）结果

变量	Precise 精确度误差			Bias 准确度误差			Voluntary 自愿性披露		
	(1) Precise	(2) Opacity	(3) Precise	(4) Bias	(5) Opacity	(6) Bias	(7) Voluntary	(8) Opacity	(9) Voluntary
Scapi	-0.029*	0.003**	-0.034***	-0.021**	0.003**	-0.022**	0.055**	0.003**	0.072*
	(-1.95)	(2.25)	(-2.86)	(-2.36)	(2.25)	(-2.02)	(2.32)	(2.25)	(1.67)
Opacity			-0.009**			-0.264***			0.292***
			(-2.15)			(-3.43)			(12.97)
Lev	-0.012**	-0.786***	-0.011**	-2.056***	-0.786***	-1.849***	-2.950***	-0.786***	-1.855***
	(-2.38)	(-15.77)	(-2.22)	(-4.33)	(-15.77)	(-3.86)	(-15.43)	(-15.77)	(-13.93)
Roa	0.247***	1.171***	0.246***	21.610***	1.171***	21.30***	1.013***	1.171***	0.321***
	(30.47)	(14.18)	(3.01)	(27.47)	(14.18)	(26.92)	(4.78)	(14.18)	(2.91)
Big10	-0.009	0.021	-0.009	0.246	0.021	0.240	0.088	0.021	-0.007
	(-0.54)	(1.29)	(-0.55)	(1.57)	(1.29)	(1.54)	(1.41)	(1.29)	(-0.15)
Soe	0.003	-0.068*	0.003	0.787**	-0.068*	0.805**	-0.389***	-0.068*	-0.084
	(0.85)	(-1.85)	(0.84)	(2.24)	(-1.85)	(2.29)	(-2.80)	(-1.85)	(-1.37)
Boardsize	0.012*	-0.018	0.010	0.521	-0.018	0.526	0.121	-0.018	-0.039
	(1.89)	(-0.29)	(1.55)	(0.87)	(-0.29)	(0.88)	(0.50)	(-0.29)	(-0.26)
Managehold	-0.106***	0.010*	-0.108	-3.212***	0.010*	-2.286***	0.548***	0.010*	0.383***
	(-9.41)	(1.82)	(-0.14)	(-3.68)	(1.82)	(-5.54)	(22.08)	(1.82)	(8.52)

续表

变量	Precise 精确度误差			Bias 准确度误差			Voluntary 自愿性披露		
	(1) Precise	(2) Opacity	(3) Precise	(4) Bias	(5) Opacity	(6) Bias	(7) Voluntary	(8) Opacity	(9) Voluntary
Mediaattention	0.107**	0.104***	−0.216***	−0.283***	0.104***	−0.240***	−0.201	0.104***	−0.239***
	(2.13)	(17.22)	(−9.48)	(−5.49)	(17.22)	(−4.12)	(−0.82)	(17.22)	(−11.97)
Inratio	0.003	−0.199	−0.008	0.147	−0.199	0.203	−0.951	−0.199	−0.543
	(0.18)	(−1.08)	(−0.44)	(0.08)	(−1.08)	(0.11)	(−1.34)	(−1.08)	(−1.06)
Sameplace	−0.005	0.030**	−0.005	−0.311**	0.030**	−0.319**	0.127**	0.030**	0.080*
	(−0.32)	(2.02)	(−0.34)	(−2.21)	(2.02)	(−2.27)	(2.37)	(2.02)	(1.69)
常数项	0.0124	2.577***	0.019	−2.754	2.577***	−3.435*	0.904*	2.577***	−0.043
	(0.63)	(13.19)	(0.97)	(−1.45)	(13.19)	(−1.80)	(1.87)	(13.19)	(−0.09)
年份	控制	控制	控制	控制	控制	控制	控制	控制	控制
行业	控制	控制	控制	控制	控制	控制	控制	控制	控制
样本量	18900	18900	18900	18900	18900	18900	18900	18900	18900
Adj. R^2/Pseudo R^2	−0.116	−0.066	−0.116	−0.138	−0.066	−0.137	0.389	−0.066	0.398

为正,并分别在10%和1%的水平上显著。这说明企业信息透明度在独立董事社会资本嵌入与业绩预告精确度误差、准确度误差及披露自愿性的关系中均发挥了部分中介效应。独立董事社会资本嵌入疏通了信息渠道,提高了独立董事的议价能力,有助于打破管理层信息壁垒,从而提高业绩预告的精确性、准确性和披露自愿性。

此外,采用 Bootstrap 方法进行重复 1000 次随机抽样的检验结果如表6-10 所示,间接效应的结果在95%置信区间内不包含0,由此证明了上述结果的稳定性。另外,借鉴江艇（2022）的 Sobel 中介效应检验的结果如表 6-10 所示,中介变量 Opacity 系数的 Z 值均>2,P 值均<0.005,也再次证明了该中介效应的存在。

表6-10 信息效应中介机制检验：Bootstrap 间接效应检验及
Sobel 检验结果（Panel B）

作用路径	95%置信区间	Z 值	P>|z|
Scapi→Opacity→Precise	[0.0046, 0.0088]	3.282	0.001
Scapi→Opacity→Bias	[0.0016, 0.0019]	4.155	0.001
Scapi→Opacity→Voluntary	[0.0049, 0.0089]	3.801	0.000

6.5.1.2 声誉效应的中介机制检验

如前文所述,独立董事社会资本能够带来声誉效应,提高独立董事履职不力的成本。尽管披露业绩预告与财务报告相比,受到的违规处罚较少,但不披露业绩预告或业绩预告披露精确较低也会造成股价的大幅波动,影响投资者决策,给独立董事的声誉带来负面影响。嵌入较多社会资本的独立董事更加注重维护自己在资本市场的良好声誉,因而也会更加勤勉地履职,通过深入了解公司的财务信息及经营业绩,提升咨询建议及监督的能力,抑制管理层及大股东等的机会主义行为,从而有效促进业绩预告自愿性披露并提高预告精确度、准确度。借鉴张川等（2022）的相关研究,本章以独立董事实际参会次数的平均值来度量企业独立董事勤勉度（Meet）。根据路径分析的逐步检验法，本章建立如下模型。

第一，为了检验独立董事勤勉度在独立董事社会资本嵌入与业绩预告精确度关系中的中介作用，建立模型如下：

$$\text{Precise}_{it} = \beta_0 + \beta_1 \text{Scapi}_{it} + \beta_2 \text{Controls}_{it} + \sum \text{Indus} + \sum \text{Year} + \varepsilon_{it} \tag{6-7a}$$

$$\text{Meet}_{it} = \beta_0 + \beta_1 \text{Scapi}_{it} + \beta_2 \text{Controls}_{it} + \sum \text{Indus} + \sum \text{Year} + \varepsilon_{it} \tag{6-7b}$$

$$\text{Precise}_{it} = \beta_0 + \beta_1 \text{Scapi}_{it} + \beta_2 \text{Meet}_{it} + \beta_3 \text{Controls}_{it} + \sum \text{Indus} + \sum \text{Year} + \varepsilon_{it} \tag{6-7c}$$

第二，为了检验独立董事勤勉度在独立董事社会资本嵌入与业绩预告准确度关系中的中介作用，建立模型如下：

$$\text{Bias}_{it} = \beta_0 + \beta_1 \text{Scapi}_{it} + \beta_2 \text{Controls}_{it} + \sum \text{Indus} + \sum \text{Year} + \varepsilon_{it} \tag{6-8a}$$

$$\text{Meet}_{it} = \beta_0 + \beta_1 \text{Scapi}_{it} + \beta_2 \text{Controls}_{it} + \sum \text{Indus} + \sum \text{Year} + \varepsilon_{it} \tag{6-8b}$$

$$\text{Bias}_{it} = \beta_0 + \beta_1 \text{Scapi}_{it} + \beta_2 \text{Meet}_{it} + \beta_3 \text{Controls}_{it} + \sum \text{Indus} + \sum \text{Year} + \varepsilon_{it} \tag{6-8c}$$

第三，为了检验独立董事勤勉度在独立董事社会资本嵌入与业绩预告自愿性披露关系中的中介作用，建立模型如下：

$$\text{Voluntary}_{it} = \beta_0 + \beta_1 \text{Scapi}_{it} + \beta_2 \text{Controls}_{it} + \sum \text{Indus} + \sum \text{Year} + \varepsilon_{it} \tag{6-9a}$$

$$\text{Meet}_{it} = \beta_0 + \beta_1 \text{Scapi}_{it} + \beta_2 \text{Controls}_{it} + \sum \text{Indus} + \sum \text{Year} + \varepsilon_{it}$$
(6 - 9b)

$$\text{Voluntary}_{it} = \beta_0 + \beta_1 \text{Scapi}_{it} + \beta_2 \text{Meet}_{it} + \beta_3 \text{Controls}_{it} + \sum \text{Indus} + \sum \text{Year} + \varepsilon_{it}$$
(6 - 9c)

模型 6-7a 与基准回归模型 6-1 相同，模型 6-7b 检验了解释变量独立董事社会资本与中介变量独立董事勤勉度（Meet）的关系，模型 6-7c 为将中介变量加入基准回归模型 6-1 中的模型。模型 6-8a 与基准回归模型 6-2 相同，模型 6-8b 检验解释变量独立董事社会资本嵌入与中介变量独立董事勤勉度的关系，模型 6-8c 为将中介变量 Meet 加入基准回归模型 6-2 中的模型。模型 6-9a 与基准回归模型 6-3 相同，模型 6-9b 检验解释变量独立董事社会资本嵌入与中介变量独立董事勤勉度的关系，模型 6-9c 为将中介变量 Meet 加入基准回归模型 6-3 中的模型。回归结果如表 6-11 所示，第（1）列、第（4）列、第（7）列为对独立董事社会资本嵌入对业绩预告精确度误差、准确度误差、披露自愿性的检验，结果与前文基准回归的结果一致。表 6-11 第（2）列、第（5）列、第（8）列 Scapi 的回归系数为正，并在 10%的水平上显著，这表明独立董事社会资本嵌入正向影响独立董事勤勉度。在模型 6-1 中引入 Meet 变量后，回归结果如表 6-11 第（3）列所示，Scapi 和 Meet 的回归系数均为负，并分别在 1%和 5%的水平上显著；在模型 6-2 中引入 Meet 变量后，回归结果如表 6-11 第（6）列所示，Scapi 和 Meet 的回归系数均为负，并分别在 5%和 10%的水平上显著；在模型 6-3 中引入 Meet 变量后，回归结果如表 6-11 第（9）列所示，Scapi 和 Meet 的回归系数均为正，并分别在 5%和 10%的水平上显著。说明独立董事勤勉度在独立董事社会资本嵌入与业绩预告精确度误差、准确度误差及披露自愿性的关系中均发挥了部分中介效应。

6 独立董事社会资本嵌入对管理层业绩预告的影响

表6-11 声誉效应中介机制检验（Panel A）结果

变量	(1) Precise 精确度误差 Precise	(2) Meet	(3) Precise	(4) Bias 准确度误差 Bias	(5) Meet	(6) Bias	(7) Voluntary 自愿性披露 Voluntary	(8) Meet	(9) Voluntary
Scapi	-0.029* (-1.95)	0.103* (1.87)	-0.035*** (-2.90)	-0.021** (-2.36)	0.103* (1.87)	-0.274** (-2.35)	0.055** (2.32)	0.103* (1.87)	0.088** (2.11)
Meet			-0.004** (-2.20)			-0.019* (1.74)			0.006* (1.96)
Lev	-0.012** (-2.38)	2.282*** (10.21)	-0.013** (-2.56)	-2.056*** (-4.33)	2.282*** (10.21)	-2.104*** (-4.41)	-2.950*** (-15.43)	2.282*** (10.21)	-2.056*** (-15.05)
Roa	0.247*** (30.47)	0.948** (2.56)	0.246*** (30.30)	21.610*** (27.47)	0.948** (2.56)	21.600*** (27.41)	1.013*** (4.78)	0.948** (2.56)	32.880*** (29.36)
Big10	-0.009 (-0.54)	0.053 (0.72)	-0.001 (-0.55)	0.246 (1.57)	0.053 (0.72)	0.246 (1.58)	0.088 (1.41)	0.053 (0.72)	0.005 (0.10)
Soe	0.003 (0.85)	-0.465*** (-2.81)	0.003 (0.91)	0.787** (2.24)	-0.465*** (-2.81)	0.778** (2.21)	-0.389*** (-2.80)	-0.465*** (-2.81)	-0.094 (-1.53)
Boardsize	0.012* (1.89)	-0.236 (-0.84)	0.010 (1.56)	0.521 (0.87)	-0.236 (-0.84)	0.534 (0.89)	0.121 (0.50)	-0.236 (-0.84)	-0.111 (-0.74)
Managehold	-0.106*** (-9.41)	-0.010 (-0.43)	-0.106 (-0.12)	-3.212*** (-3.68)	-0.010 (-0.43)	-3.283*** (-5.49)	0.548*** (22.08)	-0.010 (-0.43)	0.392*** (9.04)

— 161 —

续表

变量	Precise 精确度误差			Bias 准确度误差			Voluntary 自愿性披露		
	(1) Precise	(2) Meet	(3) Precise	(4) Bias	(5) Meet	(6) Bias	(7) Voluntary	(8) Meet	(9) Voluntary
Mediaattention	0.107**	0.402***	−0.006***	−0.283***	0.402***	−0.220***	−0.201	0.402***	−0.275***
	(−9.41)	(14.76)	(−9.61)	(−5.49)	(14.76)	(−3.77)	(−0.82)	(14.76)	(−13.71)
Inratio	0.003	1.565*	−0.009	0.147	1.565*	0.109	−0.951	1.565*	−0.618
	(0.18)	(1.89)	(−0.48)	(0.08)	(1.89)	(0.06)	(−1.34)	(1.89)	(−1.21)
Sameplace	−0.006	0.030	−0.005	−0.311**	0.030	−0.311**	0.127**	0.029	0.097**
	(−0.32)	(0.45)	(−0.37)	(−2.21)	(0.45)	(−2.21)	(2.37)	(0.45)	(2.06)
常数项	0.012	5.297***	0.019	−2.754	5.297***	−2.834	0.904*	5.297***	0.852*
	(0.63)	(6.04)	(0.98)	(−1.45)	(6.04)	(−1.49)	(1.87)	(6.04)	(1.77)
年份	控制	控制	控制	控制	控制	控制	控制	控制	控制
行业	控制	控制	控制	控制	控制	控制	控制	控制	控制
样本量	18900	18900	18900	18900	18900	18900	18900	18900	18900
Adj. R^2/Pseudo R^2	−0.116	−0.165	−0.117	−0.138	−0.165	−0.138	0.389	−0.166	0.308

此外，采用 Bootstrap 方法进行重复 1000 次随机抽样的检验结果如表 6-12 所示，间接效应的结果在 95%置信区间内不包含 0，由此证明了上述结果的稳定性。另外，借鉴江艇（2022）的 Sobel 中介效应检验的结果如表 6-12 所示，中介变量 Meet 系数的 Z 值均>2，P 值均<0.005，也再次证明了该中介效应的存在。

表 6-12　声誉效应的中介机制检验：Bootstrap 间接效应检验及 Sobel 检验结果（Panel B）

作用路径	95%置信区间	Z 值	P>｜z｜
Scapi→Meet→Precise	[0.0004, 0.0005]	4.484	0.001
Scapi→Meet→Bias	[0.0003, 0.0009]	4.050	0.000
Scapi→Meet→Voluntary	[0.0041, 0.0056]	3.254	0.001

6.5.1.3　董事会多样性的中介机制检验

既有研究表明，董事会的多样性有利于为管理层提供更多的咨询建议，多元化的董事会成员因其不同背景、经验及知识结构能够带来更为丰富的思想，能够更好地帮助管理层应对外界多变的、充满不确定性的情况（Lückerath，2013；Ntim，2015）。多元化的董事会成员能够强化企业与外部利益相关者的沟通与协作，使企业更容易获得重要的外部信息与外部资源（黄思宇和栾中玮，2022）。而独立董事的社会资本嵌入是独立董事多年来在不同行业深耕所获得的丰富的、多元化的履职经历及业界地位，独立董事作为董事会的重要成员，也能促进董事会多样性的提升。而董事会多样性的提升也能使管理层从中获得更为丰富的信息，从而有利于前瞻性信息披露质量的提升。本书借鉴 Bernile 等（2018）的相关研究，并结合解释变量独立董事社会资本嵌入的特点，参考 Webber 和 Donahue（2001）对董事会多样性的划分，将董事会多样性聚焦于高工作相关度的多样性，即董事会成员曾履职的行业背景多样性、行业协会及企业类型的多样性、曾担任过的职务多样性等。对各个相关指标进行计算并减去赫芬达尔集中度指数（赫芬达尔集中度指数越高多样性越低），对计算结果进行加总并标准化，获得董事会多样性指标（Diversity）。根据路径分析的逐步检验法，本章建立如下模型。

第一，为了检验董事会多样性在独立董事社会资本嵌入与业绩预告精确度关系中的中介作用，建立模型如下：

$$\text{Precise}_{it} = \beta_0 + \beta_1 \text{Scapi}_{it} + \beta_2 \text{Controls}_{it} + \sum \text{Indus} + \sum \text{Year} + \varepsilon_{it} \tag{6-10a}$$

$$\text{Diversity}_{it} = \beta_0 + \beta_1 \text{Scapi}_{it} + \beta_2 \text{Controls}_{it} + \sum \text{Indus} + \sum \text{Year} + \varepsilon_{it} \tag{6-10b}$$

$$\text{Precise}_{it} = \beta_0 + \beta_1 \text{Scapi}_{it} + \beta_2 \text{Diversity}_{it} + \beta_3 \text{Controls}_{it} + \sum \text{Indus} + \sum \text{Year} + \varepsilon_{it} \tag{6-10c}$$

第二，为了检验董事会多样性在独立董事社会资本嵌入与业绩预告准确度关系中的中介作用，建立模型如下：

$$\text{Bias}_{it} = \beta_0 + \beta_1 \text{Scapi}_{it} + \beta_2 \text{Controls}_{it} + \sum \text{Indus} + \sum \text{Year} + \varepsilon_{it} \tag{6-11a}$$

$$\text{Diversity}_{it} = \beta_0 + \beta_1 \text{Scapi}_{it} + \beta_2 \text{Controls}_{it} + \sum \text{Indus} + \sum \text{Year} + \varepsilon_{it} \tag{6-11b}$$

$$\text{Bias}_{it} = \beta_0 + \beta_1 \text{Scapi}_{it} + \beta_2 \text{Diversity}_{it} + \beta_3 \text{Controls}_{it} + \sum \text{Indus} + \sum \text{Year} + \varepsilon_{it} \tag{6-11c}$$

第三，为了检验董事会多样性在独立董事社会资本嵌入与业绩预告自愿性披露关系中的中介作用，建立模型如下：

$$\text{Voluntary}_{it} = \beta_0 + \beta_1 \text{Scapi}_{it} + \beta_2 \text{Controls}_{it} + \sum \text{Indus} + \sum \text{Year} + \varepsilon_{it} \tag{6-12a}$$

$$\text{Diversity}_{it} = \beta_0 + \beta_1 \text{Scapi}_{it} + \beta_2 \text{Controls}_{it} + \sum \text{Indus} + \sum \text{Year} + \varepsilon_{it} \tag{6-12b}$$

$$\text{Voluntary}_{it} = \beta_0 + \beta_1 \text{Scapi}_{it} + \beta_2 \text{Diversity}_{it} + \beta_3 \text{Controls}_{it} + \sum \text{Indus} + \sum \text{Year} + \varepsilon_{it} \tag{6-12c}$$

模型6-10a与基准回归模型6-1相同，模型6-10b检验解释变量独立董事社会资本嵌入与中介变量董事会多样性（Diversity）的关系，模型6-10c为将中介变量加入基准回归模型6-1中的模型。模型6-11a与基准回归模型6-2相同，模型6-11b检验解释变量独立董事社会资本嵌入与中介变量董事会多样性的关系，模型6-11c为将中介变量Meet加入基准回归模型6-2中的模型。模型6-12a与基准回归模型6-3相同，模型6-12b检验解释变量独立董事社会资本嵌入与中介变量董事会多样性的关系，模型6-12c为将中介变量Diversity加入基准回归模型6-3中的模型。回归结果如表6-13所示，第（1）列、第（4）列、第（7）列为独立董事社会资本嵌入对业绩预告精确度误差、准确度误差、披露自愿性的影响检验，结果与前文基准回归的结果一致；第（2）列、第（5）列、第（8）列Scapi的回归系数为正，并在5%的水平上显著，这表明独立董事社会资本嵌入正向影响公司董事会多样性。在模型6-1中引入Diversity变量后，回归结果如表6-13第（3）列所示，Scapi和Diversity的回归系数均为负，并分别在1%和5%的水平上显著；在模型6-2中引入Diversity变量后，回归结果如表6-13第（6）列所示，Scapi和Diversity的回归系数符号均为负，并分别在5%和1%的水平上显著；在模型6-3中引入Diversity变量后，回归结果如表6-13第（9）列所示，Scapi和Diversity的回归系数均为正，并分别在5%和1%的水平上显著。说明董事会多样性在独立董事社会资本嵌入与业绩预告精确度误差、准确度误差及披露自愿性的关系中均发挥了部分中介效应。

表 6-13 董事会多样性的中介机制检验（Panel A）结果

变量	Precise 精确度误差			Bias 准确度误差			Voluntary 自愿性披露		
	(1) Precise	(2) Diverisity	(3) Precise	(4) Bias	(5) Opacity	(6) Bias	(7) Voluntary	(8) Opacity	(9) Voluntary
Scapi	-0.029*	0.109**	-0.043***	-0.021**	0.109**	-0.025**	0.055**	0.109**	0.081**
	(-1.95)	(2.15)	(-2.68)	(-2.36)	(-2.15)	(2.05)	(2.32)	(2.15)	(2.08)
Diversity			-0.121*			-0.216***			0.233***
			(-2.06)			(-2.97)			(11.37)
Lev	-0.012**	-0.608***	-0.016**	-2.056***	-0.608***	-1.079***	-2.950***	-0.608***	-1.933***
	(-2.38)	(-4.85)	(-2.22)	(-4.33)	(-4.85)	(-3.16)	(-15.43)	(-4.85)	(-12.73)
Roa	0.247***	1.023***	0.178**	21.610***	1.023***	15.132***	1.013***	1.023***	0.354***
	(30.47)	(10.08)	(2.05)	(27.47)	(10.08)	(10.35)	(4.78)	(10.08)	(2.83)
Big10	-0.009	0.037	-0.013	0.246	0.037	0.291*	0.088	0.037	-0.008
	(-0.54)	(1.09)	(-0.83)	(1.57)	(1.09)	(1.78)	(1.41)	(1.09)	(-0.26)
Soe	0.003	-0.078*	0.003	0.787**	-0.078*	0.812**	-0.389***	-0.078*	-0.076
	(0.85)	(-1.93)	(0.84)	(2.24)	(-1.93)	(2.08)	(-2.80)	(-1.93)	(-1.45)
Boardsize	0.012*	-0.019	0.112	0.521	-0.019	0.535	0.121	-0.019	0.067
	(1.89)	(-0.29)	(1.61)	(0.87)	(-0.29)	(0.89)	(0.50)	(-0.29)	(-0.78)

续表

	Precise 精确度误差			Bias 准确度误差			Voluntary 自愿性披露		
变量	(1) Precise	(2) Diverisity	(3) Precise	(4) Bias	(5) Opacity	(6) Bias	(7) Voluntary	(8) Opacity	(9) Voluntary
Managehold	-0.106***	-0.010*	-0.108	-3.212***	-0.010*	-2.293***	0.548***	-0.010*	0.383***
	(-9.41)	(-1.82)	(-0.14)	(-3.68)	(-1.82)	(-4.65)	(22.08)	(-1.82)	(9.15)
Mediaattention	0.107**	0.104**	-0.216***	-0.283***	0.104**	-0.249***	-0.201	0.104**	-0.239***
	(2.13)	(2.08)	(-9.48)	(-5.49)	(2.08)	(-4.05)	(-0.82)	(2.08)	(-10.87)
Inratio	0.003	-0.232*	-0.038	0.147	-0.232*	0.203	-0.951	-0.232*	-0.745
	(0.18)	(-1.88)	(-0.74)	(0.08)	(-1.88)	(0.45)	(-1.34)	(-1.88)	(-1.46)
Sameplace	-0.005	0.039**	-0.023	-0.311**	0.039*	-0.413**	0.127**	0.039**	0.080*
	(-0.32)	(2.05)	(-0.78)	(-2.21)	(2.05)	(-2.15)	(2.37)	(2.05)	(1.69)
常数项	0.0124	3.512***	0.023	-2.754	3.512***	-3.023*	0.904*	3.512***	-0.056
	(0.63)	(5.25)	(1.32)	(-1.45)	(5.25)	(-1.85)	(1.87)	(5.25)	(-0.14)
年份	控制	控制	控制	控制	控制	控制	控制	控制	控制
行业	控制	控制	控制	控制	控制	控制	控制	控制	控制
样本量	18900	18900	18900	18900	18900	18900	18900	18900	18900
Adj. R²/Pseudo R²	-0.116	-0.066	-0.118	-0.138	-0.066	-0.139	0.389	-0.066	0.328

此外，采用 Bootstrap 方法进行重复 1000 次随机抽样的检验，结果如表 6-14 所示，间接效应的结果在 95%置信区间内不包含 0，由此证明了上述结果的稳定性。另外，借鉴江艇（2022）的 Sobel 中介效应检验的结果如表 6-14 所示，中介变量 Diversity 系数的 Z 值均>2，P 值均<0.005，也再次证明了该中介效应的存在。

表 6-14 声誉效应的中介机制检验：Bootstrap 间接效应检验及 Sobel 检验结果（Panel B）

作用路径	95%置信区间	Z 值	P>｜z｜
Scapi→Diversity→Precise	[0.0013, 0.0045]	5.718	0.000
Scapi→Diversity→Bias	[0.0002, 0.0011]	4.232	0.001
Scapi→Diversity→Voluntary	[0.0032, 0.0087]	3.579	0.001

6.5.2 异质性检验

6.5.2.1 基于企业外部环境的异质性检验——经济环境

经济政策及其不确定性是衡量企业所处的经济环境的重要指标，当经济政策不确定性较高时，企业业绩预告的难度会上升（饶品贵等，2017），管理层可能会出于机会主义动机选择不披露，即使选择披露，业绩预测的精确度等也很可能下降。本章借鉴宋云玲和宋衍蘅（2022）的研究，以斯坦福大学和芝加哥大学联合开发的"中国不确定性指数"来衡量中国经济政策的不确定性，以企业年度业绩预告披露当月的月度指数来衡量企业当年面临的经济政策不确定性程度。并按行业、年份对该指数进行中位数分析，高于中位数的赋值为 1（经济政策不确定性高组），低于中位数的赋值为 0（经济政策不确定性低组）。回归结果如表 6-15 第（1）列所示，独立董事社会资本嵌入 Scapi 的回归系数不显著，而第（2）列中 Scapi 的回归系数则显著为负；第（3）列中 Scapi 的回归系数不显著，而第（4）列中 Scapi 的回归系数则显著为负；第（5）列中 Scapi 的回归系数显著为正，而第（6）列中 Scapi 的回归系数则不显著。表明当经济政策不确定性程度较低时，独立董事社会资本嵌入能够显著降低业绩预告精确度误差。由此可见,当经济政策不确定性较低时,业绩预告的难度相应降低,嵌入社会资本的独立董事能够更好地发挥咨询建议及监督的职能,从而有利于减少模糊披露,提高业绩预告精确度和准确度;当经济政策不确定性较高时,嵌入较多社会资本的独立董事能够促使管理层较为积极地进行业绩预告披露,一定程度地减少管理层策略性地选择不披露的机会主义行为。此外,组间系数差异检验 SUE 的结果显示,所有组别的差异统计上也均具有显著性。

表6-15 经济政策不确定性异质性检验结果

变量	经济政策不确定性高	经济政策不确定性低	经济政策不确定性高	经济政策不确定性低	经济政策不确定性高	经济政策不确定性低
	(1) Precise	(2) Precise	(3) Bias	(4) Bias	(5) Voluntary	(6) Voluntary
Scapi	-0.060	-0.038***	-0.176	-0.102**	0.025**	0.055
	(-1.46)	(-2.81)	(-1.15)	(-2.11)	(2.40)	(0.12)
Lev	0.005	-0.014**	-2.316***	-2.420***	-2.412***	0.015
	(0.31)	(-2.52)	(-4.03)	(-6.41)	(-10.28)	(0.10)
Roa	0.194***	0.255***	12.890***	16.360***	-0.011	0.027
	(7.20)	(27.89)	(12.60)	(26.30)	(-0.56)	(1.23)
Big10	-0.009	0.001	0.244	0.292**	0.199**	0.009
	(-1.54)	(0.23)	(1.13)	(2.40)	(2.07)	(0.08)
Soe	0.002	0.003	-0.698	0.197	-0.615***	0.013
	(0.16)	(0.76)	(-1.40)	(0.72)	(-5.37)	(0.05)
Boardsize	0.012	0.011	-0.533	-0.664	-0.216	-0.432
	(0.54)	(1.55)	(-0.64)	(-1.42)	(-0.69)	(-1.12)
Managehold	-0.083*	-0.075*	-2.265***	-2.224***	0.313***	-0.203
	(-1.70)	(-1.73)	(4.41)	(-5.41)	(3.09)	(-1.17)
Mediaattention	0.906***	0.512***	-0.263***	-0.174***	-0.126***	-0.075**
	(3.07)	(8.56)	(-3.52)	(-3.82)	(-16.45)	(-2.19)

续表

变量	经济政策不确定性高	经济政策不确定性低	经济政策不确定性高	经济政策不确定性低	经济政策不确定性高	经济政策不确定性低
	(1) Precise	(2) Precise	(3) Bias	(4) Bias	(5) Voluntary	(6) Voluntary
Inratio	0.025	−0.012	0.134	−2.624*	−0.742	−2.256**
	(0.42)	(−0.58)	(0.05)	(−1.79)	(−0.73)	(−2.09)
Sameplace	−0.010**	0.001	−0.406**	−0.179	0.200**	0.004
	(−2.06)	(0.78)	(−2.16)	(−1.62)	(2.14)	(0.00)
常数项	0.031	0.019	0.254	2.670*	−0.093	1.593**
	(0.48)	(0.86)	(0.10)	(1.78)	(−0.08)	(2.17)
年份	控制	控制	控制	控制	控制	控制
行业	控制	控制	控制	控制	控制	控制
样本量	3368	15532	3368	15532	3368	15532
Adj. R^2/Pseuduo R^2	−1.119	−0.154	−0.936	−0.165	0.306	0.341
SUE 组间系数差异检验	P=0.011		P=0.003		P=0.016	

6.5.2.2 基于企业外部环境的异质性检验——市场中介及法治环境

在市场机构不完善、发育不成熟及司法保护较弱的地方，公司内部人控制的现象可能更加严重，外部利益相关者因此通常有更高的监督诉求（Laporta et al., 2000）。健全的金融机构越多，信息的传递通常也越迅速。与市场中介组织发育程度及法治环境等正式制度不同，社会资本被认为是非正式制度。在正式制度治理作用不足的情况下，非正式制度能够发挥一定的替代作用（陈运森等，2018）。本章参考王彩和李晓慧（2022）的研究，采用分省份的"市场中介组织发育和法治环境"指标来衡量企业所在地当年的市场中介组织发育程度及法治环境，并分年份、分行业对该指数进行中位数分组，高于中位数的赋值为1（市场发育和法治环境好组），低于中位数的赋值为0（市场发育和法治环境差组）。回归结果如表6-16所示，第（2）列、第（4）列、第（6）列中Scapi的回归系数在5%的水平上显著，符号与预期一致。组间系数差异检验均在10%的水平上显著。说明对于市场发育不成熟及法律制度不完善地区的企业而言，独立董事社会资本嵌入对业绩预告的精确度、准确度及披露自愿性的提升均有正向影响。可见在业绩预告中，独立董事社会资本嵌入在市场正式制度有缺陷的地区，更能发挥非正式制度的治理作用。此外，组间系数差异检验SUE的结果显示，所有组别的差异统计上也均具有显著性。另外，本章还使用了王小鲁等研究开发的"市场化总指数"作为分组检验的依据，结论未发生改变。

表6-16 市场及法治环境异质性检验

变量	市场及法治环境好	市场及法治环境差	市场及法治环境好	市场及法治环境差	市场及法治环境好	市场及法治环境差
	（1）Precise	（2）Precise	（3）Bias	（4）Bias	（5）Voluntary	（6）Voluntary
Scapi	-0.026	-0.040**	-0.016	-0.235**	0.071	0.114**
	(-1.37)	(-2.32)	(-0.10)	(-2.07)	(1.05)	(2.11)
Lev	-0.014*	-0.011	-2.185***	-2.443***	-2.153***	-1.996***
	(-1.69)	(-1.60)	(-2.96)	(-5.27)	(-10.18)	(-11.68)
Roa	0.263***	0.257***	22.760***	16.950***	36.020***	31.220***
	(20.19)	(22.53)	(19.79)	(22.27)	(20.59)	(22.47)
Big10	-0.006**	0.002	0.038	0.089	0.039	-0.019
	(-2.14)	(0.69)	(0.16)	(0.61)	(0.46)	(-0.31)
Soe	0.005	0.004	0.172	-0.234	-0.012	-0.133*
	(0.74)	(0.87)	(0.29)	(-0.69)	(-0.12)	(-1.71)
Boardsize	0.006	0.010	-1.693*	0.669	-0.252	-0.033
	(0.56)	(1.19)	(-1.78)	(1.17)	(-1.05)	(-0.18)
Managehold	-0.126	-0.102	-2.266***	-2.208***	0.424***	0.117***
	(-0.58)	(-0.32)	(-3.17)	(-4.29)	(6.74)	(6.59)

续表

变量	市场及法治环境好 (1) Precise	市场及法治环境差 (2) Precise	市场及法治环境好 (3) Bias	市场及法治环境差 (4) Bias	市场及法治环境好 (5) Voluntary	市场及法治环境差 (6) Voluntary
Mediaattention	0.101***	0.106***	-0.288***	-0.179***	-0.283***	-0.268***
	(6.91)	(6.76)	(-3.36)	(-3.12)	(-9.60)	(-10.09)
Inratio	-0.004	-0.013	-0.631	0.459	-1.363	-0.255
	(-0.14)	(-0.47)	(-0.22)	(0.25)	(-1.64)	(-0.38)
Sameplace	-0.003	0.003	-0.338*	-0.125	0.135*	0.071
	(-1.17)	(0.16)	(-1.67)	(-0.88)	(1.84)	(1.15)
常数项	1.393*	0.639	3.536	-2.245	0.041	0.027
	(1.80)	(1.07)	(1.18)	(-1.22)	(1.21)	(0.98)
年份	控制	控制	控制	控制	控制	控制
行业	控制	控制	控制	控制	控制	控制
样本量	7961	10939	7961	10939	7961	10939
Adj. R^2/Pseuduo R^2	-0.222	-0.200	-0.255	-0.121	0.421	0.370
SUE 组间系数差异检验	P=0.032		P=0.003		P=0.048	

6.5.2.3 基于企业内部环境的异质性检验——未来经营预期

管理层讨论及分析部分是业绩预告中的非财务信息，是管理层向利益相关者传递企业经营现状及对未来发展展望信息的重要方式，近年来受到信息使用者的广泛关注。研究表明，其对企业未来的发展状况及经营业绩等具有一定的预测能力，对下一年的业绩有指向性作用（唐少清等，2020），可作为外部利益相关者进行决策的参考信息。本章借鉴曾庆生等（2018）的测量方法，对业绩预告中管理层讨论及分析部分进行文本分析及词频汇总，借助正面词汇数及负面词汇数来构建管理层语调指标。具体公式为：（正面词汇数量-负面词汇数量）/（正面词汇数量+负面词汇数量）；数值越大，管理层的情感倾向越偏向正面积极。鉴于管理层的语调包含着其对未来业绩的预测，采用滞后一期的指标来进行回归分析，并按行业及年份进行中位数分组，高于中位数的赋值为1（语调正面性高组），低于中位数的赋值为0（语调正面性低组）。回归结果如表6-17第（2）列、第（4）列、第（6）列所示，Scapi的系数分别在5%、5%、10%的水平上显著，符号与预期一致。组间系数差异检验均显著。表明在管理层语调正面积极性较低时，独立董事社会资本嵌入更能提高业绩预告的精确度、准确度，并促进企业进行积极披露。这再次说明在业绩预告中，独立董事社会资本嵌入能够一定程度地提升独立董事对管理层的监督能力，在管理层对未来经营状况信心不足时，更能促进管理层积极披露业绩预告并提高预告的精确度、准确度。由于管理层语调数据存在少量缺失，故总样本数相较主回归略少。此外，组间系数差异检验SUE的结果显示，所有组别的差异统计上也具有显著性。

表6-17 未来经营预期异质性检验结果

变量	语调正面性高	语调正面性低	语调正面性高	语调正面性低	语调正面性高	语调正面性低
	（1）Precise	（2）Precise	（3）Bias	（4）Bias	（5）Voluntary	（6）Voluntary
Scapi	-0.001	-0.005**	-0.029	-0.551**	0.058	0.123*
	(-0.69)	(-2.28)	(-0.67)	(-2.19)	(1.02)	(1.94)
Lev	-0.010	-0.009	-0.164	-2.915***	-2.097***	-1.759***
	(-1.28)	(-1.17)	(-0.81)	(-2.99)	(-11.58)	(-10.11)
Roa	0.189***	0.291***	10.630***	27.190***	40.380***	25.290***
	(14.22)	(23.88)	(30.80)	(18.22)	(23.87)	(19.23)
Big10	-0.007***	0.001	0.035	0.373	0.004	0.007
	(-2.91)	(0.43)	(0.58)	(1.12)	(0.06)	(0.09)
Soe	0.009	0.001	-0.202	1.536**	-0.042	-0.160*
	(1.62)	(0.07)	(-1.38)	(2.12)	(-0.54)	(-1.86)

续表

变量	语调正面性高 (1) Precise	语调正面性低 (2) Precis7e	语调正面性高 (3) Bias	语调正面性低 (4) Bias	语调正面性高 (5) Voluntary	语调正面性低 (6) Voluntary
Boardsize	0.006 (0.60)	0.014 (1.37)	-0.827*** (-3.48)	1.080 (0.85)	-0.093 (-0.48)	-0.160 (-0.74)
Managehold	-0.091 (-0.20)	-0.073 (-0.32)	-2.088*** (-4.18)	-1.507*** (-4.77)	0.125*** (3.80)	0.200*** (7.80)
Mediaattention	0.104*** (5.45)	0.096*** (5.91)	-0.225*** (-5.74)	-0.269** (-2.11)	-0.220*** (-8.44)	-0.117*** (-10.94)
Inratio	0.016 (0.56)	-0.009 (-0.30)	-1.564** (-2.13)	-1.026 (-0.26)	-0.307 (-0.45)	-1.317* (-1.72)
Sameplace	-0.001 (-0.17)	0.001 (0.20)	0.081 (1.53)	-0.499* (-1.66)	0.069 (1.11)	0.103 (1.49)
常数项	1.036 (1.47)	0.770 (1.15)	1.230 (1.61)	-4.547 (-1.13)	0.974 (1.60)	1.222* (1.76)
行业	控制	控制	控制	控制	控制	控制
年份	控制	控制	控制	控制	控制	控制
样本	9274	9303	9274	9303	9274	9303
Adj. R^2/ Pseudo R^2	-0.360	-0.240	-0.222	-0.271	0.337	0.434
SUE 组间系数差异检验	P=0.002		P=0.044		P=0.012	

6.5.2.4 基于企业内部环境的异质性检验——公司股权结构

在新兴的市场经济体中，大股东依靠自身所掌握的对企业的控制权，可能产生对企业的机会主义操控行为，降低企业投资效率。常利民（2020）认为控股股东股权质押导致业绩预告质量降低，并抑制了企业披露业绩预告的积极性。董事会内部及外部利益相关者在股权集中度较高时，具有更强的监督需求，力图约束大股东的侵占行为。本章以第一大股东持股比例衡量企业的股权集中度，并分行业、分年份对该指标进行中位数分组，高于中位数的赋值为1（股权集中度高组），低于中位数的赋值为0（股权集中度低组）。分组检验结果如表6-18所示，Scapi的回归系数在第（1）列、第（3）列、第（5）列中分别在1%、10%、10%的水平上显著，符号与预期一致。表明在股权集中度高组中，独立董事社会资本嵌入对于业绩预告的精确度、准确度及披露自愿性的提升具有显著的正向效应。也说明在业绩预告中，独立董事社会资本嵌入在抑制大股东机会主义行为、缓解第二类代理问题中发挥了非正式制度的治理作用。此外，组间系数差异检验SUE的结果显示，所有组别的差异统计上也具有显著性。

表6-18 股权集中度异质性检验结果

变量	股权集中度高 (1) Precise	股权集中度低 (2) Precise	股权集中度高 (3) Bias	股权集中度低 (4) Bias	股权集中度高 (5) Voluntary	股权集中度低 (6) Voluntary
Scapi	-0.005***	-0.003	-0.258*	-0.045	0.115*	0.087
	(-2.78)	(-1.57)	(-1.84)	(-0.42)	(1.85)	(1.48)
Lev	-0.020**	-0.013*	0.104	-4.274***	-1.679***	-2.285***
	(-2.45)	(-1.79)	(0.12)	(-9.63)	(-8.59)	(-12.54)
Roa	0.220***	0.275***	19.280***	18.580***	34.860***	31.090***
	(16.38)	(24.60)	(13.91)	(27.74)	(21.48)	(20.96)
Soe	-0.001	0.005	-0.425	0.377	-0.091	-0.098
	(-0.15)	(1.01)	(-0.50)	(1.26)	(-1.06)	(-1.18)
Big10	-0.002	0.003	0.097	0.399***	-0.084	0.057
	(-0.92)	(0.12)	(0.39)	(2.79)	(-1.15)	(0.83)
Boardsize	0.003	0.011	3.097***	-1.571***	-0.225	-0.044
	(0.27)	(1.18)	(3.03)	(-2.86)	(-1.03)	(-0.22)

续表

变量	股权集中度高	股权集中度低	股权集中度高	股权集中度低	股权集中度高	股权集中度低
	(1) Precise	(2) Precise	(3) Bias	(4) Bias	(5) Voluntary	(6) Voluntary
Managehold	-0.078	-0.086	-3.350***	-1.015	0.207***	0.173***
	(-0.51)	(-0.73)	(-4.14)	(-0.32)	(6.20)	(6.41)
Mediaattention	0.105***	0.086***	-0.145	-0.169***	-0.225***	-0.322***
	(-5.28)	(6.57)	(1.59)	(3.09)	(-8.12)	(-11.61)
Inratio	-0.033	-0.002	4.835	-3.494**	0.059	-1.236*
	(-1.18)	(-0.06)	(1.57)	(-2.02)	(0.08)	(-1.75)
Sameplace	-0.002	0.002	-0.376*	-0.157	0.151**	0.031
	(-0.77)	(0.72)	(-1.75)	(-1.19)	(2.23)	(0.48)
常数项	0.034	0.022	-9.134***	4.465**	0.793	0.883
	(1.11)	(0.79)	(-2.83)	(2.53)	(1.14)	(1.37)
年份	控制	控制	控制	控制	控制	控制
行业	控制	控制	控制	控制	控制	控制
样本量	9352	9548	9352	9548	9352	9548
Adj. R^2/ Pseudo R^2	-0.258	-0.125	-0.292	-0.090	0.380	0.400
SUE 组间系数差异检验	P = 0.003		P = 0.013		P = 0.044	

6.5.2.5 基于业绩预告其他特征的异质性检验——业绩预告及时性

在我国的半强制性业绩预告披露制度下，管理层面临的主要市场风险为监管风险，除业绩预告披露的质量不高及不披露之外，因业绩预告披露不及时问题受处罚的企业占所有受处罚企业的 1/4（Song and Ji，2012）。上市公司可能会在一定范围内选择推迟业绩预告的发布，以争取更多的时间来提升业绩预告发布的质量。本章借鉴彭博和贺晨（2022）的研究，对会计期间结束日期与业绩预告发布日期的间隔天数进行计算，然后再对数据进行五分位数打分，该变量数值越大，则表示业绩预告越及时。并分行业、分年份对该指标进行中位数分组，高于中位数的赋值为 1（及时性高组），低于中位数的赋值为 0（及时性低组）。分组检验结果如表 6-19 所示，在第（2）列、第（4）列中［表中第（6）列不显著，不对此结果进行报告］，Scapi 的回归系数分别在 5% 和 10% 的水平上显著，符号与预期一致。表明在业绩预告及时性低组中，独立董事社会资本嵌入对于业绩预告的精确度及准确度的提升具有显著的正向效应，但对于业绩预告披露自愿性则不具备显著影响。说明在业绩预告披露不及时的企业中，独立董事社会资本嵌入更能够发挥监督作用，提升业绩预告的质量及披露意愿。此外，组间系数差异检验 SUE 的结果显示，精确度及准确度组别的差异统计上也具有显著性。

表 6-19 及时性披露异质性检验结果

变量	及时性高 (1) Precise	及时性低 (2) Precise	及时性高 (3) Bias	及时性低 (4) Bias	及时性高 (5) Voluntary	及时性低 (6) Voluntary
Scapi	0.001 (0.46)	-0.004** (-2.30)	-0.020 (-0.93)	-0.041* (-1.84)	0.003 (0.50)	0.007 (0.97)
Lev	-0.005 (-0.51)	-0.008 (-1.14)	-2.026** (-2.52)	-2.375*** (-3.33)	-1.512*** (-7.81)	-2.449*** (-13.85)
Roa	0.239*** (15.87)	0.264*** (23.29)	23.550*** (17.80)	20.580*** (17.75)	31.220*** (21.52)	34.500*** (21.35)
Big10	0.003 (0.12)	-0.003 (-1.30)	-0.004 (-0.02)	0.485** (2.03)	0.046 (0.65)	-0.020 (-0.30)
Soe	0.009 (1.21)	0.001 (0.10)	0.670 (0.98)	1.464*** (2.85)	-0.036 (-0.40)	-0.182** (-2.23)
Boardsize	0.008 (0.71)	0.012 (1.28)	3.335*** (3.37)	-0.759 (-0.83)	-0.156 (-0.68)	0.058 (0.29)
Managehold	-0.093 (-0.41)	-0.081 (-0.74)	-3.088 (-1.04)	-2.534*** (-7.03)	0.173*** (5.71)	0.215*** (7.18)

续表

变量	及时性高 (1) Precise	及时性低 (2) Precise	及时性高 (3) Bias	及时性低 (4) Bias	及时性高 (5) Voluntary	及时性低 (6) Voluntary
Mediaattention	0.098***	0.064***	-0.251***	-0.143	-0.252***	-0.315***
	(8.31)	(4.55)	(-2.84)	(-1.57)	(-9.18)	(-11.59)
Inratio	-0.011	0.031	5.330*	-2.747	-0.9720	-0.497
	(-0.31)	(1.12)	(1.70)	(-0.98)	(-1.32)	(-0.67)
Sameplace	0.002	-0.002	-0.151	-0.384*	0.094	0.087
	(0.68)	(-0.82)	(-0.69)	(-1.78)	(1.39)	(1.32)
常数项	0.013	0.007	-9.405***	0.270	0.811	0.630
	(0.35)	(0.24)	(-3.00)	(0.09)	(1.12)	(0.97)
年份	控制	控制	控制	控制	控制	控制
行业	控制	控制	控制	控制	控制	控制
样本量	8573	10004	8573	10004	8573	10004
Adj. R^2/Pseudo R^2	-0.386	-0.237	-0.390	-0.233	0.349	0.429
SUE 组间系数差异检验	P = 0.003		P = 0.013			

6.6 本章小结

以信息披露为核心的注册制已在 A 股市场全面实施，业绩预告作为前瞻性财务预测信息，发挥着越来越重要的作用。业绩预告能够缓解公司内、外部信息不对称问题，为资本市场参与者提供有助于决策的重要信息。但以往的研究也表明，相当一部公司出于各种原因倾向于进行模糊披露，或业绩预告准确度较低、业绩预告披露意愿低等，从而极大地影响了业绩预告发挥其应有的信息传递功能。因此提高企业业绩预告披露质量、规范披露行为是值得广泛关注及深入探讨的重要议题。

本章的研究表明，在中国特有的社会特征及治理模式下，独立董事社会关系嵌入的外部关系性嵌入，即独立董事社会资本嵌入在提高企业前瞻性信息披露水平方面具有重要作用：①独立董事的社会资本嵌入能够疏通信息渠道，较好地发挥信息效应，提高信息透明度，降低信息不对称程度，从而使独立董事更好地发挥咨询建议职能，提升业绩预告披露的精确度、准确度及自愿性。②由于声誉效应的作用，嵌入较多社会资本的独立董事会更加勤勉地履职，深入了解更多关于企业经营业绩及财务状况的信息，从而有助于提高管理层披露业绩预告的信心和精确度。③在企业外部宏观经济环境不确定性较高、司法保护较弱的情形下，独立董事社会资本嵌入更能发挥非正式制度所带来的正向效应，提高业绩预告披露的积极性、精确度；在企业内部微观环境，如管理层语调正面性较低、大股东持股比例较高、业绩预告披露不及时的情况下，独立董事社会资本嵌入也能更显著地发挥其正向作用，有利于企业积极披露业绩预告并减少模糊性披露及业绩预告偏离实际值的情况。可能的原因是：在外部环境不确定性高或内部治理存在缺陷时，外部利益相关者会对企业信息披露的积极性及公开性具有更多的诉求，独立董事社会资本嵌入带来的声誉效应及正向的外部性对于缓解信息不对称问题、提高前瞻性财务信息披露质量具有重要意义，一定程度地抵消了上述问题带来的负效应。

在投资乏力、资本市场风险增大的当下，对业绩预告影响因素进行研究具有理论及实践意义。本章的研究对深入理解独立董事制度及独立董事社会资本嵌入在企业前瞻性财务信息披露中发挥作用的内部机制及边界条件提供了依据，为企业聘任独立董事提供了参考。①独立董事社会资本嵌入能够在企业前瞻性信息披露的治理和监督中发挥正向作用，主要原因是能缓解信息不对称，从而有助于独立董事发挥咨询建议职能，并借助声誉效应更好地发挥监督职能。但其作用的发挥也需要企业具有完善的公司治理结构及机制，让具备丰富社会资本的独立董事真正保持独立性、拥有话语权。②激励嵌入更多社会资本的独立董事深入参与企业的内部治理，更多地召开董事会，并要求管理层更详尽地对董事会进行信息披露，打破管理层构筑的信息壁垒。

③充分发挥企业外部机构对企业内部的监督作用，政府机构以及媒体等应加强对企业治理的监督，遏制内部人控制问题，进一步提高管理层及大股东等实施机会主义行为的成本，提高信息在企业高层传递的效率，充分发挥独立董事社会资本嵌入在企业信息披露中的积极作用。

本章就独立董事社会资本嵌入，即独立董事社会关系嵌入的企业外部关系性嵌入对于上市公司业绩预告披露的影响进行了研究，并对其作用机制及边界条件进行了分析与探讨。对于关系性嵌入的探讨，还需结合企业内部独立董事与业绩预告的发布者——管理层之间的社会关系嵌入来展开进一步的深入研究。

7 独立董事-CEO 社会关系嵌入[①]对管理层业绩预告的影响

根据本书研究的逻辑框架核心，以 Granovetter（1985）的社会嵌入理论为依据，将独立董事的社会关系嵌入分为结构性嵌入和关系性嵌入。企业内部董事的社会关系嵌入很大程度上取决于董事与高管的关系（周建等，2010）。本书借鉴相关研究建立理论研究框架，以独立董事与 CEO 之间的社会关系嵌入反映独立董事社会关系的企业内部关系性嵌入。本章以独立董事-CEO 社会关系嵌入为研究视角，探讨其对管理层业绩预告的精确度、准确度及披露自愿性与及时性的影响。

7.1 问题提出

信息是资本市场的投资者进行决策的主要依据，作为上市公司财务信息披露的组成部分，业绩预告发挥着越来越重要的作用。业绩预告通常由管理层发布，发布业绩预告的主要目的是在正式的财务报告发布之前，向股东、分析师及投资者等传递与公司经营情况直接相关的前瞻性盈余信息，从而缓解管理层与外部信息使用者之间的信息不对称问题。管理层及时、准确地披露业绩预告，能够调整市场预期并平抑股价波动（Beyer et al., 2010），带来声誉效应（李馨子和罗婷，2014），有利于促进信任关系的形成（Guan et al., 2020），由此可见业绩预告披露及时性及准确度的积极意义。理论上，基于对股东及投资者利益的考量，管理者会积极发布业绩预告，尽力提高业绩预告的质量。然而，在上市公司的业绩预告实践中，业绩预告的可靠性及披露的及时性常常受到质疑。客观方面，可能是受限于经营环境的不确定性

[①] 独立董事-CEO 社会关系嵌入在本书中是一个客观的概念，仅指由于曾经的共同经历形成的二者关系嵌入，并不带贬义色彩。

或管理者预测能力（宋云玲和宋衍蘅，2022）。基于有限注意力理论，当管理层不能及时充分地获取并合理筛选企业的私有盈余信息时，会对业绩预告披露的积极性及披露内容产生负面影响（彭博和贺晨，2022）。主观方面，管理层业绩预告的披露问题被认为与管理层的自利动机有关（Rogers and Stocken，2005）。基于代理理论，出于自利的考虑，管理者的目标并非总是与股东及投资者的目标一致，只有在充分权衡并确定利大于弊时他们才愿意披露真实完整的私有信息（Nagar，1999），这也给披露业绩预告的自愿性带来不可忽视的不良影响。

就企业内部而言，尽管业绩预告主要由管理层发布，无须会计师事务所进行独立审计，但业绩预告的形成过程需要经过董事会全体成员开会反复商讨，并最终与管理层共同形成决定，作为董事会重要成员的独立董事可对此单独发表独立意见。我国资本市场起步较晚，相关的制度与法规仍有待进一步完善，同时，"关系"在经济社会的发展中发挥着不容忽视的作用。在企业层面，独立董事与CEO之间的社会关系嵌入并不鲜见，并被认为会影响到董事会层面的关系嵌入及监督的有效性（周建等，2016），进而对管理层的业绩预告策略产生影响。基于社会关系的假说对独立董事和CEO之间的社会关系嵌入带来的经济后果观点不一。一部分学者认为上述关系可能降低独立董事的履职能力（张川和黄夏燕，2018）、降低财务信息质量（朱朝晖和李敏鑫，2020）；另一部分学者则认为二者的关系能够显著提升公司绩效（陈霞等，2018），有利于产生互信间的认同及凝聚力，而此类社会关系嵌入对管理层业绩预告会产生怎样的影响是值得深入探讨的问题，对我国资本市场的运行发展及公司治理实践具有不容忽视的重要意义。

本章以2010—2022年我国A股上市公司为研究对象，探讨独立董事-CEO社会关系嵌入对上市公司管理层业绩预告的精确度、准确度和披露自愿性与及时性的影响，并详细探讨了其作用机制、影响路径及边界条件。本章预期的主要贡献有以下几点。第一，本章就独立董事-CEO社会关系嵌入对管理层业绩预告披露的影响进行了探讨，管理层业绩预告的披露属于财务信息披露的范畴，信息披露的可靠性、积极性与及时性通常是权衡利弊和博弈考量的结果，本章的研究有助于深入理解独立董事-CEO 社会关系嵌入对管理层业绩预告信息披露策略的影响。第二，本章进一步就独立董事-CEO 社会关系嵌入对管理层业绩预告披露的自愿性与及时性产生作用的影响路径进行检验，发现独立董事-CEO 社会关系嵌入通过缓解管理者短视主义、提高媒体关注度，从而促进自愿性与及时性披露，揭示了影响产生的内在逻辑及作用机制。第三，本章从外部资本市场开放程度及内部企业经营环境和治理环境的角度对研究结果进行了横截面异质性检验，进一步厘清了二者发生作用的内、外部环境因素。本章的研究有助于打开独立董事-CEO 社会关系嵌入对业绩预告不同特征产生影响的"黑箱"，为进一步完善相关公司治理机制及促进资本市场的高质量发展提供一定参考。

7.2 理论分析与研究假设

人类的注意力是一项稀缺资源，个体分析及处理信息的能力存在着无法避免的局限性。尽管管理层因职责需要，应该降低企业与外部信息使用者之间的信息不对称程度，应该在尽力控制信息披露成本和披露风险的情况下尽可能更加及时准确地向外披露企业信息，然而管理层在形成业绩预告的过程中面对繁杂的各类信息，很可能出现注意力和分析能力不足的问题，从而对业绩预告的披露产生一定影响（彭博和贺晨，2022）。

7.2.1 独立董事-CEO 社会关系嵌入与管理层业绩预告准确度和精确度

一方面，独立董事-CEO 社会关系嵌入能够促进彼此的沟通交流及信息的共享，产生信息效应。二者之间的社会关系嵌入有利于增强相互间的信任，拓宽独立董事获取企业经营信息的渠道。Adams 和 Ferreira（2007）的董事会友好模型认为，独立董事与 CEO 的友好关系能够促进二者之间的良性互动、提高价值观的契合度并促进高层间凝聚力的提升。在私下非正式的互动中，CEO 也更有可能向独立董事透露关于公司的较为微妙及敏感的经营信息，同时也会向独立董事寻求更多的咨询建议（朱朝晖和李敏鑫，2020）。

业绩预告是前瞻性的财务信息披露，多数业绩预告的发布在财务报告期结束之前，详细的财务信息尚未完全形成，因而发布业绩预告时需要对企业的经营状况、经营风险及外部环境等的不确定性因素进行充分的综合考量。当独立董事与 CEO 之间有私人关系时，管理层的业绩预告也更可能获得独立董事较为充分的建议，而这些咨询建议能够更好地缓解管理层对信息的有限注意力问题，因而对于业绩预告披露的精确度及准确度的提升具有积极意义。

另一方面，独立董事-CEO 社会关系嵌入可能引致难以避免的情感倾向，产生偏好效应。二者的社会关系嵌入可能使得独立董事更易从情感上接受和认同 CEO 的思维及行事方式，而这样的朋友关系也会产生友谊的成本（罗肖依等，2023），导致独立董事难以对 CEO 所提决策方案保持客观和中立，从而弱化独立董事的监督功能并增加代理冲突（陆瑶和胡江燕，2014；Lee et al.，2014）。而此时，独立董事对于 CEO 在业绩预告中存在的机会主义自利动机也很可能采取沉默和包庇的态度，进而对业绩预告披露的精确度及准确性产生不利影响。Schmidt（2015）的研究认为独立董事-CEO 社会关系嵌入可能同时具有信息效应与偏好效应。二者之间的社会关系会促进信息传递更畅通更全面、有助于独立董事发挥咨询建议职能，但也很可能影响独立董事在业绩预告中的风险考量，降低对业绩预告披露精确度与准确度的监督效力。基于以上分析，本章提出如下假设。

H7-1a：独立董事-CEO 社会关系嵌入程度越高，管理层业绩预告的精确度越高。

H7-1b：独立董事-CEO 社会关系嵌入程度越高，管理层业绩预告的精确度越低。

H7-2a：独立董事-CEO 社会关系嵌入程度越高，管理层业绩预告的准确度越高。

H7-2b：独立董事-CEO 社会关系嵌入程度越高，管理层业绩预告的准确度越低。

7.2.2 独立董事–CEO 社会关系嵌入与管理层业绩预告自愿性和及时性

基于代理理论及理性经济人假设，管理层出于机会主义自利动机以及对控制权的考虑，其所构筑的信息壁垒会引致独立董事难以知悉公司财务信息的全貌。CEO 甚至还可能有意提高信息获取成本，构筑信息壁垒，加剧与独立董事的信息不对称问题（Edlin and Stiglitz，1995）。CEO 在公司经营决策制定中的重要作用不言而喻，当 CEO 的决策权过大时，甚至会影响整个董事会的独立判断，其很可能较少征求其他高管成员及董事会成员的意见（周冬华和赵玉洁，2013）。研究表明，超过 2/3 的独立董事认为难以获取公司运营的真实详细情况是影响其发挥履职能力的重要原因（唐清泉，2006）。作为董事会的重要成员，独立董事要在业绩预告中提出足够的咨询建议需要获取较为充分且真实的信息。

基于声誉机制理论，企业管理层的声誉塑造对公司经营管理状况等具有影响，理性投资者对企业信息披露具有更多诉求，管理层也会因此而产生充分、及时地向外传递企业盈余信息的压力（彭博和贺晨，2022）。因而，在对外部风险的感知较弱及披露成本可控的情况下，管理层愿意进行能力范围内的业绩预告信息披露，并争取更及时地传递盈余信息（Healy and Palepu，2001），以提升公司的筹资能力，并获取积极的市场反应和较高的声誉。在业绩预告的形成过程中，管理层披露的业绩预告是其综合所掌握各类信息并权衡利弊之后的结果，尽管由管理层发布，却通常需要经过董事会的反复开会及商讨，独立董事还可对此发表不同意见，若独立董事因信息掌握不准确、不全面而难以达成一致意见，则会增加沟通成本、降低工作效率，管理层此时对于自愿性披露的态度也会倾向于消极。

基于非正式制度社会认同理论，个体通过社会分类，对自己的群体产生认同，并产生内群体偏好和外群体偏见。当独立董事与 CEO 之间具有社会关系时，二者之间会产生身份认同，进而提升沟通的顺畅度，减少意见相左的摩擦，不仅提升了业绩预告意见形成的效率，也增强了管理层自愿性披露的信心。基于关系性嵌入所带来的信息效应，独立董事与 CEO 的信息共享在很多情况下并不依赖于正式会议,他们在非正式渠道的交流中也能进一步获取更详细全面的企业经营信息(Roberts et al.,2005)。基于嵌入理论,与内部董事相比,独立董事与企业高管的关系属于弱连接关系,弱连接关系更有利于为企业提供多元化的异质性信息(Fracassi and Tate,2012)。独立董事-CEO社会关系嵌入能够明显降低独立董事获取企业内部信息的成本,有利于其全面深入地了解企业真实的经营状况,并通过自身行业经验及专业知识等对企业可能面临的风险进行较好的判断,从而更好地为管理层披露业绩预告提供咨询建议。基于彼此的社会关系嵌入所带来的信任,CEO也更容易接受独立董事所提出的建议,从而降低了对外部不确定性的风险感知。高管与独立董事的友好合作有助于信息更好地在企业高层间传递,也有益于独立董事运用个人的专业特长处理业绩预告中面临的问题,消除信息和知识的壁垒。高管在能够获取更为充分的信息时也更愿意进行向外的信息披露(李瑞敬等,2022)。同时,二者之间的社会关系嵌入也会进一步加深CEO的董事会关系性嵌入,进而减少潜在的分歧,使管理层形成业绩预告的决策过程更具效率。基于以上分析,本章提出如下假设。

H7-3:独立董事-CEO社会关系嵌入程度越高,管理层披露业绩预告的自愿性越高。

H7-4:独立董事-CEO社会关系嵌入程度越高,管理层披露业绩预告的及时性越强。

7.3 研究设计

7.3.1 模型设定与变量说明

7.3.1.1 模型设定

为了检验独立董事-CEO社会关系嵌入对业绩预告精确度的影响,建立模型7-1,采用面板数据的OLS模型进行估计,同时控制公司行业和年份,并做企业层面的聚类稳健性处理。模型设定如下:

$$\text{Precise}_{it} = \beta_0 + \beta_1 \text{Socialsim}_{it} + \beta_3 \text{Controls}_{it} + \sum \text{Indus} + \sum \text{Year} + \varepsilon_{it}$$

(7-1)

为了检验独立董事-CEO 社会关系嵌入对业绩预告准确度的影响,建立模型 7-2,采用面板数据的 OLS 模型进行估计,同时控制公司行业和年份,并做企业层面的聚类稳健性处理。模型设定如下:

$$\text{Bias}_{it} = \beta_0 + \beta_1 \text{Socialsim}_{it} + \beta_3 \text{Controls}_{it} + \sum \text{Indus} + \sum \text{Year} + \varepsilon_{it}$$
(7 - 2)

为了检验独立董事-CEO 社会关系嵌入对业绩预告披露自愿性的影响,建立模型 7-3,采用面板数据的 Logit 模型进行估计,同时控制公司行业和年份,并做企业层面的聚类稳健性处理。模型设定如下:

$$\text{Voluntary}_{it} = \beta_0 + \beta_1 \text{Socialsim}_{it} + \beta_3 \text{Controls}_{it} + \sum \text{Indus} + \sum \text{Year} + \varepsilon_{it}$$
(7 - 3)

为了检验独立董事-CEO 社会关系嵌入对业绩预告披露及时性的影响,建立模型 7-4,采用面板数据的 Probit 模型进行估计,同时控制公司行业和年份,并做企业层面的聚类稳健性处理。模型设定如下:

$$\text{Timely}_{it} = \beta_0 + \beta_1 \text{Socialsim}_{it} + \beta_3 \text{Controls}_{it} + \sum \text{Indus} + \sum \text{Year} + \varepsilon_{it}$$
(7 - 4)

7.3.1.2 变量说明

解释变量:独立董事-CEO 社会关系嵌入(Socialsim)。借鉴陈霞等(2018)、李敏鑫和朱朝晖(2022)的相关研究,本章将独立董事-CEO 社会关系嵌入定义为因学缘、地缘和业缘而形成的关系,即当独立董事与 CEO 之间拥有校友关系、"老乡"关系和曾经的同事关系时表示二者之间具有社会关系嵌入。具体为计算同一企业中与 CEO 具有上述关系的独立董事的人数与董事会总人数的比值。

被解释变量:①业绩预告精确度误差(Precise),本章借鉴常利民(2022)的研究,采用管理层年度预测净利润上限与下限的差值除以企业当年实际净利润,并取绝对值度量,Precise 值越小,精确度越高。②业绩预告准确度误差(Bias),借鉴 Houston 等(2019)及朱杰(2020)的相关研究,采用预测净利润上限与下限均值与实际净利润差值除以企业当年营业收入,并取绝对值度量,Bias 值越小,准确度越高。③业绩预告披露及时性(Timely),本章借鉴彭博和贺晨(2022)的研究,对会计期间结束日期与业绩预告发布日期的间隔天数进行计算,然后再对数据进行五分位数打分,该变量数值越大,则表示业绩预告越及时。④业绩预告披露自愿性(Voluntary),本章借鉴李欢和罗婷(2016)、王丹等(2020)对披露自愿性的度量方式,自愿性披露取值为 1,强制性披露则取值为 0。其中,将利润为负、扭亏为盈或报告净利润浮动的上限或下限超过 50%定义为强制性披露,沪深两市的上市规则规定可免除的情况除外。

控制变量:本章借鉴王丹等(2020)的做法,在模型中引入可能对回归结果产生干扰的控制变量,将能够反映公司治理结构的指标及部分财务指标等一并纳入模型中进行考虑。选取偿债能力、盈利能力、审计质量、产权性质、董事会规模、管理层持股比例等作为常规财务及公司治理指标。此外,参考独立董事社会网络嵌入及业绩预告披露相关研究,本章还加入了独立董事占比、独立董事工作地点等指标作为控制变量。在本章稳健性检验及进一步检验中将使用变量的度量方式也一并列出,具体如表 7-1 所示。

表 7-1 变量定义列表

变量	变量名称	变量符号	变量测量
解释变量	独立董事-CEO社会关系嵌入	Socialsim	独立董事与 CEO 在毕业学校、籍贯及工作单位上具有交集的人数与董事会总人数比值
被解释变量	业绩预告精确度误差	Precise	|(预测净利润上限-预测净利润下限)/实际净利润|
被解释变量	业绩预告准确度误差	Bias	|(预测净利润上下限均值-实际净利润)/企业当年营业收入|

续表

变量	变量名称	变量符号	变量测量
被解释变量	业绩预告自愿性披露	Voluntary	自愿性披露取值为1，强制性披露则取值为0。其中，将利润为负、扭亏为盈或报告净利润浮动的上限或下限超过50%定义为强制性披露，沪深两市的上市规则规定可免除的情况除外
	业绩预告及时性	Timely	对会计期间结束日期与业绩预告报告日期间隔天数进行五分位数打分，间隔天数越短得分越高，表明业绩预告越及时
控制变量	偿债能力	Lev	企业总负债与总资产的比值
	盈利能力	Roa	企业净利润与总资产的比值
	审计质量	Big10	是否由国内十大会计师事务所审计，是为1，否为0
	产权性质	Soe	国有企业取值为1，非国有企业取值为0
	董事会规模	Boardsize	董事会董事数量取自然对数
	管理层持股比例	Managehold	董事、监事、高管持股数量占总股数量之比
	独立董事占比	Inratio	独立董事的人数与董事会人数的比值
	独立董事工作地点	Sameplace	独立董事所在地点与公司在同一城市取值为1，否则为0
稳健性、机制检验及进一步分析所用其他变量	业绩预告自愿性披露2	Voluntary2	自愿性披露取值为1，强制性披露则取值为0。其中，将略增、略减、续盈和不确定定义为非强制性，预增、预减、首亏、续亏和扭亏定义为强制性
	业绩预告及时性2	Timely2	首次业绩预告披露在当年10月及之前的为披露及时，赋值为1；否则赋值为0。
	管理者短视主义	Myopia	企业年报的MD&A部分中表示"短期视域"的词汇数量在MD&A部分总词汇中所占比重
	媒体关注度	Mediaattention	媒体跟踪数的自然对数
	资本市场开放性	Hkss	沪深港通虚拟变量，沪深港通交易制度开启且公司纳入标的取值为1，否则为0
	融资约束	SA	融资约束SA指数
	两职合一	Dual	董事长和总经理为同一人时取值为1，否则为0

7.3.2 样本选择与数据来源

本章选取 2010—2022 年我国 A 股上市公司为研究样本。关于独立董事-CEO 社会关系嵌入的数据，本章根据 Csmar（国泰安）数据库中上市公司披露的独立董事及 CEO 简历中个人信息文件，经过逐一分析、手工整理及赋值而得。业绩预告的相关数据来自 Wind 数据库，本章采用年度业绩预告的数据进行分析。样本公司的其他指标数据来自 Csmar（国泰安）数据库，剔除金融行业、ST、*ST 及 SST、业绩预告及实际利润数据缺失、业绩预告类型为不明确和定性预测的样本，并进一步剔除独立董事-CEO 社会关系嵌入指标无法获取及控制变量数据缺失的样本，选取公司年度首次业绩预告数据，获得共 18722 个有效公司/年份观测值。具体剔除过程如表 7-2 所示。

表 7-2 样本筛选过程

筛选过程	剔除样本	剩余样本
2010—2022 年的原始样本（剔除金融行业、ST 等公司）		39890
剔除未公开披露年度业绩预告的公司样本	14572	25318
剔除业绩预告为定性披露的样本及未披露净利润数据的样本	1909	23409
剔除核心变量独立董事与 CEO 个人相关经历资料缺失的样本及控制变量缺失的样本	4687	18722

7.4 实证结果与分析

7.4.1 描述性统计

表 7-3 报告了变量描述性统计的结果。在被解释变量方面，从业绩预告及时性指标（Timely）来看，以当年 10 月是否披露为标准，2010—2022 年 A 股市场中业绩预告披露及时的公司占比为 40.1%；业绩预告准确度误差指标的均值和中位数有一定差异，分布不均匀，可能与近年来受新冠疫情影响外部环境不确定性增加有关。解释变量中，独立董事-CEO 社会关系嵌入的均值大于中位数，表明二者的校友关系、"老乡"关系及同事关系的数据分布右偏，高于均值的公司数量较多。从控制变量来看，公司基本情况和财务

情况指标的均值和中位数大部分相差不大，分布较为均匀。独立董事工作地点一致性、是否由国内十大会计师事务所审计指标的均值和中位数差异较大，表明各个企业间存在一定差异。为消除极端值的影响，对连续变量进行1%及99%分位数的缩尾处理。

表 7-3 变量描述性统计结果

变量	样本量	最小值	均值	中位数	最大值	标准差
Precise	18772	0	0.594	0.220	11.023	1.782
Bias	18772	0.003	2.639	0.296	7.271	4.066
Timely	18772	1	3.401	3	5	1.490
Voluntary	18772	0	0.364	0	1	0.481
Socialsim	18772	0	0.019	0	0.143	0.021
Lev	18772	0.047	0.404	0.388	0.947	0.212
Roa	18772	-0.308	0.036	0.062	0.360	0.182
Big10	18772	0	0.574	1	1	0.495
Soe	18772	0	0.262	0	1	0.440
Boardsize	18772	2	2.013	2	3	0.114
Managehold	18772	0	0.178	0.059	0.623	0.213
Mediaattention	18772	1.098	3.226	3.516	5.026	0.911
Inratio	18772	0.333	0.377	0.364	0.571	0.053
Sameplace	18772	0	0.413	0	1	0.492

7.4.2 基准回归检验

表7-4为本章的基准回归检验结果，第（1）列、第（2）列为独立董事-CEO社会关系嵌入对业绩预告精确度及准确度的影响的检验结果，Socialsim的系数为负但并不显著，表明独立董事-CEO的社会关系嵌入对业绩预告精确度及准确度并不存在显著的影响，假设H7-1及假设H7-2未能得到验证。可能的原因是：独立董事-CEO社会关系嵌入同时存在两种效应，即独立董事的咨询建议职能得到增强的同时却弱化了监督职能。Schmidt

(2015)的研究发现，当董事会更强调发挥咨询建议职能时，二者的社会关系嵌入会在并购中为企业带来更丰厚的收益，当董事会更需要发挥监督职能时，结果却截然相反。本书的研究对象为A股市场的全样本公司，无法有效针对公司不同需求区分咨询建议职能的潜在价值更高还是监督职能的潜在价值更高，因而在对业绩预告的精确度及准确度影响上未能体现出统计学上的显著性。第（3）列、第（4）列为独立董事-CEO社会关系嵌入对业绩预告披露自愿性与及时性的影响的检验结果，Socialsim的回归系数均在5%的水平上显著为正，表明独立董事-CEO社会关系嵌入对业绩预告披露自愿性与及时性具有显著的提升作用，假设H7-3及假设H7-4得到验证。

表7-4 独立董事-CEO社会关系嵌入与管理层业绩预告基准回归检验结果

变量	(1) Bias	(2) Precise	(3) Voluntary	(4) Timely
Socialsim	−0.257	−0.009	0.121**	4.708**
	(−0.79)	(−0.50)	(2.09)	(2.26)
Lev	0.016	0.092***	−3.476***	−0.515
	(0.25)	(35.51)	(−13.13)	(−1.61)
Roa	−1.624***	0.007**	5.042***	−1.095***
	(−14.44)	(2.10)	(14.18)	(−6.05)
Big10	0.007	−0.001	0.003	0.012
	(0.37)	(−0.60)	(0.05)	(0.12)
Soe	−0.065**	0.002	0.404*	−0.482*
	(−2.19)	(0.60)	(1.91)	(−1.87)
Boardsize	0.009	0.002	−0.571	0.287
	(0.11)	(0.85)	(−1.38)	(0.62)
Managehold	−0.049	−2.071**	0.310	−0.873**
	(−0.98)	(2.14)	(0.13)	(−2.56)
Mediaattention	0.092	−0.101**	−0.118	−0.143*
	(1.38)	(2.29)	(−0.31)	(−1.86)

续表

变量	(1) Bias	(2) Precise	(3) Voluntary	(4) Timely
Inratio	0.010	−0.001	−0.822	0.506
	(0.06)	(−0.59)	(−1.13)	(0.54)
Sameplace	−0.0140	−0.002**	0.089	−0.127
	(−0.78)	(−2.15)	(1.40)	(−1.46)
常数项	1.720***	0.045***	1.562***	−3.673***
	(4.99)	(3.13)	(5.02)	(−6.68)
年份	控制	控制	控制	控制
行业	控制	控制	控制	控制
样本量	18772	18772	18772	18772
Adj. R^2/pseudo R^2	0.147	0.157	0.196	0.175

注：***、**、*分别代表在1%、5%、10%的水平上显著，本章下表同。

7.4.3 稳健性及内生性检验

7.4.3.1 稳健性检验——替换变量

替换被解释变量：本章对基准回归中所用到的业绩预告披露自愿性（Voluntary）和及时性（Timely）采用其他方法重新进行度量（因基准回归中业绩预告精确度和准确度不显著，故后续不再做进一步研究，下同）。①业绩预告披露自愿性（Voluntary2），本章借鉴王彦慧和傅仁辉（2022）对披露自愿性的度量方式，自愿性披露取值为1，强制性披露则取值为0。其中，将略增、略减、续盈和不确定定义为非强制性，预增、预减、首亏、续亏和扭亏定义为强制性。②业绩预告披露及时性（Timely2），本章借鉴宋云玲和宋衍蘅（2022）的研究，将企业年度首次业绩预告披露在当年10月及之前的定为披露及时，赋值为1，否则赋值为0。将重新度量的指标带入主回归模型中，结果如表7-5第（1）、第（2）列所示，核心变量（Socialsim）的回归系数仍然显著，符号也与基准回归一致。

替换解释变量：本章对基准回归中所用到的独立董事-CEO社会关系嵌

入采用其他方法进行度量,具体为,将独立董事与 CEO 在毕业学校、籍贯及工作单位上具有共同性的人数占企业全部独立董事的比值定义为新的解释变量(Socialsim2)。将重新度量的指标带入主回归模型中,结果如表 7-5 第(3)列、第(4)列所示,核心变量的回归系数仍然显著,符号也与基准回归一致。

表 7-5 替换变量后的检验结果

变量	替换被解释变量		替换解释变量	
	(1) Voluntary2	(2) Timely2	(3) Voluntary	(4) Timely
Socialsim	0.147**	4.779**		
	(2.12)	(2.37)		
Socialsim2			0.178***	4.234**
			(3.44)	(2.36)
Lev	-3.414***	-0.781**	-3.251***	-1.310***
	(-12.85)	(-2.54)	(-10.64)	(-3.36)
Roa	4.948***	-1.079***	4.896***	-1.239***
	(13.94)	(-6.17)	(12.84)	(-6.25)
Big10	0.006	-0.019	-0.008	0.088
	(0.13)	(-0.21)	(-0.10)	(0.80)
Soe	0.388*	-0.187	0.454**	-0.277
	(1.83)	(-0.75)	(1.98)	(-0.95)
Boardsize	-0.503	-0.023	-0.400	0.312
	(-1.21)	(-0.05)	(-1.36)	(0.72)
Managehold	0.308	-0.648**	0.438	-0.493
	(0.04)	(-2.02)	(0.81)	(0.79)
Mediaattention	-0.120	-0.119	-0.091	-0.184***
	(-0.36)	(-1.59)	(-0.32)	(-2.81)
Inratio	-1.903**	-0.289	0.011	-0.005
	(-2.54)	(-0.31)	(1.21)	(-0.39)

续表

变量	替换被解释变量		替换解释变量	
	(1) Voluntary2	(2) Timely2	(3) Voluntary	(4) Timely
Sameplace	0.0806	-0.125	-0.765	-0.682
	(1.25)	(-1.51)	(-0.91)	(-0.62)
常数项	1.349***	-2.742***	1.622***	-2.574***
	(4.82)	(-5.14)	(3.22)	(-3.45)
年份	控制	控制	控制	控制
行业	控制	控制	控制	控制
样本量	18772	18772	18772	18772
Adj. R^2/pseudoR^2	0.184	0.153	0.137	0.177

7.4.3.2 内生性检验——滞后一期变量

本章采用解释变量的一阶滞后来重新检验独立董事-CEO 社会关系嵌入对业绩预告披露自愿性与及时性的影响，以一定程度地缓解因果关系引起的内生性问题。将重新度量的指标（L. Socialsim）带入主回归模型中，检验结果如表 7-6 所示，核心变量（L. Socialsim）的系数仍然显著，符号也与基准回归一致。

表 7-6 滞后一期变量的检验结果

变量	(1) Voluntary	(2) Timely
L. Socialsim	0.646***	4.594*
	(3.40)	(1.81)
Lev	-2.904***	-0.674
	(-8.98)	(-1.55)
Roa	4.853***	-1.195***
	(11.77)	(-5.36)

续表

变量	(1) Voluntary	(2) Timely
Big10	0.064	0.152
	(0.73)	(1.19)
Soe	0.602**	-0.318
	(2.50)	(-0.92)
Boardsize	-0.808***	0.268
	(-2.66)	(0.56)
Managehold	0.361	-0.765*
	(0.63)	(-1.93)
Mediaattention	-0.063	-0.202*
	(-0.20)	(-1.77)
Inratio	0.013	-0.028*
	(1.24)	(-1.94)
Sameplace	-0.595	-0.837
	(-0.67)	(-0.66)
常数项	1.752***	-2.470***
	(4.22)	(-4.38)
年份	控制	控制
行业	控制	控制
样本量	14567	14567
Adj. R^2/pseudo R^2	0.188	0.185

7.4.3.3 内生性检验——加入遗漏变量

为排除可能的替代性解释，本书在基准回归的基础上加入与业绩预告可能相关的其他变量。①加入省份固定效应（Province）。一般企业不会轻易更换省份，且省份是不随时间的推移而改变的重要变量。本章借鉴施炳展和李建桐（2020）的做法，在主回归控制年份和行业固定效应的基础上，进一步控制省份固定效应。②加入公司业务复杂度（Age）。业务复杂度较高的公司，其业绩预告的难度通常也会较大。本章参照李瑞敬等（2022）的做法，以企业年龄作为公司业务复杂度的代理变量，公司成立时间越久，业务复杂度越高。③加入机构投资者持股（Investhold）。机构投资者在资本市场的运行中具有不可或缺的作用，相较于其他投资者而言，其对管理层业绩预告也具有更高的关注度。本章借鉴杨道广等（2020）的相关研究，以机构投资者持股股数与流通股股数的比值来衡量机构投资者持股。在控制省份固定效应的基础上，加入 Investhold 指标。在原有模型中同时加入三个遗漏变量，其他变量保持不变，回归结果如表 7-7 所示，核心变量的回归系数和符号均与基准回归一致。

表 7-7 加入遗漏变量的检验结果

变量	加入省份（Province）		加入业务复杂度（Age）		加入机构投资者持股（Investhold）	
	（1）Voluntary	（2）Timely	（3）Voluntary	（4）Timely	（5）Voluntary	（6）Timely
Socialsim	0.174**	3.208**	0.352***	3.297***	0.514**	3.315***
	(2.12)	(2.19)	(5.20)	(3.05)	(2.02)	(3.01)
Lev	-3.414***	0.217	-3.443***	0.365	-3.442***	0.310
	(-12.85)	(0.25)	(-12.87)	(0.89)	(-12.87)	(0.65)
Roa	4.948***	0.130	4.910***	0.145	4.642***	0.120
	(13.94)	(0.71)	(13.75)	(0.67)	(12.94)	(0.42)
Big10	0.005	-0.104	0.0128	-0.177	0.008	-0.153
	(0.13)	(-1.07)	(0.17)	(-1.36)	(0.11)	(-1.07)
Soe	0.388*	-0.726**	0.405*	-0.901**	0.373*	-0.835**
	(1.83)	(-2.04)	(1.90)	(-2.19)	(1.76)	(-2.26)
Boardsize	-0.647***	0.515	-0.664***	0.809	-0.622	0.834
	(-2.60)	(1.39)	(-2.66)	(1.19)	(-1.49)	(1.12)
Managehold	0.502	-0.504	0.466	-0.678	0.0161	-0.784
	(1.21)	(-0.73)	(1.12)	(-0.90)	(0.07)	(-0.93)

续表

变量	加入省份(Province)		加入业务复杂度(Age)		加入机构投资者持股(Investhold)	
	(1) Voluntary	(2) Timely	(3) Voluntary	(4) Timely	(5) Voluntary	(6) Timely
Mediaattention	-0.108	-0.206*	-0.083	-0.308*	-0.017	-0.246*
	(-0.04)	(-1.78)	(-0.35)	(-1.89)	(-0.29)	(-1.93)
Seperation	-0.0201	-0.006	-0.0204	-0.007	0.008	-0.004
	(-0.36)	(-0.35)	(-0.36)	(-0.67)	(1.02)	(-0.28)
Inratio	0.008	1.786	0.00856	1.389	-0.832	1.446
	(1.08)	(1.13)	(1.04)	(1.08)	(-1.13)	(1.01)
Sameplace	-1.901**	-0.108	-1.925**	-0.090	0.083	-0.098
	(-2.54)	(-0.95)	(-2.55)	(-0.55)	(1.28)	(-0.75)
Age			-0.648***	-0.198***	-0.898***	-0.349***
			(-3.83)	(-3.49)	(-3.34)	(9.02)
Investhold					-0.605**	-0.215
					(-2.40)	(-0.39)
常数项	1.563***	-2.309***	1.852***	-2.560***	1.752***	-2.470***
	(3.68)	(-4.08)	(3.56)	(-5.19)	(4.22)	(-4.38)
年份	控制	控制	控制	控制	控制	控制
行业	控制	控制	控制	控制	控制	控制
省份	控制	控制	控制	控制	控制	控制
样本量	18772	18772	18772	18772	18772	18772
Adj. R²/pseudo R²	0.145	0.168	0.178	1.182	0.188	0.185

7.4.3.4 内生性检验——采用工具变量

为了防止本章的研究结果存在潜在的内生性问题，我们使用工具变量法对主效应进行检验。本章结合前文的分析采用同地区、同行业剔除本企业的独立董事-CEO社会关系嵌入均值指标（Iv_Centrality）作为独立董事社会网络嵌入指标的工具变量。原因是根据解释变量独立董事社会网络嵌入的特点及第3章中对独立董事-CEO社会关系嵌入的实践特征的统计分析，管理层业绩预告指标呈现一定的随时间变化的趋势，不适宜采用同年份、同行业剔除本企业的均值作为工具变量。而同地区、同行业剔除本企业的独立董事-CEO社会关系嵌入不包含本企业自身的独立董事-CEO社会关系嵌入，但企业情况具有一定的相似性，彼此间的模仿效应会对本企业的独立董事-CEO社会关系嵌入产生一定影响，同时又不影响本企业的业绩预告披露情况，因而选择采用同地区、同行业剔除本企业的均值指标。

结构模型构建及变量特征，本章采用Ivregress2两阶段估计（2SLS）方法，回归结果如表7-8所示。在第一阶段的回归中，即表中第（1）列、第（3）列，独立董事-CEO社会关系嵌入的工具变量Iv_Socialsim显著影响独立董事-CEO社会关系嵌入指标，两者之间的相关关系在1%的水平上显著为正。在第二阶段的回归中，即表中第（2）列、第（4）列，解释变量Socialsim的回归系数分别在5%及1%的水平上显著，并且符号与主回归结果一致，表明本章研究得出的独立董事-CEO社会关系嵌入影响管理层业绩预告披露的原有结论稳健可靠。

表7-8 采用工具变量后的检验结果

变量	第一阶段 （1） Socialsim	第二阶段 （2） Voluntary	第一阶段 （3） Socialsim	第二阶段 （4） Timely
Iv_Socialsim	0.619*** (4.05)		0.619*** (4.05)	
Socialsim		0.417** (2.14)		4.054*** (3.15)
Lev	−0.001 (−1.03)	−0.376*** (−13.52)	−0.001 (−1.57)	−0.068 (−1.64)
Roa	0.001 (0.16)	0.386*** (19.48)	0.000 (0.16)	−0.077*** (−2.75)

续表

变量	第一阶段 (1) Socialsim	第二阶段 (2) Voluntary	第一阶段 (3) Socialsim	第二阶段 (4) Timely
Big10	0.001	0.017*	0.001	0.041***
	(0.14)	(1.85)	(0.22)	(2.91)
Soe	-0.001*	-0.127***	-0.001***	-0.138***
	(-1.85)	(-9.47)	(-2.89)	(-6.98)
Boardsize	-0.001	0.017	-0.001	-0.048
	(-0.25)	(0.46)	(-0.32)	(-0.87)
Managehold	0.401	0.254**	0.401	-0.893***
	(0.79)	(-2.31)	(0.79)	(-2.69)
Mediaattention	-0.201	-0.121	-0.201	-0.116***
	(-0.15)	(-0.36)	(-0.15)	(-3.18)
Inratio	0.016***	-0.263***	0.016***	-0.269*
	(3.08)	(-2.82)	(4.79)	(-1.88)
Sameplace	0.001***	0.083***	0.001***	0.078***
	(2.98)	(8.88)	(4.22)	(5.50)
常数项	-0.004	0.959***	-0.004	0.536***
	(-0.74)	(7.82)	(-1.18)	(2.89)
年份	控制	控制	控制	控制
行业	控制	控制	控制	控制
样本量	18772	18772	18772	18772
Adj. R^2/Pseudo R^2	0.022	0.106	0.022	0.108

7.5 进一步分析

7.5.1 影响机制检验

7.5.1.1 管理者短视主义

由于本章的研究重点为独立董事-CEO 社会关系嵌入，因此与前两章所考虑的影响机制不同，就企业内部而言，本章更多从管理者的机会主义动机出发。管理者对公司的经营决策至关重要，在管理层业绩预告中更具有举足轻重的作用。然而研究表明，管理者所面临的诉讼风险通常不高，他们的利益及信息披露偏好可能与股东存在一定差异，并具有最大化自身利益的动机（李欢和罗婷，2016）。与企业长期的可持续发展和利益相比，管理者可能更加关注自身可获取的短期利益（胡楠等，2021），从而产生短视主义行为并影响业绩预告披露的积极性与及时性。关于管理者短视主义指标（Myopia）的构建，本章借鉴胡楠等（2021）的相关研究，结合已有的英文"短期视域"的词汇及中文的语言表达习惯调整并扩充中文"短期视域"的词集，采用文本分析方法，对企业年报中 MD&A 部分的文本进行处理，并计算其中表示"短期视域"的词汇总数，以该词汇总数与 MD&A 部分词汇总数的比值乘以 100 后得到管理者短视主义指标。该指标越大，表征管理层短视主义行为越严重。本章通过机制检验，进一步考察独立董事-CEO 社会关系嵌入对业绩预告披露自愿性与及时性产生影响的路径，探究管理者短视主义在其中是否会发生作用。

第一，为了检验管理者短视主义在独立董事-CEO 社会关系嵌入与业绩预告披露自愿性关系中的中介作用，建立如下模型：

$$Voluntary_{it} = \beta_0 + \beta_1 Socialsim_{it} + \beta_2 Controls_{it} + \sum Indus + \sum Year + \varepsilon_{it}$$
$$(7-5a)$$

$$Myopia_{it} = \beta_0 + \beta_1 Socialsim_{it} + \beta_2 Controls_{it} + \sum Indus + \sum Year + \varepsilon_{it}$$
$$(7-5b)$$

$$Voluntary_{it} = \beta_0 + \beta_1 Socialsim_{it} + \beta_2 Myopia_{it} + \beta_2 Controls_{it} + \sum Indus + \sum Year + \varepsilon_{it}$$
$$(7-5c)$$

第二，为了检验管理者短视主义在独立董事-CEO 社会关系嵌入与业绩预告披露及时性关系中的中介作用，建立如下模型：

$$\text{Timely}_{it} = \beta_0 + \beta_1 \text{Socialsim}_{it} + \beta_2 \text{Controls}_{it} + \sum \text{Indus} + \sum \text{Year} + \varepsilon_{it}$$

(7-6a)

$$\text{Myopia}_{it} = \beta_0 + \beta_1 \text{Socialsim}_{it} + \beta_2 \text{Controls}_{it} + \sum \text{Indus} + \sum \text{Year} + \varepsilon_{it}$$

(7-6b)

$$\text{Timely}_{it} = \beta_0 + \beta_1 \text{Socialsim}_{it} + \beta_2 \text{Controls}_{it} + \beta_2 \text{Controls}_{it} + \sum \text{Indus} + \sum \text{Year} + \varepsilon_{it}$$

(7-6c)

本章采用路径检验的三步法，检验结果如表7-9所示。第（1）至（3）列为针对管理者短视主义在独立董事-CEO社会关系嵌入对业绩预告自愿性披露的影响中是否存在中介作用的检验，对应模型7-5a至模型7-5c。第（1）列与基准回归结果一致，第（2）列的回归结果显示独立董事-CEO社会关系嵌入（Socialsim）对管理者短视主义（Myopia）的回归系数为负并在5%的水平上显著，表明独立董事-CEO社会关系嵌入抑制了管理者短视主义。在第（3）列中Socialsim的回归系数为正，Myopia的回归系数为负，并分别在5%及1%的水平上显著，表明在独立董事-CEO社会关系嵌入与业绩预告披露自愿性的关系中，管理者短视主义发挥了部分中介作用。表7-9第（4）至（6）列为针对管理者短视主义在独立董事-CEO社会关系嵌入对管理层业绩预告披露及时性的影响中是否存在中介作用的检验，对应模型7-6a至模型7-6c。在第（5）列中，独立董事-CEO社会关系嵌入（Socialsim）对管理者短视主义（Myopia）的回归系数为负，并在5%的水平上显著，表明独立董事-CEO社会关系嵌入抑制了管理者短视主义。在第（6）列中，Socialsim的回归系数为正，Myopia的回归系数为负，并分别在5%及1%的水平上显著，表明在独立董事-CEO社会关系嵌入与管理层业绩预告披露及时性的关系中，管理者短视主义发挥了部分中介作用。综上所述，本章的分析证实独立董事-CEO社会关系嵌入通过抑制管理者短视主义而提高了业绩预告披露的自愿性与及时性。

表7-9 抑制管理者短视主义中介效应检验（Panel A）结果

变量	Voluntary 自愿性披露			Timely 及时性披露		
	(1) Voluntary	(2) Myopia	(3) Voluntary	(4) Timely	(5) Myopia	(6) Timely
Socialsim	0.121**	-0.229**	0.808**	4.708**	-0.229**	5.070**
	(2.09)	(-2.17)	(2.19)	(2.26)	(-2.17)	(2.40)
Myopia			-7.791***			-1.039***
			(-21.32)			(-12.08)
Lev	-3.476***	3.527***	-1.407**	-0.515	3.527***	-0.955***
	(-13.13)	(13.48)	(-2.16)	(-1.61)	(13.48)	(-2.96)
Roa	5.042***	-4.220***	4.638***	-1.095***	-4.220***	-0.994***
	(14.18)	(-12.38)	(5.13)	(-6.05)	(-12.38)	(-5.42)
Big10	0.003	0.011	-0.001	0.012	0.011	0.014
	(0.05)	(0.15)	(-0.01)	(0.12)	(0.15)	(0.14)
Soe	0.404*	-0.299	0.755	-0.482*	-0.299	-0.487*
	(1.91)	(-1.42)	(1.54)	(-1.87)	(-1.42)	(-1.85)
Boardsize	-0.571	0.552	-2.158	0.287	0.552	0.205
	(-1.38)	(1.41)	(-1.56)	(0.62)	(1.41)	(0.43)
Managehold	0.310	-0.0892	0.297	-0.873**	-0.0892	-0.978***
	(0.13)	(-0.38)	(0.47)	(-2.56)	(-0.38)	(-2.81)
Mediaattention	-0.118	0.007	0.173	-0.143*	0.007	-0.170**
	(-0.31)	(0.14)	(1.29)	(-1.86)	(0.14)	(-2.15)
Inratio	-0.822	0.576	-0.392	0.506	0.576	0.291
	(-1.13)	(0.80)	(-0.20)	(0.54)	(0.80)	(0.30)
Sameplace	0.089	-0.065	0.139	-0.127	-0.065	-0.111
	(1.40)	(-1.04)	(0.87)	(-1.46)	(-1.04)	(-1.27)
常数项	1.562***	0.687***	0.764***	-3.673***	0.687***	1.842***
	(5.02)	(3.08)	(3.06)	(-6.68)	(3.08)	(4.51)
年份	控制	控制	控制	控制	控制	控制
行业	控制	控制	控制	控制	控制	控制

续表

变量	Voluntary 自愿性披露			Timely 及时性披露		
	（1）Voluntary	（2）Myopia	（3）Voluntary	（4）Timely	（5）Myopia	（6）Timely
样本量	17772	17772	17772	17772	17772	17772
Adj. R^2/Pseudo R^2	0.196	0.165	0.150	0.175	0.165	0.148

此外，采用 Bootstrap 方法进行 1000 次重复随机抽样的检验结果如表 7-10 所示，间接效应的结果在 95% 置信区间内不包含 0，由此证明了上述结果的稳定性。另外，借鉴江艇（2022）的 Sobel 中介效应检验的结果显示，中介变量 Myopia 系数的 Z 值均>2，P 值均<0.005，也再次证明了该中介效应的存在。

表 7-10 抑制管理者短视主义中介效应检验：Bootstrap 间接效应检验及 Sobel 检验结果（Panel B）

作用路径	95%置信区间	Z 值	P>|z|
Socialsim→Myopia→Voluntary	[0.0510, 0.6602]	3.172	0.001
Socialsim→Myopia→Timely	[0.0013, 0.0321]	4.145	0.001

7.5.1.2 媒体关注度中介效应检验

媒体的关注会给企业带来监督压力，从而产生潜在的外部治理效应，也会对被关注企业的管理层业绩预告行为产生一定影响（王丹等，2020）。尽管政策制度对除中小板及创业板之外的 A 股公司披露业绩预告的时间要求较为宽松，但及时披露业绩预告仍被外部利益相关者认为是企业经营管理良好的表现，能向市场传递积极信号。本章根据媒体跟踪报道数的自然对数构建媒体关注度指标（Mediaattention），通过机制检验，进一步考察独立董事-CEO 社会关系嵌入对业绩预告披露自愿性与及时性产生影响的路径，探究媒体关注在二者关系中是否会发生作用。

第一，为了检验媒体关注度在独立董事-CEO 社会关系嵌入与业绩预告披露自愿性关系中的中介作用，建立如下模型：

$$\text{Voluntary}_{it} = \beta_0 + \beta_1 \text{Socialsim}_{it} + \beta_2 \text{Controls}_{it} + \sum \text{Indus} + \sum \text{Year} + \varepsilon_{it} \quad (7-7a)$$

$$\text{Mediaattention}_{it} = \beta_0 + \beta_1 \text{Socialsim}_{it} + \beta_2 \text{Controls}_{it} + \sum \text{Indus} + \sum \text{Year} + \varepsilon_{it} \quad (7-7b)$$

$$\text{Voluntary}_{it} = \beta_0 + \beta_1 \text{Socialsim}_{it} + \beta_2 \text{Mediaattention}_{it} + \beta_3 \text{Controls}_{it} + \sum \text{Indus} + \sum \text{Year} + \varepsilon_{it} \quad (7-7c)$$

第二，为了检验媒体关注度在独立董事-CEO 社会关系嵌入与业绩预告披露及时性关系中的中介作用检验，建立如下模型：

$$\text{Timely}_{it} = \beta_0 + \beta_1 \text{Socialsim}_{it} + \beta_2 \text{Controls}_{it} + \sum \text{Indus} + \sum \text{Year} + \varepsilon_{it} \quad (7-8a)$$

$$\text{Mediaattention}_{it} = \beta_0 + \beta_1 \text{Socialsim}_{it} + \beta_2 \text{Controls}_{it} + \sum \text{Indus} + \sum \text{Year} + \varepsilon_{it} \quad (7-8b)$$

$$\text{Voluntary}_{it} = \beta_0 + \beta_1 \text{Socialsim}_{it} + \beta_2 \text{Mediaattention}_{it} + \beta_3 \text{Controls}_{it} + \sum \text{Indus} + \sum \text{Year} + \varepsilon_{it} \quad (7-8c)$$

本章采用路径检验的三步法，检验结果如表 7-11 所示。第（1）至（3）列为针对媒体关注度（Mediaattention）在独立董事-CEO 社会关系嵌入对业绩预告披露自愿性的影响中是否存在中介作用的检验，对应模型 7-7a 至模型 7-7c。其中，第（1）列回归结果与主回归一致，第（2）列的回归结果显示独立董事-CEO 社会关系嵌入（Socialsim）对媒体关注度（Mediaattention）的回归系数在 5% 的水平下显著为正。第（3）列中 Socialsim 的回归系数符号与主回归一致且都在 5% 的水平上显著，而 Mediaattention 的回归系数显著异于零,在5%的水平上显著为正,表明在独立董事-CEO社会关系嵌入与业绩预告披露自愿性的关系中,媒体关注度发挥了部分中介作用。第(4)至(6)列为针对媒体关注度(Mediaattention)在独立董事-CEO社会关系嵌入对业绩预告披露及时性的影响中是否存在中介作用的检验,对应模型7-8a至模型7-8c。其中,第(4)列回归结果与主回归一致,第(5)列的回归结果显示独立董事-CEO社会关系嵌入(Socialsim)对媒体关注度(Mediaattention)的回归系数在5%的水平上显著,第(6)列中Socialsim的回归系数符号与主回归一致,且均在5%的水平上显著,而Mediaattention的回归系数显著异于零,且在1%的水平上显著。表明在独立董事-CEO社会关系嵌入与业绩预告披露及时性的关系中,媒体关注度发挥了部分中介作用。

表7-11 媒体关注度的中介效应检验(Panel A)结果

变量	Voluntary 自愿性披露			Timely 及时性披露		
	(1) Voluntary	(2) Mediaattention	(3) Voluntary	(4) Timely	(5) Mediaattention	(6) Timely
Socialsim	0.121**	0.531**	0.254**	4.708**	0.531**	5.343**
	(2.09)	(2.24)	(2.13)	(2.26)	(2.24)	(2.54)
Mediaattention			0.190**			0.174***
			(2.22)			(3.14)
Lev	-3.476***	0.099***	-0.556***	-0.515	0.099***	-0.604*
	(-13.13)	(2.60)	(-5.11)	(-1.61)	(2.60)	(-1.87)
Roa	5.042***	0.029	-0.771***	-1.095***	0.029	-1.106***
	(14.18)	(0.88)	(-6.95)	(-6.05)	(0.88)	(-6.07)
Big10	0.003	-0.010	0.047***	0.012	-0.010	0.032
	(0.05)	(-0.84)	(4.12)	(0.12)	(-0.84)	(0.33)
Soe	0.404*	-0.228***	-0.510***	-0.482*	-0.228***	-0.463*
	(1.91)	(-12.35)	(-10.12)	(-1.87)	(-12.35)	(-1.79)

续表

变量	Voluntary 自愿性披露			Timely 及时性披露		
	(1) Voluntary	(2) Mediaattention	(3) Voluntary	(4) Timely	(5) Mediaattention	(6) Timely
Boardsize	−0.571	0.044	−0.519***	0.287	0.044	0.281
	(−1.38)	(0.64)	(−3.25)	(0.62)	(0.64)	(0.61)
Managehold	0.310	0.054	0.266*	−0.873**	0.054	−0.857**
	(0.13)	(1.62)	(−1.79)	(−2.56)	(1.62)	(−2.47)
Mediaattention	−0.118	−0.025***	−0.075*	−0.143*	−0.025***	−0.150*
	(−0.31)	(−5.60)	(1.85)	(−1.86)	(−5.60)	(−1.92)
Inratio	−0.822	0.435***	−1.566***	0.506	0.435***	0.915
	(−1.13)	(3.49)	(−4.74)	(0.54)	(3.49)	(0.95)
Sameplace	0.089	−0.025**	−0.107***	−0.127	−0.025**	−0.134
	(1.40)	(−2.07)	(−2.97)	(−1.46)	(−2.07)	(−1.53)
常数项	1.562***	−0.193	−3.581***	−3.673***	−0.193	−3.414***
	(5.02)	(−0.78)	(−6.49)	(−6.68)	(−0.78)	(−6.18)
年份	控制	控制	控制	控制	控制	控制
行业	控制	控制	控制	控制	控制	控制
样本量	18772	18772	18772	18772	18772	18772
Adj. R^2/ Pseudo R^2	0.196	0.486	0.176	0.175	0.486	0.178

此外，采用 Bootstrap 方法进行重复随机抽样的检验结果如表 7-12 所示，间接效应的结果在 95% 置信区间内不包含 0，由此证明了上述结果的稳定性。另外，借鉴江艇（2022）的 Sobel 中介效应检验的结果显示，中介变量 Mediaattention 系数的 Z 值均>2，P 值均<0.005，也再次证明了该中介效应的存在。

表 7-12　媒体关注度中介效应检验——Bootstrap 间接效应检验结果
（Panel B）

作用路径	95%置信区间	Z 值	P>|z|
Socialsim→Mediaattention→Voluntary	[−0.1031, −0.2070]	4.237	0.001
Socialsim→Mediaattention→Timely	[−0.1121, −0.2232]	4.067	0.001

7.5.2 异质性检验

7.5.2.1 基于外部环境的异质性检验——资本市场开放性

沪深港通交易制度的实施引入了大量境外投资者，研究表明，该制度对于标的公司治理水平的提高及业绩预告披露会产生一定影响（孙晶慧等，2022）。本章借鉴孙晶慧等（2022）的相关研究，以沪深港通交易开放与否构建 Hkss 虚拟变量，开启则赋值为 1，否则赋值为 0，就独立董事-CEO 社会关系嵌入对业绩预告披露自愿性与及时性的影响进行分组检验，检验结果如表 7-13 所示。第（1）列、第（2）列为独立董事-CEO 社会关系嵌入对业绩预告披露自愿性的影响的分组检验结果，在第（1）列沪深港通交易开放的组中，独立董事-CEO 社会关系嵌入（Socialsim）的回归系数为正，但并不显著；而在第（2）列沪深港通交易未开放的组中，独立董事-CEO 社会关系嵌入（Socialsim）的系数为正，且在 5%的水平上显著。以上结果说明，在沪深港通交易未开放的上市公司中，独立董事-CEO 社会关系嵌入能够起到非正式制度的治理作用，与外部正式制度形成互补，提高管理层业绩预告披露的自愿性。第（3）列、第（4）列为独立董事-CEO 社会关系嵌入对业绩预告披露及时性的影响的分组检验结果，在第（3）列沪深港通交易开放的组中，独立董事-CEO 社会关系嵌入（Socialsim）的回归系数为正，但并不显著；而在第（4）列沪深港通交易未开放的组中，独立董事-CEO 社会关系嵌入（Socialsim）的回归系数为正，并在 10%的水平上显著。以上结果说明，在沪深港通交易未开放的上市公司中，独立董事-CEO 社会关系嵌入能够起到非正式制度的治理作用，与外部正式制度形成互补，提高管理层业绩预告披露的及时性。该结果说明社会关系这种非正式制度，在正式制度不健全的地区更能发挥作用。然而，在进行 SUE 组间系数差异检验时发现，P 值为 0.029 及 0.434，表明 Hkss 分组检验的差异在披露自愿性组中具有统计学上的显著性，而在披露及时性组中在统计上并不显著。另外，本章还使用了"市场化总指数""市场中介组织发育程度及法律制度环境"指标作为分组检验的依据，结论并未发生改变。

表 7-13 资本市场开放性异质性检验

变量	Hkss 开放 (1) Voluntary	Hkss 未开放 (2) Voluntary	Hkss 开放 (3) Timely	Hkss 未开放 (4) Timely
Socialsim	1.155	2.895**	3.624	6.963*
	(1.04)	(2.11)	(1.49)	(1.71)
Lev	−2.253***	−2.834***	−0.297	−1.026
	(−16.66)	(−4.70)	(−0.78)	(−1.59)
Roa	5.138***	7.010***	−0.899***	−1.705***
	(22.82)	(7.76)	(−4.09)	(−4.85)
Big10	0.085*	−0.015	0.066	−0.082
	(1.95)	(−0.10)	(0.57)	(−0.44)
Soe	−0.453***	0.148	−0.313	−0.869
	(−7.53)	(0.31)	(−1.05)	(−1.61)
Boardsize	−0.379*	1.720	0.356	−0.778
	(−1.90)	(0.88)	(0.74)	(−0.56)
Managehold	0.270	0.532	−0.334	−0.664***
	(−0.61)	(0.99)	(−0.85)	(−3.66)
Mediaattention	−0.051***	−0.066	−0.119	−0.228
	(3.37)	(−0.53)	(−1.31)	(−1.47)
Inratio	−0.802*	−2.026	1.278	0.108
	(−1.89)	(−1.24)	(1.14)	(0.06)
Sameplace	0.151***	0.083	−0.150	−0.093
	(3.48)	(0.60)	(−1.47)	(−0.55)

续表

变量	Hkss 开放 (1) Voluntary	Hkss 未开放 (2) Voluntary	Hkss 开放 (3) Timely	Hkss 未开放 (4) Timely
年份	控制	控制	控制	控制
行业	控制	控制	控制	控制
常数项	-3.029*** (-4.05)	-2.027 (-0.67)	-2.563*** (-4.00)	-7.984*** (-4.81)
样本量	12809	5963	12809	5963
Adj. R^2/ Pseudo R^2	0.262	0.188	0.176	0.190
SUE 组间系数 差异检验	P=0.029		P=0.434	

7.5.2.2 基于企业内部环境的异质性检验——内部经营环境

对于自身融资约束较高的企业而言,由于自身的投融资能力受到限制,管理层为了确保企业现金流正常运转,可能会通过盈余管理提高业绩,以满足债务条款的要求。而融资约束程度越高,企业为了筹措资金,越有可能让业绩预告偏离真实值,降低业绩预告的质量。同时,融资约束对企业的经营绩效会造成一定影响,使其积极披露的意愿降低。而独立董事-CEO 社会关系嵌入能够促进独立董事发挥咨询建议职能,畅通的信息渠道以及多元化的信息也能够使管理层更有信心和把握披露业绩预告。本章借鉴 Hadlock 和 Pierce (2010) 及鞠晓生等 (2013) 的计算方法,采取 SA 指数度量企业面临的融资约束情况,SA 指数值为负且绝对值越大,表示企业融资约束程度越大。本章按照企业融资约束水平进行中位数分组检验,结果如表 7-14 所示。在融资约束较高的组中,即表 7-14 第 (1) 列和第 (3) 列,解释变量 Socialsim 的系数均显著且符号与基准回归一致,表明在融资约束程度较高的企业中,独立董事-CEO 社会关系嵌入能够正向影响业绩预告披露的自愿性与及时性;而在融资约束水平较低的组中,即表 7-14 第 (2) 列和第 (4)

列,解释变量 Socialsim 的系数均不显著。说明独立董事-CEO 社会关系嵌入也能够在企业经营情况欠佳时起到提升业绩预告披露意愿和及时性的效应。此外,组间系数差异检验 SUE 的结果显示,各组别的差异统计上也具有显著性。

表 7-14 融资约束异质性检验

变量	融资约束高 (1) Voluntary	融资约束低 (2) Voluntary	融资约束高 (3) Timely	融资约束低 (4) Timely
Socialsim	3.252**	1.877	3.530***	-0.987
	(2.17)	(1.65)	(3.79)	(-0.03)
Lev	-2.809***	-3.288***	-0.525	-0.551
	(-7.49)	(-8.11)	(-1.01)	(-1.19)
Roa	5.111***	5.601***	-1.650***	-0.701***
	(9.85)	(10.34)	(-5.30)	(-2.92)
Big10	-0.001	0.102	0.023	0.151
	(-0.01)	(0.89)	(0.15)	(1.05)
Soe	0.958***	-0.068	-1.043**	-0.063
	(2.87)	(-0.21)	(-2.16)	(-0.19)
Boardsize	-0.428	-0.499	0.052	1.065
	(-0.66)	(-0.65)	(0.06)	(1.55)
Managehold	0.233	0.151	-0.406	-0.307***
	(1.25)	(0.49)	(-0.57)	(-2.92)
Mediaattention	-0.132	-0.128	-0.176	-0.235**
	(-0.26)	(-0.39)	(-1.00)	(-2.31)
Inratio	-0.089	-0.038	-0.831	-1.378***
	(-0.24)	(-0.10)	(-1.39)	(-2.63)
Sameplace	-0.077	-0.049	-0.047	-0.183
	(-0.91)	(-0.57)	(-0.37)	(-1.60)

续表

变量	融资约束高 （1） Voluntary	融资约束低 （2） Voluntary	融资约束高 （3） Timely	融资约束低 （4） Timely
常数项	-0.789 (-0.45)	-3.861*** (-3.22)	-6.244*** (-4.97)	-2.127*** (-4.07)
年份	控制	控制	控制	控制
行业	控制	控制	控制	控制
样本量	8823	9949	8823	9949
Adj. R^2/Pseudo R^2	0.211	0.190	0.202	0.175
SUE 组间系数差异检验	P=0.012		P=0.014	

7.5.2.3 基于企业内部环境的异质性检验——内部治理环境

CEO 与董事长两职合一通常代表了权力更为集中的领导结构，也代表了 CEO 拥有更大决策权，从而难以充分保障董事会的独立性，会削弱董事会对管理层的监管力度。本章针对独立董事-CEO 关系性嵌入对业绩预告质量的影响进行两职合一（Dual）分组检验，两职合一的公司赋值为 1，否则赋值为 0，分组检验独立董事-CEO 社会关系嵌入对业绩预告披露自愿性与及时性的影响，回归结果如表 7-15 所示。第（1）列、第（2）列为对独立董事-CEO 社会关系嵌入对业绩预告披露自愿性的影响的分组检验，在第（1）列两职合一的组中，独立董事-CEO 社会关系嵌入（Socialsim）的回归系数为正，但并不显著；而在第（2）列两职分离的组中，独立董事-CEO 社会关系嵌入（Socialsim）的回归系数为正，并在 10% 的水平上显著。第（3）列及第（4）列为独立董事-CEO 社会关系嵌入对业绩预告披露及时性的影响的分组检验，在第（3）列两职合一的组中，独立董事-CEO 社会关系嵌入（Socialsim）的回归系数为正，但并不显著；而在第（4）列两职分离的组中，独立董事-CEO 社会关系嵌入（Socialsim）的回归系数为正，并在 5%

的水平上显著。以上结果表明，在 CEO 与董事长由不同人员担任的公司中，独立董事和 CEO 的友好关系更能影响业绩预告披露的自愿性与及时性，可能原因是在两职分离的公司中董事会的独立性更强，独立董事也能够发挥更大的作用，从而对业绩预告披露的自愿性与及时性产生显著影响。此外，在进行 SUE 组间系数差异检验时发现，P 值为 0.009 及 0.011，表明 Dual 分组检验的差异在业绩预告披露自愿性与及时性两组中统计上也具有显著性。

表 7-15 两职合一异质性检验结果

变量	两职合一 (1) Voluntary	两职分离 (2) Voluntary	两职合一 (3) Timely	两职分离 (4) Timely
Socialsim	1.251 (0.56)	1.601* (1.69)	0.874 (0.24)	6.290** (2.11)
Lev	-2.794*** (-5.23)	-3.121*** (-9.16)	-0.969 (-1.30)	-0.821** (-1.98)
Roa	3.750*** (5.85)	5.124*** (11.27)	-0.839** (-2.11)	-1.381*** (-6.02)
Big10	-0.157 (-1.08)	0.016 (0.17)	-0.387* (-1.85)	0.150 (1.22)
Soe	0.621 (1.10)	0.399 (1.52)	-1.721 (-1.53)	-0.375 (-1.21)
Boardsize	-1.000 (-0.90)	-0.362 (-0.76)	14.890 (0.00)	0.200 (0.40)
Managehold	0.233 (1.25)	0.151 (0.49)	-0.406 (-0.57)	-0.307*** (-2.92)
Mediaattention	-0.132 (-0.26)	-0.128 (-0.39)	-0.176 (-1.00)	-0.235** (-2.31)
Inratio	-0.943 (-0.68)	-2.578** (-2.53)	1.177 (0.57)	1.674 (1.33)

续表

变量	两职合一 (1) Voluntary	两职分离 (2) Voluntary	两职合一 (3) Timely	两职分离 (4) Timely
Sameplace	-0.020 (-0.17)	0.097 (1.16)	-0.353** (-2.07)	-0.038 (-0.34)
常数项	-0.575 (-0.41)	-3.081*** (-4.22)	-6.746*** (-4.97)	-2.128*** (-3.38)
年份	控制	控制	控制	控制
行业	控制	控制	控制	控制
样本量	6823	11949	6823	11949
Adj. R^2/ Pseudo R^2	0.211	0.190	0.202	0.175
SUE 组间系数 差异检验	P=0.009		P=0.011	

7.6 本章小结

随着注册制在 A 股市场的全面实施，信息披露质量的重要性更加突出，业绩预告作为前瞻性财务预测信息及财务报告的补充信息，也发挥着越来越重要的作用。本章从企业内部高层关系的视角切入，检验了独立董事-CEO 社会关系嵌入对业绩预告披露的影响，并就其作用的内在机制及边界条件展开讨论。本章的研究结果表明：独立董事-CEO 社会关系嵌入对业绩预告披露自愿性与及时性的提升具有促进作用，但是对业绩预告精确度与准确度的影响并不显著。可能原因是二者的社会关系中嵌入的"中国式关系"能够减少业绩预告决策形成的阻力，提高披露的积极性与决策的速度，故而提升了业绩预告披露的自愿性与及时性；而对业绩预告精确度与准确度的影响不显著，则可能由于二者的社会关系嵌入在带来信息效应的同时也产生了"友谊的成本"，使独立董事在业绩预告中强化咨询建议职能的同时也减小了监督力度，产生了相互抵消的效应。进一步，本章在影响机制检验中发现，缓解管理者短视主义及提高媒体关注度是独立董事-CEO社会关系嵌入对业绩预告披露自愿性与及时性产生影响的可能路径。此外，本章的横截面异质性检验还发现：第一，在外部资本市场未开放的企业中主效应的影响更为显著。可能的原因是，独立董事-CEO社会关系嵌入发挥了非正式制度的治理作用，弥补了正式制度的不足。第二，在内部融资约束较高的企业中主效应的影响更为显著。可能的原因是，独立董事-CEO社会关系嵌入能够为管理层在业绩预告中提供更多、更丰富的信息，有助于独立董事咨询建议职能的发挥，提高了业绩预告披露的及时性。第三，在内部CEO与董事长两职分离的企业中主效应的影响更为显著。可能的原因是，两职分离的企业中董事会的独立性更强，独立董事更能发挥作用，从而影响管理层业绩预告披露。

本章的研究对深入理解企业内部高管间的关系在前瞻性财务信息披露中发挥作用的内部机制及边界条件提供了依据，为企业聘任独立董事提供了参考：首先，独立董事要在企业信息披露的治理和监督中发挥正向作用，一方面需要资本市场的进一步开放及企业自身健全的公司治理机制，另一方面应更多关注独立董事的异质性特征，而这些特征也包括其与管理层的个人关系。其次，在业绩预告的决策中应充分重视管理层与董事会的探讨交流，尤其是CEO与独立董事的沟通，而且这种沟通不应只局限于正式会议，频繁的私人沟通更有利于提高管理层信息披露的真实性与完整性，提高信息在高层间传递的质量与效率。再次，在业绩预告形成的过程中，企业高管及董事会对于独立董事的意见也要给予更大程度的尊重与重视，保障独立董事的咨询建议及监督职能得到充分发挥，让独立董事真正参与企业重要决策的制定。最后，在支持和鼓励CEO与独立董事更多地沟通交流的同时，也应注意防范二者的机会主义动机，最大限度地弱化"友谊的成本"在管理层业绩预告信息披露中对独立董事监督职能的抑制。

本章的研究还存在一些局限：第一，对于独立董事社会关系嵌入的度量可能还存在某些偏差，仅能从理论上对独立董事-CEO社会关系嵌入进行判断，与企业实践中二者的关系还存在某些差异，未来还需要进行相关的实地调研，采用开发量表、发放问卷及检测信度与效度等方式，进一步缩小理论与实践的差距，让研究结论更具指导意义。第二，基于本章的研究，对于企业如何权衡业绩预告披露的积极性、及时性与可靠性，本章探讨较少，也是未来需要深入解析的方面。第三，关于独立董事-CEO社会关系嵌入对业绩预告及时性与准确性发生作用的边界条件的探讨不够全面和深入，未来还需就此展开详细研究。

8 研究结论、政策建议与研究局限

8.1 研究结论

独立董事制度自 2001 年在我国资本市场建立以来,其治理效果在学术界和实践中饱受争议。政府及相关部门多年来始终致力于完善相关的法规和制度,以期提升独立董事在公司中的治理能力,尤其是在 2021 年的康美药业虚假陈述诉讼案发生以后,更是连续出台了多项相关政策与法规,足见重视程度之高。《国务院办公厅关于上市公司独立董事制度改革的意见》中更是明确指出发挥好上市公司独立董事制度在完善中国特色现代企业制度、健全企业监管体系以及保障资本高质量发展中的重要作用。在我国,儒家文化源远流长,成为植根于人们思想和价值观中的重要非正式制度,非正式制度对于社会经济的发展具有潜移默化的作用,社会关系网络带来的影响早已深入经济生活的各个方面。相对于内部董事而言,独立董事因其丰富的外部履职经历、职业背景、学习经历及连锁董事身份等,可能更多地嵌入社会关系中,因而在上市公司中将独立董事的治理效果与其所处环境相割裂必定失之偏颇。独立董事所拥有的社会关系,会对其履职效果产生怎样的影响是值得深入探究的问题。在全面实施的注册制下,信息披露已然成为重中之重,真实、完整、全面、高质量的信息披露是保障资本市场稳定运行的前提条件。业绩预告作为上市公司信息披露的重要机制,在为市场参与者提供有关公司未来盈余的重要信息,进而提高资本市场效率的同时,也存在着被管理层的机会主义动机所操控的可能性。

本书通过对已有文献进行全面深入的回溯与梳理,发现以往有关独立董事社会关系嵌入带来的经济后果的研究侧重于探究历史信息披露,关注其对公司绩效水平、财务报告质量、盈余管理、股价等的影响,尽管历史信息更加确切和详细，但不可避免地存在时间滞后的短板。在强调防范化解资本市场金融风险的当下，作为前瞻性的财务预测信息，业绩预告无疑发挥着越来越重要的作用。业绩预告能够缓解公司内、外部信息不对称，提高资源配置效率，为资本市场参与者提供有助于决策的信息。而管理层业绩预告在我国半强制披露的背景下也展现出不同于西方国家的独有特征。以往研究表明，相当一部公司出于各种因素不愿主动进行业绩预告披露，或倾向于进行模糊披露甚至降低准确度，从而极大影响了管理层业绩预告发挥应有的信息传递功能。如何提高业绩预告披露质量、规范披露行为便成为值得广泛关注和深入探讨的重要议题。本书在对我国独立董事制度及实践特征、业绩预告制度及实践特征进行详细整理和统计分析的基础上，立足于经济学、管理学及社会学的经典理论，即嵌入理论、代理理论、有限注意力理论、资源依赖理论及新制度经济学非正式制度理论，以2010—2022年我国A股上市公司为研究对象，对独立董事不同层面的社会关系对管理层业绩预告的影响进行了详细的理论及实证分析，并深入探讨了作用发生的机制及情境条件。具体而言，本书的主要研究结论包括以下几个方面。

第一，本书深入研究了独立董事社会关系嵌入的结构性嵌入——独立董事社会网络嵌入对管理层业绩预告的影响。本书的研究结论表明，独立董事社会网络嵌入对管理层业绩预告的精确度、准确度及披露自愿性与及时性具有正向的积极影响。通过影响机制检验发现，上市公司的信息效应及声誉效应是独立董事社会网络嵌入程度与业绩预告精确度、准确度及披露及时性、自愿性披露之间的影响路径，社会网络嵌入程度高的独立董事通过提高上市公司信息透明度、缓解代理问题，从而提升业绩预告质量并有效促进积极、及时的披露行为。进一步的异质性分析发现，就企业外部环境而言，该效应在企业所在地市场化程度较低的企业中较显著；就企业内部环境而言，该效应在企业经营风险较高及总经理和董事长两职分离的企业中较为显著。基于以上研究本书得到如下结论：身为治理层的核心，独立董事要发挥监督作用需要一定的条件，镶嵌在连锁独立董事社会网络中的资源能够帮助独立董事增强履职意愿和履职能力。嵌入社会网络中的独立董事能够发挥信息效应及声誉效应，有助于打破管理层构筑的信息壁垒，进而全面了解和掌握企业的经营运作情况，更好地发挥公司治理作用，从而抑制管理层在业绩预告中的机会主义行为。而上述效应在外部正式制度环境较差及内部经营风险较高的地区更为显著，这也充分说明了独立董事社会网络嵌入这种非正式制度对正式制度的互补作用。上述结论肯定了独立董事社会网络嵌入在公司治理及业绩预告披露中的积极作用，支持了陈运森等（2018）、鲁乔杉等（2022）及林钟高和辛明璇（2023）等学者所持的嵌入社会网络中的独立董事能够更好地发挥信息效应及强化监督职能的观点。

第二，本书深入研究了独立董事社会嵌入的关系性嵌入——独立董事社会资本嵌入、独立董事-CEO社会关系嵌入对管理层业绩预告的影响。

（1）基于企业外部的关系性嵌入，本书检验了独立董事综合性社会资本嵌入对管理层业绩预告精确度、准确度及披露自愿性的影响。本书的研究表明，在中国特有的社会特征及治理模式下，独立董事的社会资本嵌入在提高企业前瞻性信息披露水平方面具有不容小觑的积极作用。在影响机制检验中发现，上市公司的信息效应、声誉效应及董事会多样性是独立董事社会资本与业绩预告精确度、准确度及披露自愿性之间的影响路径，嵌入较多社会资本的独立董事通过提高上市公司信息透明度、独立董事的勤勉度及董事会多样性，从而提升业绩预告质量并有效促进积极的披露行为。进一步的异质性分析发现，就企业外部环境而言，该效应在经济政策不确定性较高、市场及法治环境相对较差的企业中较显著；就企业内部环境而言，该效应在企业对未来预期较低、股权集中度较高、及时性披露可能性较小的企业中较为显著。基于以上研究本书得到如下结论：在外部环境不确定性高或内部治理存在缺陷时，外部利益相关者会对企业信息披露的积极性及公开性具有更多的诉求。独立董事社会资本带来的正外部性能发挥信息效应及声誉效应，会促使内、外部信息渠道更加畅通，独立董事履职也会更加勤勉尽责，进而对于缓解信息不对称问题及监督管理层在业绩预告中的机会主义行为具有积极意义，有助于提高管理层业绩预告的披露意愿及披露质量。在外部经济及法治环境较差、内部治理结构存在缺陷及披露及时性较低的情况下主效应更强，这证明了独立董事社会资本嵌入的非正式制度治理作用。上述结论肯定了独立董事社会资本嵌入在公司治理及业绩预告信息披露中的正向作用，支持了高凤莲和王志强（2016a）等学者所持的独立董事社会资本能够产生治理作用的观点。

（2）基于企业内部的社会关系嵌入，本书从企业内部高层关系的视角切入，检验了独立董事-CEO社会关系嵌入对业绩预告披露的影响。从检验结果来看，独立董事-CEO社会关系嵌入有助于提升业绩预告披露自愿性与及时性，但是对业绩预告精确度与准确度的影响并不显著。在影响机制检验中发现，抑制管理者短视主义及提高媒体关注度是独立董事-CEO社会关系嵌入对业绩预告披露自愿性与及时性产生影响的可能路径。此外，本书的横截面异质性检验还发现，在企业外部的资本市场未开放、企业内部的融资约束水平较高及总经理与董事长两职分离的企业中主效应的影响更为显著。基于以上研究本书得到如下结论：独立董事-CEO社会关系嵌入发挥了非正式制度的治理作用，并疏通了信息渠道，有益于独立董事在业绩预告中更好地发挥咨询建议职能，可以抑制管理层的短视主义行为、提高媒体关注度，从而促进业绩预告披露自愿性与及时性提高。独立董事-CEO社会关系的关系性嵌入也弥补了资本市场未开放及企业经营风险较高等带来的负面影响。而在两职分离的企业中董事会的独立性更强，独立董事更能发挥作用，从而正向影响管理层业绩预告披露。独立董事-CEO社会关系嵌入的"中国式关系"能够减少业绩预告决策形成的阻力，提高披露的积极性并加快决策的速度，故而提升了业绩预告披露的自愿性与及时性。上述结论主要肯定了独立董事-CEO社会关系嵌入在业绩预告披露中的正面作用，主要支持了陈霞等（2018）所持的独立董事与CEO的私人关系有助于独立董事更好地发挥咨询建议的职能并获取更多信息资源的观点。而对业绩预告精确度与准确度的影响不显著，则可能由于二者的关系性嵌入在带来信息效应的同时也产生了"友谊的成本"，使得独立董事在业绩预告中强化咨询建议职能的同时也减小了监督力度，产生了相互抵消的效应。正如朱朝晖和李敏鑫（2020）的研究中所持的观点——独立董事-CEO社会关系嵌入也可能隐藏着弱化监督的负面作用。

基于本书的研究，从独立董事社会关系嵌入的结构性嵌入和关系性嵌入来看，独立董事所嵌入的社会关系整体上对于企业业绩预告质量的提高具有积极意义。本书一方面厘清了独立董事社会关系嵌入影响管理层业绩预告信息披露行为与披露质量的作用机理；另一方面也为提高管理层业绩预告披露意愿及披露质量提供了不同以往的影响因素研究视角。揭示了管理层业绩预告中的机会主义行为产生的根源及理论依据，为评价不同层面的独立董事社会关系嵌入的公司治理效应提供了微观层面的经验证据。

8.2 政策建议

当今中国经济发展面临"速度换挡节点"，与此同时，全球金融风险暗流涌动，要维护资本市场平稳健康发展，增强应对不确定性风险冲击的韧性，提高前瞻性信息的质量势在必行。在后疫情时代投资乏力、资本市场风险增大的当下，对业绩预告影响因素的研究具有理论意义和实践意义，本书的研究对深入理解独立董事制度及独立董事社会关系嵌入在企业前瞻性财务信息披露中发挥作用的内部机制及边界条件提供了依据，为企业聘任独立董事提供了参考。基于本书的研究结论，结合制度发展与实践特征，本书得出了如下可能的政策启示。

8.2.1 对独立董事制度的政策启示及建议

第一，企业及相关机构应建立更为详细、透明的独立董事选聘机制。①应鼓励相关部门建立独立董事人才库，对独立董事的相关履职经历及履职业绩等进行详细登记，建立相应的考核和评级机制，使信息更加透明。根据上市公司的行业类型及需求等推荐相应独立董事人选。激励拥有丰富社会关系、行业履职经验、专业背景等的独立董事积极参与上市公司的治理。②独立董事的社会网络嵌入及社会资本嵌入在市场经济发展阶段可以成为弱势监管环境下的一种替代机制。在正式制度保护较弱的地区，企业及相关部门更应提高对独立董事社会关系嵌入的重视程度，促进企业内部监督体系的全面完善，进而促使上市公司前瞻性信息披露水平整体提升。③监管当局应当积极引导和鼓励上市公司聘任社会声誉好、专业声望高、履职经验丰富的社会精英担任公司独立董事；与此同时，相关部门及企业也应积极引导独立董事利用嵌入的社会关系不断提高专业判断水平、维护声誉并获取资源，从而充分发挥我国独立董事社会关系嵌入的资源配置功能。④企业在鼓励独立董事与管理层积极进行正式会议及非正式沟通交流的同时，企业中的其他监督部门，如审计委员会及监事会等应充分发挥监督职能，保障独立董事的意见与决策的独立性，避免其受到管理层的过多干扰。尤其是在独立董事与 CEO 之间存在社会关系时，相关机构应格外关注独立董事的不同意见，积极鼓励独立董事对管理层进行监督，防止独立董事对管理层机会主义行为的缄默性支持和包庇。

第二，从制度及立法层面进一步细化独立董事的权力和责任，以及提名与激励方式，保障独立董事获取履职必需的企业内部信息及条件。2021 年 11 月，证监会公布了《上市公司独立董事规则（征求意见稿)》，对独立董事权利和义务进行了明确，要求董事会秘书向独立董事提供必要的资料，而独立董事在行使权力时也不应受到公司人员的阻挠。但相应的制度还须进一步细化，例如，行使的具体权力包含的内容，在获取必要的信息时受到阻挠应该采取何种行动来保护自身合法权益等都是有待深入探讨的问题。独立董事社会关系嵌入要更好地发挥作用，必定要以获得相应的充分且必要的企业经营信息为前提，倘若因信息获得不充分而导致误判，则需要根据具体的情形来追究原因，究竟是独立董事主观推卸责任甚至合谋，还是客观原因导致的不良结果，须予以具体的追责并对相关人员进行处罚。提高违法成本，保障独立董事社会关系嵌入的积极作用得以合理、正确的应用，尽可能地规避舞弊风险。尽管独立董事的社会关系嵌入能够一定程度上提升其履职能力，从而促进上市公司业绩预告披露更为及时、规范等。但为确保独立董事社会关系始终保持在正确的轨道上良性运行，应关注独立董事在企业内部的提名机制、激励方式等的公平性，确保独立董事具备独立性，真正做到既"独"又"懂"。

8.2.2 对业绩预告制度的政策启示及建议

尽管管理层业绩预告制度以提高信息披露透明度、缓解信息不对称问题、维护股价平稳为目的，但管理层择机对业绩预告进行操纵会对信息质量带来负面影响，影响其发挥风险警示作用。本书的研究有助于对业绩预告披露中管理层因客观能力所限和主观上的机会主义动机所致的业绩预告披露积极性不高、披露不及时、披露质量不高等问题的识别和分析。政府及相关部门对于业绩预告的风险防范作用高度重视，现已开始对业绩预告披露不规范、不可靠的问题拓宽了处罚的范围。基于本书的研究结果，建议在以下方面做出更详细具体的部署。

第一，积极鼓励管理层提升业绩预告披露的自愿性。从前文的统计数据可知，我国上市公司管理层业绩预告目前仍以强制性披露为主，可见政府"有形的手"发挥了至关重要的作用。但也应充分重视企业内部非正式制度带来的正面影响，鼓励企业让信息渠道更丰富的独立董事更多地参与企业的经营决策与信息披露。本书的研究表明独立董事的结构性嵌入和内外部关系性嵌入——独立董事社会网络嵌入、独立董事社会资本嵌入及独立董事-CEO 社会关系嵌入均能够起到促进上市公司自愿性披露业绩预告的积极作用，原因是独立董事的社会关系嵌入能够更好地打通企业内、外部的信息渠道，以便他们更好地提供咨询建议，从而有利于减少披露风险和促成业绩预告披露，进而提高披露的意愿。相关部门还应进一步明确自愿性披露的具体内容、范围及披露要求等，针对不同板块的上市公司给予全面的披露指引与免责事由，引导上市公司更加积极有效地进行业绩预告的自愿性披露。

第二，提高业绩预告在上市公司信息披露体系中的地位。当前，我国资本市场对于上市公司业绩预告披露行为的监督主要体现在业绩预告信息披露的形式合规性方面，而对于业绩预告问题的具体认定标准及细则缺乏明确统一的规定，致使上市公司对业绩预告进行策略性披露的收益并不明确。上海证券交易所及深圳证券交易所对于上市公司业绩预告披露的具体要求不尽相同，也为某些存有机会主义动机的公司留下了不规范披露的空间。因此，应从严谨性、规范性及统一性入手，对业绩预告违规行为进行明确界定，并对违规后果进行法律制度上的明确规定。进一步提高业绩预告在企业财务信息披露体系中的重要性，可在必要时采用与财务报告信息披露相当的严格而细化的监管要求，增强对业绩预告信息披露的政策约束力。与此同时，增加对披露内容的要求，鼓励企业尽可能更全面、更充分地对预期的营业收入、营业成本等进行披露，而不仅限于满足披露净利润区间的最低要求。

第三，加大对业绩预告不可靠、不合规、严重偏离经营实际的企业的处罚力度。最高人民法院、证监会、上海证券交易所及深圳证券交易所等应进一步加大相应的处罚力度，并通过官方的宣传进一步提高企业、投资者、其他中介机构及媒体等对披露业绩预告的重视程度。尽管本书的研究表明独立董事社会关系的嵌入能够一定程度地提高企业业绩预告的准确度，但若能从正式制度的法理规则及非正式制度的舆论监督等多个方面给企业施加压力，则能形成监督合力，从而减少管理层在业绩预告中的短视主义自利行为，促使业绩预告充分发挥对资本市场风险的警示功能。本书研究发现，独立董事-CEO社会关系嵌入在促进信息渠道畅通的同时，也存在独立董事与CEO合谋舞弊的风险，因而无法对业绩预告披露的精确性和可靠性产生有利的影响，这也佐证了外部监督力度的重要性。进一步，应充分明确管理层在业绩预告中的主体责任。针对业绩预告的披露质量、积极性、及时性等建立全面系统的考核体系，作为上市公司信息评级的一部分，并在相关部门的网站上予以公示，以便更好地接受市场及社会舆论的监督。在合法合规的基础上，充分发挥非正式制度的治理作用，与企业内部的独立董事社会关系嵌入形成监督合力，共同促进业绩预告质量的进一步提升，着力规范业绩预告披露行为，为防范化解金融风险和维护资本市场持续、健康、稳定发展提供保障。

8.3 研究局限及展望

本书对由结构性嵌入与关系性嵌入所组成的独立董事社会关系嵌入对管理层业绩预告的影响进行了详细的分析与研究，但限于研究能力及研究水平，本书尚存在以下局限。

第一，在业绩预告数据的完整性及全面性上有所欠缺。由于我国施行半强制性的业绩预告披露制度，一些未达到业绩预告披露强制性要求的公司并未对年度业绩预告的相关情况进行披露，造成观测样本量存在一定的缺失。尽管在稳健性检验中使用多种方法进行稳健性及内生性的检验，但研究结论最终的普适性仍有待进一步提高。后续研究将尝试对年度业绩预告信息缺失但有季度业绩预告信息数据的样本进行检验，进一步确定结果的普适性，并从理论角度进一步探讨其研究意义。

第二，进一步研究方面存在一定的局限性。一方面，尽管本书在异质性检验中的主要思路为企业内部分组检验与企业外部分组检验，并在各个实证研究的进一步研究中对企业内、外部环境对研究结果的影响进行了分组检验，以期明确作用发生的边界条件，但本书的异质性检验仍存在一定局限，主要原因是无法穷尽所有分组的对象，在某些相关的因素中可能存在顾此失彼的现象；另一方面，在对影响机制检验的过程中，思路的开阔性及全面性仍有待进一步提升。后续研究将进一步结合相关研究内容及最新文献，尝试从业绩预告的盈亏情况及独立董事与CEO社会关系嵌入的不同维度等方面入手，展开更为详细充分的探讨。

第三，对三个实证部分仍缺少一个统一的整合模型进行综合性探讨。尽管对此问题有所考虑，但若同时将独立董事社会网络、社会资本及其与CEO的社会关系纳入理论分析和实证检验，很可能会造成理论逻辑的混乱，并出现实证数据上的多重共线性问题。再者，同时拥有三种类型社会关系的独立董事占比过小，对其进行深入探讨缺乏实践意义。后续研究将尝试对具有多重社会关系嵌入的独立董事所在企业的业绩预告披露情况进行案例分析，以使研究更为系统并兼具实践意义。

第四，对核心解释变量指标的度量方法较为单一。对于社会关系嵌入指标的度量主要借鉴已有文献的方法，仅能从理论上对独立董事的社会关系进行量化判断，与资本市场中企业运作的实践可能还存在一些差异。未来根据需要还将开展相关的调研工作，采用开发量表、发放问卷以及检测信度与效度等方式，进一步缩小理论与实践的差距，让研究结论更具指导意义。

参考文献

[1] 万良勇,胡璟. 网络位置、独立董事治理与公司并购——来自中国上市公司的经验证据 [J]. 南开管理评论,2014(2):64-73.

[2] 万清清,孙国光. 数字化转型能改善企业信息披露质量吗?——基于管理层业绩预告视角的经验证据 [J]. 运筹与管理,2023(11):206-211.

[3] 王小鲁,胡李鹏,樊纲. 中国分省份市场化指数报告 [M]. 北京:社会科学文献出版社,2021.

[4] 王小鲁,樊纲,余静文. 中国分省份市场化指数报告 [M]. 北京:社会科学文献出版社,2016.

[5] 王分棉,原馨. 学者独立董事的选聘机制研究——人力资本和社会资本的视角 [J]. 经济管理,2019(2):90-106.

[6] 王丹,孙鲲鹏,高皓. 社交媒体上"用嘴投票"对管理层自愿性业绩预告的影响 [J]. 金融研究,2020(11):188-204.

[7] 王玉涛,段梦然. 企业战略影响管理层业绩预告行为吗?[J]. 管理评论,2019(2):200-213

[8] 王军,宋秀娜. 基金经理对货币政策反应的异质性分析——基于理性疏忽视角的有限注意力配置理论 [J]. 商业研究,2021(3):83-92.

[9] 王俊秋,倪春晖. 政治关联、会计信息与银行贷款成本——基于中国民营上市公司的经验证据 [J]. 经济与管理研究,2012(8):30-38.

[10] 王彦慧,傅仁辉. 债券市场开放能提高信息披露稳健性吗 [J]. 会计研究,2022(6):43-55.

[11] 王艳艳,何如桢,于李胜,等. 管理层能力与年报柔性监管——基于年报问询函收函和回函视角的研究 [J]. 会计研究,2020(12):59-70.

[12] 王艳艳,陈汉文.审计质量与会计信息透明度——来自中国上市公司的经验数据[J].会计研究,2006(4):9-15.

[13] 王雪,廖强,王钰涵.国有资本投资运营公司改革和企业自愿性信息披露[J].当代经济,2023(3):144-156.

[14] 王彩,李晓慧.同行自愿披露对企业盈余管理的影响——来自自愿性业绩预告的证据[J].经济管理,2022(6):172-189.

[15] 孔晨,陈艳.管理层权力、公司治理与盈余预测质量关系研究[J].经济体制改革,2019(9):128-134.

[16] 龙立,龚光明.投资者情绪与上市公司自愿性信息披露迎合策略——基于业绩快报行为的实证检验[J].中南财经政法大学学报,2017(5):96-104.

[17] 叶康涛,祝继高,陆正飞,等.独立董事的独立性:基于董事会投票的证据[J].经济研究,2011(1):126-139.

[18] 田莹莹.上市公司业绩预告归因信息披露质量及其影响因素的实证研究[D].沈阳:沈阳工业大学,2013.

[19] 田高良,贝成成,施诺.控股股东股权质押与公司自愿性披露[J].西安交通大学学报(社会科学版),2021(2):33-40.

[20] 田高良,李留闯,齐堡垒.连锁董事、财务绩效和公司价值[J].管理科学,2011(3):13-24.

[21] 史永东,朴慧子,陈乾坤.投资者注意力分散效应:基于中国上市公司盈余信息的经验研究[J].数量经济研究,2011(2):89-101.

[22] 乐菲菲,张金涛,魏震昊.独立董事辞职、政治关联丧失与企业创新效率[J].科研管理,2020(2):248-256.

[23] 朱杰.企业国际化战略与管理层业绩预告[D].武汉:中南财经政法大学,2020.

[24] 朱朝晖,李敏鑫.CEO与审计委员会中独立董事的社会关系对财务信息质量的影响[J].现代财经(天津财经大学学报),2020(2):33-51.

［25］朱朝晖，李敏鑫．技术独立董事—CEO 社会关系与企业创新［J］．科研管理，2023（1）：183-192．

［26］刘丽珑，张国清，陈菁．非营利组织理事社会资本与组织绩效研究——来自中国基金会的经验证据［J］．中国经济问题，2020（2）：76-90．

［27］刘环环．公司治理结构与管理层盈利预测信息自愿披露的影响研究［D］．大连：东北财经大学，2010．

［28］刘春，李善民，孙亮．独立董事具有咨询功能吗？——异地独董在异地并购中功能的经验研究［J］．管理世界，2015（3）：124-136+188．

［29］刘浩，唐松，楼俊．独立董事：监督还是咨询？——银行背景独立董事对企业信贷融资影响研究［J］．管理世界，2012（1）：141-156+169．

［30］刘新民，傅晓晖，王垒．机会主义与利己主义：连锁董事网络代理人利益保护问题研究［J］．现代财经（天津财经大学学报），2018（2）：73-89．

［31］江艇．因果推断经验研究中的中介效应与调节效应［J］．中国工业经济，2022（5）：100-120．

［32］江新峰，张敦力，李欢．"忙碌"独董与企业违规［J］．会计研究，2020（9）：85-104．

［33］许为宾，周建．董事会资本影响企业投资效率的机制——监督效应还是资源效应？［J］．经济管理，2017（5）：69-84．

［34］孙世敏，关舒予．财务报告问询函对业绩预告质量治理效应研究［J］．东北财经大学学报（社会科学版），2023（5）：16-27．

［35］孙泽宇，孙凡，董春晖．资本市场开放对管理层业绩预告的影响研究［J］．管理工程学报，2022（4）：57-66．

［36］孙学工，郭春丽，李清彬．科学把握经济高质量发展的内涵、特点和路径［N］．经济日报，2019-09-17．

［37］孙洁，王梓臣．新《证券法》的信息效应——基于业绩预告的证据［J］．广东财经大学学报，2023（47）：77-97．

［38］孙晶慧，徐鑫磊，齐堡垒．资本市场开放与公司自愿性信息披

露［J］．会计与经济研究，2022（36）：51-63．

［39］杜淑洁．独立董事比例与上市公司自愿披露程度关系的实证分析［J］．内蒙古科技与经济，2005（1）：58-59．

［40］李欢，罗婷．管理层业绩预测的机会主义行为——来自高管股票交易的证据［J］．南开管理评论，2016（4）：63-47．

［41］李志生，苏诚，李好，等．企业过度负债的地区同群效应［J］．金融研究，2018（9）：74-90．

［42］李志生，李好，马伟力，等．融资融券交易的信息治理效应［J］．经济研究，2017（11）：150-164．

［43］李志辉，杨思静，孟焰．独立董事兼任：声誉抑或忙碌——基于债券市场的经验证据［J］．审计研究，2017（5）：96-103．

［44］李洋，王春峰，房振明，等．真实披露还是策略披露？中国上市公司业绩预告行为研究［J］．预测，2021（1）：42-52．

［45］李晓艳，梁日新，李英．共同机构所有权影响企业前瞻性信息披露吗？——基于上市公司业绩预告准确度的视角［J］．财经论丛，2023（12）：70-81．

［46］李留闯，田高良，马勇．连锁董和股价同步性波动：基于网络视角的考察［J］．管理科学，2012（6）：86-100．

［47］李敏鑫，朱朝晖．审计委员会中独立董事与CEO社会关系对审计质量的影响研究［J］．会计研究，2022（8）：161-176．

［48］李超平，徐世勇．管理与组织常用的60个理论［M］．北京：北京大学出版社，2019．

［49］李瑞敬，李育昆，袁蓉丽，等．高管信息技术背景与自愿性信息披露［J］．管理评论，2022（12）：264-275．

［50］李馨子，罗婷．业绩预测历史准确度的声誉效应［J］．金融研究，2014（1）：152-166．

［51］李馨子，肖土盛．管理层业绩预告有助于分析师盈余预测修正吗［J］．南开管理评论，2015（2）：30-38．

[52] 杨玉波，李备友，李守伟．嵌入性理论研究综述：基于普遍联系的视角［J］．山东社会科学，2014（3）：172-176．

[53] 杨盼盼，余青林．分析师关注行业"同伴"公司与盈余预测准确度——基于有限注意的视角［J］．投资研究，2021（8）：141-157．

[54] 杨道广，王佳妮，陈汉文．业绩预告："压力"抑或"治理"——来自企业创新的证据［J］．南开管理评论，2020（4）：107-119．

[55] 吴溪，王春飞，陆正飞．独立董事与审计师出自同门是"祸"还是"福"？——独立性与竞争—合作关系之公司治理效应研究［J］．管理世界，2015（9）：137-146+188．

[56] 邱静，范钦钦．注册制下IPO抑价影响因素及治理：综述及展望［J］．重庆社会科学，2022（3）：70-86．

[57] 邱静，范钦钦．独立董事社会资本与企业数字化转型："资源依赖"还是"资源诅咒"［J］．商业研究，2023（3）：136-145．

[58] 宋飞，唐凯桃，潘禹辰．儒家文化、企业盈余质量与业绩预告精度［J］．财经科学，2021（12）：119-129．

[59] 宋云玲，吕佳宁，黄晓蓓，等．管理者动态过度乐观与业绩预告质量［J］．管理评论，2022（5）：188-201．

[60] 宋云玲，宋衍蘅．业绩预告及时性与可靠性的权衡——基于经济政策不确定性视角管理评论［J］．管理评论，2022（1）：268-282．

[61] 张川，罗文波，李敏鑫．审计委员会中独立董事关系网络与财务报告质量［J］．审计与经济研究，2022（1）：42-52．

[62] 张川，黄夏燕，审计委员会权力侵蚀、管理层激励与盈余质量［J］．审计与经济研究，2018（3）：40-51．

[63] 张艺琼，冯均科，彭珍珍．公司战略变革、内部控制质量与管理层业绩预告［J］．审计与经济研究，2019（6）：68-77．

[64] 张娆，薛翰玉，赵健宏．管理层自利、外部监督与盈利预测偏差［J］．会计研究，2017（1）：32-38+95．

[65] 张敏，童丽静，许浩然．社会网络与企业风险承担——基于我国

上市公司的经验证据 [J]. 管理世界, 2015 (11): 161-175.

[66] 张馨艺, 张海燕, 夏冬林. 高管持股、择时披露与市场反应 [J]. 会计研究, 2012 (6): 54-60+93.

[67] 陆瑶, 胡江燕. CEO与董事间的"老乡"关系对上市公司违规行为的影响研究 [J]. 南开管理评论, 2016 (2): 52-62.

[68] 陆瑶, 胡江燕. CEO与董事间的"老乡"关系对我国上市公司风险水平的影响 [J]. 管理世界, 2014 (3): 131-138.

[69] 陈仕华, 李维安. 公司治理的社会嵌入性: 理论框架及嵌入机制 [J]. 中国工业经济, 2011 (6): 100-108.

[70] 陈运森, 邓祎璐, 李哲. 证券交易所一线监管的有效性研究: 基于财务报告问询函的证据 [J]. 管理世界, 2019 (3): 169-185.

[71] 陈运森, 郑登津, 黄健峤. 非正式渠道影响公司业绩吗?——基于独立董事网络的研究 [J]. 中国会计评论, 2018 (3): 27-51.

[72] 陈运森, 郑登津. 董事网络关系、信息桥与投资趋同 [J]. 南开管理评论, 2017 (3): 159-171.

[73] 陈运森, 谢德仁. 网络位置, 独立董事治理与投资趋同 [J]. 管理世界, 2011 (7): 113-127.

[74] 陈运森, 谢德仁. 董事网络, 独立董事治理与高管激励 [J]. 金融研究, 2012 (2): 168-182.

[75] 陈运森. 社会网络与企业效率: 基于结构洞位置的证据 [J]. 会计研究, 2015 (1): 48-55.

[76] 陈运森. 独立董事网络中心度与公司信息披露质量 [J]. 审计研究, 2012 (5): 92-100.

[77] 陈翔宇, 肖虹, 万鹏. 会计信息可比性、信息环境与业绩预告准确度 [J]. 财经论丛, 2015 (10): 58-66.

[78] 陈德球, 毛颖, 王丹. 关系网络嵌入、联合创业投资与企业创新效率 [J]. 经济研究, 2021 (11): 68-83.

[79] 陈霞, 马连福, 贾西猛. 独立董事与CEO私人关系对公司绩效的

影响［J］．管理科学，2018（2）：131-146.

［80］范钦钦，邱静．独立董事社会网络影响公司业绩预告吗——基于管理层机会主义治理视角［J］．财会月刊，2023（2）：84-93.

［81］林钟高，辛明璇．董事网络位置与企业金融资产投资效率［J］．会计研究，2023（2）：79-95.

［82］林钟高，赵孝颖．供应商集中度影响管理层业绩预告行为吗？——基于业绩预告精确性及其预告态度的视角［J］．财经理论与实践，2020（4）：52-61.

［83］易玄，谢钟灵．独立董事网络位置、制度环境与股价崩盘风险［J］．财会月刊，2019（11）：17-26.

［84］易志高，张烨．企业自愿性信息披露行为的"同伴效应"研究——来自管理层业绩预告的实证证据［J］．技术经济，2022（1）：136-147.

［85］罗肖依，周建，王宇．独立董事-CEO友好性、业绩期望落差与公司创新［J］．南开管理评论，2023（4）：168-179.

［86］罗玫，宋云玲．中国股市的业绩预告可信吗？［J］．金融研究，2012（9）：168-180.

［87］周冬华，赵玉洁．CEO权力、董事会稳定性与管理层业绩预告［J］．当代财经，2013（10）：118-128.

［88］周建，罗肖依，张双鹏．独立董事个体有效监督的形成机理：面向董事会监督有效性的理论构建［J］．中国工业经济，2016（5）：109-126.

［89］周建，王顺昊，张双鹏．董秘信息提供、独立董事履职有效性与公司绩效［J］．管理科学，2018（5）：97-116.

［90］周建，金媛媛，刘小元．董事会社会资本研究综述［J］．外国经济与管理，2010（12）：27-35.

［91］周建，潘玲玲，余江龙．独立董事关系网络位置对管理层报告信息含量的影响［J］．软科学，2023（11）：8-15.

［92］周楷唐，姜舒舒，麻志明．政治不确定性与管理层自愿业绩预

测［J］．会计研究，2017（10）：65-70．

［93］周繁，谭劲松，简宇寅．声誉激励还是经济激励——独立董事"跳槽"的实证研究［J］．中国会计评论，2008（2）：177-192．

［94］郝玲玲．交通便利性对异地财务背景独立董事治理效果的影响［D］．济南：山东大学，2018．

［95］胡楠，薛付婧，王昊楠．管理者短视主义影响企业长期投资吗？——基于文本分析和机器学习［J］．管理世界，2021（5）：139-156．

［96］饶品贵，岳衡，姜国华．经济政策不确定性与企业投资行为研究［J］．世界经济，2017（2）：27-51．

［97］施炳展，李建桐．互联网是否促进了社会分工：来自中国制造业企业的证据［J］．管理世界，2020（4）：130-149．

［98］费孝通．乡土中国［M］．北京：北京大学出版社，1998．

［99］费孝通．乡土中国［M］．北京：北京大学出版社，2015．

［100］袁振超，岳衡，谈文峰．代理成本、所有权性质与业绩预告精度［J］．南开管理评论，2014（3）：49-61．

［101］徐高彦．上市公司盈余预告择时披露及投资者特征研究［J］．河南大学学报（社会科学版），2016（3）：53-63．

［102］高凤莲，王志强．独立董事个人社会资本异质性的治理效应研究［J］．中国工业经济，2016a（3）：146-160．

［103］高凤莲，王志强．独立董事社会资本与高管薪酬——绩效敏感度［J］．经济管理，2016b（8）：82-97．

［104］高明华，郭传孜，邵梦颖．中国上市公司治理分类指数报告［M］．北京，中国纺织出版社，2020．

［105］高敬忠，周晓苏，王英允．机构投资者持股对信息披露的治理作用研究——以管理层盈余预告为例［J］．南开管理评论，2011（5）：129-140．

［106］高雷，宋顺林．公司治理与公司透明度［J］．金融研究，2007（11）：28-44．

[107] 郭栋, 肖星. 业绩预告与管理层薪酬契约中的"预期管理"——基于中国上市公司的实证研究 [J]. 南开管理评论, 2022 (9): 1-40.

[108] 郭栋, 肖星. 股权激励业绩条件与管理层机会主义行为——基于管理层业绩预告的分析 [J]. 投资研究, 2023 (3): 22-59.

[109] 唐少清, 詹细明, 李俊林, 等. 管理层语调与创业板上市公司业绩关系研究 [J]. 中国软科学, 2020 (S1): 32-40.

[110] 唐雪松, 廖强, 白静. 法律基础建设与上市公司信息披露决策——基于新《证券法》的准自然实验 [J]. 当代经济科学, 2023 (3): 127-138.

[111] 唐清泉. 独立董事的知识型花瓶式角色——以中国沪深两市上市公司为例 [J]. 当代经济管理, 2006 (5): 105-109+124.

[112] 黄中伟, 王宇露. 关于经济行为的社会嵌入理论研究评述 [J]. 外国经济与管理, 2007 (12): 1-8.

[113] 黄思宇, 栾中玮. 董事会多样性与投资效率 [J]. 财政科学, 2022 (3): 72-89.

[114] 黄晓蓓, 李晓博. 产品市场竞争、分析师跟进与自愿性披露 [J]. 财经问题研究, 2016 (11): 90-96.

[115] 郝颖, 李俊仪, 魏紫, 等. 行业专家独董能提高企业资产配置效率吗——基于A股上市公司的实证检验 [J]. 会计研究, 2022 (5): 65-76.

[116] 盛宇华, 朱赛林. 独立董事对企业战略变革的影响研究——基于人力资本和社会资本视角 [J]. 软科学, 2021 (2): 60-66.

[117] 常利民. 控股股东股权质押与公司业绩预告行为 [J]. 财经论丛, 2020 (9): 74-83.

[118] 常利民. 商誉减值与公司业绩预告行为 [J]. 证券市场导报, 2022 (1): 62-71.

[119] 崔学刚. 公司治理机制对公司透明度的影响 [J]. 会计研究, 2004 (8): 72-81.

[120] 梁上坤,陈冬,付彬,等.独立董事网络中心度与会计稳健性[J].会计研究,2018(9):9-46.

[121] 彭正银,廖天野.连锁董事治理效应的实证分析——基于内在机理视角的探讨[J].南开管理评论,2008(1):99-105.

[122] 彭博,贺晨."互联网+销售"有助于改善管理层预测的质量吗——基于上市公司开设电商店铺的数据分析[J].会计研究,2022(6):75-89.

[123] 程小可,李昊洋,高升好.机构投资者调研与管理层盈余预测方式[J].管理科学,2017(1):131-145.

[124] 傅代国,夏常源.网络位置、独立董事治理与盈余质量[J].审计与经济研究,2014(2):67-75.

[125] 鲁乔杉,李秉祥,张涛,等.独立董事关系网络与MD&A文本信息惯性披露——基于程度中心度和结构洞视角[J].会计研究,2022(9):39-51.

[126] 曾庆生,张耀中.信息不对称、交易窗口与上市公司内部人交易回报[J].金融研究,2012(12):151-164.

[127] 曾庆生,周波,张程,等.年报语调与内部人交易:"表里如一"还是"口是心非"?[J].管理世界,2018(9):143-160.

[128] 曾庆生.公司内部人具有交易时机的选择能力吗?——来自中国上市公司内部人卖出股票的证据[J].金融研究,2008(10):117-135.

[129] 谢伏瞻,蔡昉,李雪松.2022年中国经济形势分析与预测[M].北京:社会科学文献出版社,2021.

[130] 谢德仁,陈运森.董事网络:定义、特征和计量[J].会计研究,2012(3):44-51+95.

[131] 蓝紫文,李增泉,胡智渊.社会资本的公司治理效应——来自公司高管本土化与会计信息质量关系的经验证据[J].管理科学学报,2023(2):131-158.

[132] 赖黎,蓝春丹,秦明春.市场化改革提升了定价效率吗?——来

自注册制的证据［J］．管理世界，2022（4）：172-184．

［133］路军．董事的会计师事务所工作背景与企业业绩预告质量——来自中国资本市场的经验证据［J］．山西财经大学学报，2016（5）：101-112．

［134］简建辉，胡丹，陈恩泽，等．企业战略定位与信息自愿披露差异化［J］．中国软科学，2022（8）：119-130．

［135］解维敏，唐清泉．公司治理与风险承担——来自中国上市公司的经验证据［J］．财经问题研究，2013（1）：91-97．

［136］窦超，韦婧婧，王瑞华，等．女性高管能否改善业绩预告质量？［J］．中央财经大学学报，2022（6）：59-69．

［137］廖义刚，邓贤琨．业绩预告偏离度、内部控制质量与审计收费［J］．审计研究，2017（4）：56-64．

［138］廖方楠，韩洪灵，陈丽蓉．独立董事连锁对内部控制的影响机理：基于声誉效应与学习效应的实证研究［J］．管理工程学报，2021（2）：101-112．

［139］廖方楠．独立董事连锁、内部控制与盈余质量［D］．厦门：厦门大学，2019．

［140］操巍，谭怡．宏观经济政策不确定性下的自愿性盈利预测信息研究［J］．宏观经济研究，2018（10）：5-18．

［141］戴亦一，肖金利，潘越．"乡音"能否降低公司代理成本？——基于方言视角的研究［J］．经济研究，2016（12）：147-160+186．

［142］鞠晓生，卢狄，虞义华．融资约束、营运资本管理与企业创新可持续性［J］．经济研究，2013（1）：5-17．

［143］Aboody D, Kasznik R. CEO Stock Option Awards and The Timing of Corporate Voluntary Disclosures［J］. Journal of Accounting and Economics, 2000, 29（1）：73-100.

［144］Adams R B, Ferreira D. A Theory of Friendly Boards［J］. The Journal of Finance, 2007, 62（1）：217-250.

［145］Ajinkya B, Bhojraj S, Sengupet P. The Association Between Outside Directors, Institutional Investors and The Properties of Management Earnings Forecasts [J]. Journal of Accounting Research, 2005, 43 (3): 178-209.

[146] Akbas F, Meschke F, Wintoki M B. Director Networks and Informed Traders [J]. Journal of Accounting and Economics, 2016, 2 (1): 1-23.

[147] Alam Z S, Cheng M A, Ciccotello C S. Does The Location Directors matter? Information Acquisition and Board Decisions [J]. Journal of Finance and Quantitative Analysis, 2014, 49 (1): 13-164.

[148] Allen F, Qian J, Qian M. Law, Finance, and Economic Growth in China [J]. Journal of Finance and Economics, 2005, 24 (1): 57-116.

[149] Anantharaman D, Zhang Y. Cover Me: Managers' Responses to Changes in Analyst Coverage in The Post-regulation FD Period [J]. The Accounting Review, 2011, 86 (6): 1851-1885.

[150] Arrow K J. The Economics of Agency [M]. Boston MA: Harvard Business School Press, 1985.

[151] Avina V, Carlos R, Uddin S. Social Capital, Networks and Interlocked Independent Directors: AMexican Case [J]. Journal of Accounting in Emerging Economies, 2016, 6 (3) 291-312.

[152] Baginski S, Hassell J M, Kimbrough M D. The Effect of Legal Environment on Voluntary Disclosure: Evidence from Management Earnings Forecasts Issued in U. S. and Canadian Markets [J]. The Accounting Review, 2002, 77 (1): 25-50.

[153] Balakrishnan K, Billings M B, Kell B, et al. Shaping Liquidity: On The Causal Effect of Voluntary Disclosure [J]. The Journal of Finance, 2014, 69 (5): 2237-2278.

[154] Bamber L S, Cheon Y S. Discretionary Management Earnings Forecast Disclosures: Antecedents and Outcomes Associated with Forecast Venue and Forecast Specificity Choices [J]. Journal of Accounting Research, 1998, 36 (2): 167-190.

［155］ Bamber L S, Jiang J, Wang I Y. What's My Style? The Influence of Top Managers on Voluntary Corporate Financial Disclosure ［J］. The Accounting Review, 2010, 85 (4): 1131-1162.

［156］ Baum J, Calabrese T, Silverman B. Don't Go It All One: Alliance Network Composition and Start-Ups Performance in Canadian Biotechnology ［J］. Strategic Management Journal, 2000, 21 (3): 267-294.

［157］ Bernile G, Bhagwat V, Yonker S. Board Diversity, Firm Risk, and Corporate Policies ［J］. Journal of Financial Economics, 2018, 127 (3): 588-612.

［158］ Beyer A, Cohen D A, Lys T Z, et al. The Financial Reporting Environment: Review of The Recent Literature ［J］. Journal of Accounting and Economics, 2010, 50 (2): 296-343.

［159］ Beyer A, Dye R A. Reputation Management and The Disclosure of Forecasts ［J］. Review of Accounting Studies, 2012, 17 (4): 877-912.

［160］ Bonsall S, Bozanic B, Fischer P. What Do Management Earnings Forecasts Convey about The Macro Economy? ［J］. Journal of Accounting Research, 2013, 51 (2): 225-266.

［161］ Boyd B. Corporate Linkages and Organizational Environment: A Test of The Resource of The Resource Dependence Model ［J］. Strategic Management Journal, 1990, 43 (3): 456-479.

［162］ Bozanic Z, Roulstone D T, Van Buskirk A. Management Earnings Forecasts and Other Forward-Looking Statements ［J］. Journal of Accounting and Economics, 2018, 65 (1): 1-20.

［163］ Burt R. Structureholes: The Social Structure of Competition ［M］. Cambridge, MA: Harvard University Press, 1992.

［164］ Bushman R, Smith A. Financial Accounting Information and Corporate Governance ［J］. Journal of Accounting and Economics, 2001 (32): 237-333.

[165] Call A C, Chen S, Miao B, et al. Short-term Earnings Guidance and Accrual-based Earnings Management [J]. Review of Accounting Studies, 2014, 19 (2): 955-987.

[166] Cao Z Y, Narayanamoorthy G S. The Effect of Litigation Risk on Management Earnings Forecast [J]. Contemporary Accounting Research, 2011, 28 (1): 125-173.

[167] Cashman G D, Gillan S L, Whitby R. Expertise, Connections and The Labor Market for Corporate Directors, Is It What You Know or Who You Know [R]. Tex as Tech University Working Paper, 2010.

[168] Cassiaro T, Piskorski M J. Power Imbalance, Mutual Dependence, and Constraint Absorption: A Closer Look at Resource Dependence Theory [J]. Administrative Science Quarterly, 2005, 50 (2): 167-199.

[169] Chahines F, Goergen M. The Effects of Management-Board Ties on IPO Performance [J]. Journal of Corporate Finance, 2013, 21 (1): 153-179.

[170] Chan H, Faff R, Khan A. Exploring The Moderating Role of Growth Options on The Relation Between Board Characteristics and Management Earnings Forecasts [J]. Corporate Governance An International Review, 2013, 21 (4): 314-333.

[171] Cheng Q, Luo T, Yue H. Managerial Incentives and Management Forecast Precision [J]. The Accounting Review, 2013, 88 (5): 1575-1602.

[172] Choi J H, Myers L A, Zang Y. Do Management EPS Forecasts Allow Returns to Reflect Future Earnings? Implications for The Continuation of Management's Quarterly Earnings Guidance [J]. Review of Accounting Studies, 2011, 16 (1): 143-182.

[173] Chui P C, Teoh S H, Tian F. Board interlocks and Earnings Management Contagion [J]. The Accounting Review, 2013, 88 (3): 915-944.

[174] Ciconte W, Kirk M, Tucker J W. Does The Midpoint of Range Earnings Forecasts Represent Managers' Expectations? [J]. Review of Accounting

Studies, 2014, 19 (2): 628-660.

[175] Coleman J S. The Foundations of Social Theory [M]. Cambridge, MA: Belknap Press of Harvard University Press, 1990.

[176] Coleman J. Social Capital in The Creation of Human Capital [J]. American Journal of Sociology, 1988, 94 (1): 95-120.

[177] Coles J L, Hoi C K. New Evidence on the Market for Directors: Board Membership and Pennsylvania Senate Bill 1310 [J]. The Journal of Finance, 2003, 58 (1): 197-230

[178] Cunningham L M, Johnson B A, Johnson E S, et al. The Switch Up: An Examination of Changes in Earnings Management after Receiving SEC Comment Letters [J]. Contemporary Accounting Research, Forthcoming, 2020, 37 (2): 917-944.

[179] Dalton D C, Daily J J, Ellstrand A. Number of Directors and Financial Performance: A Metal-Analysis [J]. Academy of Management Journal, 1999, 42 (6): 132-149.

[180] Della V S, Pollet J A. Demographics and Industry Returns [J]. American Economic Review, 2007, 97 (5): 1667-1702.

[181] Edlin A S, Stiglitz J E. Discourage Rivals: Managerial Rent-Seeking and Economic Inefficiencies [J]. The American Economic Review, 1995, 85 (5): 1301-1312.

[182] Ertimur Y, Ferri F, Marber D A. Reputation Penalties for Poor Monitoring of Executive Pay: Evidence from Option Backdating [J]. Journal of Financial Economics, 2012, 104 (1): 118-144.

[183] Eisenhardt K M. Agency Theory: An Assessment and Review [J]. Academy of Management Review, 1989, 14 (1): 57-74.

[184] Ellis R S, Johnson L W. Observations: Agency Theory as a Framework for Advertising Agency Compensation Decisions [J]. Journal of Advertising Research, 1993, 33 (5): 76-80.

[185] Falato A D, Kadyrzhanova U L. Distracted Directors: Does Board Busyness Hurt Shareholder Value?[J]. Journal of Financial Economics, 2014, 113(3): 404-426.

[186] Fama E F. Agency Problems and The Theory of The Firm[J]. Journal of Political Economy, 1980, 88(2): 288-307.

[187] Fama E F, Jensen M C. Separation of Ownership and Control[J]. Journal of Law and Economics, 1983, 26(2): 301-325.

[188] Fich E M, Shivasani A. Are Busy Boards Effective Monitors?[J]. The Journal of Finance, 2006, 61(2): 689-724.

[189] Fogel K, Ma L, Morck R. Powerful Independent Directors[J]. Financial Management, 2021(5): 221-246.

[190] Fracassi C, Tate G. External Networking and Internal Firm Governance[J]. The Journal of Finance, 2012, 67(1): 153-194.

[191] Fracassi C. Corporate Finance Policies and Social Networks[J]. Management Science, 2016, 63(8): 2420-2438.

[192] Freeman L C. A Set of Measures of Centrality Based on Betweenness[J]. Sociometry, 1977, 40(1): 35-41.

[193] Freeman L C. Centrality in Social Networks: Conceptual Clarification[J]. Social Networks, 1978, 1(3): 215-239.

[194] Galbraith C S, Stiles C H. Merger Strategies As a Response to Bilateral Market Power[J]. Academy of Management Journal, 1984, 27(3): 511-524.

[195] Gao K, Wang M, Zhang R. Institutional Investors' Corporate Site Visits and Firm Management Earnings Forecasts[J]. Accounting and Finance, 2023(63): 4479-4504.

[196] Gao L, Shi Y, Xu H. Pilot CEOs and Management Earnings Forecasts[J]. The Journal of Corporate Accounting & Finance, 2022, 33(2): 101-118.

[197] Granovetter M S. The Strength of Weak Ties [J]. The American Journal of Sociology, 1973, 78 (6): 1360-1380.

[198] Granovetter M. Economic Action and Social Structure: The Problem of Embeddedness [J]. American Journal of Sociology, 1985, 91 (3): 481-510.

[199] Grewal R, Lilien G L, Mallapragada G. Location, Location, Location: How Network Embeddedness Affects Project Success in Open Source Systems [J]. Management Science, 2006, 52 (7): 1043-1056.

[200] Guan Y G J, Lobo A, Tsang X. Societal Trust and Management Earnings Forecasts [J]. The Accounting Review, 2020, 95 (5): 221-281.

[201] Hadlock C J, Pierce J R. New Evidence on Measuring Financial Constraints: Moving Beyond The KZ Index [J]. Review of Financial Studies, 2010, 23 (5): 1909-1940.

[202] Hagedoorn J. Understanding The Cross-Level Embeddedness of Inter-Firm Partnership Formation [J]. Academy of Management Review, 2006, 31 (3): 670-680.

[203] Healy P M, Wahlen J M. A Review of The Earning Management Literature and Its Implications for Standard Setting [J]. Accounting Horizons, 1999, 13 (4): 365-383.

[204] Healy P M, Palepu K G. Information Asymmetry, Corporate Disclosure, and The Capital Markets: A Review of The Empirical Disclosure Literature [J]. Journal of Accounting and Economics, 2001, 31 (1-3): 405-440.

[205] Hillman A J T, Dalziel A. Boards of Directors and Firm Performance: Integrating Agency Theory and Resource Dependence Perspectives [J]. Academy of Management Review, 2003, 28 (3): 383-396.

[206] Hoitash U. Should Independent Board Members With Social Ties to Management Disqualify Themselves from Serving on The Board? [J]. Journal of Business Ethics, 2011, 99 (3): 399-423.

[207] Houston J F C, Lin S, Liu L W. Litigation Risk and Voluntary Disclosure: Evidence From Legal Changes [J]. The Accounting Review, 2019, 94 (5): 247-272.

[208] Hribar P, Yang H. CEO Overconfidence and Management Forecasting [J]. Contemporary Accounting Research, 2016, 33 (1): 204-227.

[209] Hwang B H, Kims S. It Pays to Have Friends [J]. Journal of Financial Economics, 2009, 93 (1): 138-158.

[210] Jensen M C. Organization Theory and Methodology [J]. Accounting Review, 1983, 58 (2): 319-339.

[211] Jensen M C, Meckling W H. The Nature of Man [J]. Journal of Applied Corporate Finance, 1994, 7 (2): 4-19.

[212] Jiang F, Kim K A. Corporate Governance in China: A Modern Perspective [J]. Journal of Corporate Finance, 2015, 32 (3): 190-216.

[213] Johnson M F, Kasznik R, Nelson K K. The Impact of Securities Litigation Reform on The Disclosure of Forward-Looking Information by High Technology Firms [J]. Journal of Accounting Research, 2001, 39 (2): 297-327.

[214] Kang J K, Liu W L, Low A. Friendly Boards and Innovation [J]. Journal of Empirical Finance, 2018 (45): 1-25.

[215] Karamanoui N V. The Association Between Corporate Boards, Audit Committees, and Management Earnings Forecasts: An Empirical Analysis [J]. Journal of Accounting Research, 2005, 43 (3): 453-486.

[216] Hlel K, Kahloul I, Bouzgarrou H. IFRS Adoption, Corporate Governance and Management Earnings Forecasts [J]. Journal of Financial Reporting and Accounting. 2020, 18 (2): 325-342.

[217] Kim S M. Management Earnings Forecast and Value of Analyst Forecast Revisions [J]. Management Science, 2015, 61 (7): 1663-1683.

[218] Kiser E. Comparing Varieties of Agency Theory in Economics, Po-

litical Science, and Sociology: An Illustration from State Policy Implementation [J]. Sociological Theory, 1999, 17 (2): 146-170.

[219] Klein A. Audit Committee, Board of Director Characteristics and Earnings Management [J]. Journal of Accounting and Economics, 2002 (33): 375-400.

[220] Koch A S, Lefanowicz C E, Robinson J R. The Effect of Quarterly Earnings Guidance on Share Values in Corporate Acquisitions [J]. Journal of Corporate Finance, 2012, 18 (5): 1269-1285.

[221] Kor Y Y, Sundaramurthy C. Experience-Based Human Capital and Social Capital of Outside Directors [J]. Journal of Management, 2009, 35 (4): 981-1006.

[222] Kottimukkalur B. Attention to Market Information and Underreaction to Earnings on Market Moving Days [J]. Journal of Financial and Quantitative Analysis, 2019, 54 (6): 2493-2516.

[223] Laporta R, Lopez S F, Shleifer A. Agency Problems and Dividend Polices around the World [J]. The Journal of Finance, 2000, 55 (01): 1-33.

[224] Laporta R, Lopez S F, Shleife A, et al. Corporate Ownership around The World [J]. Journal of Finance, 1999, 54 (2): 471-520.

[225] Lane P J, Lubatkin M. Relative Absorptive Capacity and Inter-organizational Learning [J]. Strategic Management Journal, 1998, 19 (5): 461-478.

[226] Lang M H, Lundholm R J. Voluntary Disclosure and Equity Offerings: Reducing Information Asymmetry or Hyping The Stock? [J]. Contemporary Accounting Research, 2000, 17 (4): 623-662.

[227] Lee D. Corporate Social Responsibility and Management Forecast Accuracy [J]. Journal of Business Ethics, 2017, 140 (2): 353-367.

[228] Lee J, Lee K J, Najar N J. Birds of a Feather: Value Implications of Political Alignment Between of Management and Directors [J]. Journal of Fi-

nancial Economics, 2014, 12 (2): 232-250.

[229] Li B, Liu Z B. The Oversight Role of Regulators: Evidence from SEC Comment Letters in The IPO Process [J]. Review of Accounting Studies, 2017, 22 (3): 1229-1260.

[230] Li Y, Zhang L. Short Selling Pressure, Stock Price Behavior, and Management Forecast Precision: Evidence from a Natural Experiment [J]. Journal of Accounting Research, 2015, 53 (1): 79-117.

[231] Lückerath R M. Women on Boards and Firm Performance [J]. Journal of Management and Governance, 2013, 17 (2): 491-509.

[232] March J G. Exploration and Exploitation in Organizational Learning [J]. Organization Science, 1991, 2 (1): 71-87.

[233] Maslar D A, Serfling M, Shaikh S. Economics Downturns and The Informativeness of Management Earnings Forecasts [J]. Journal of Accounting Research, 2021, 59 (4): 1481-1520.

[234] Matsunaga S R, Yeung P E. Evidence on the Impact of a CEO's Financial Experience on the Quality of the Firm's Financial Reports and Disclosures [J/OL]. SSRN Electronic Journal, 2011. DOI: 10. 2139/ssrn. 1014097.

[235] Meznar M B, Nigh D. Buffer or Bridge? Environmental and Organizational Determinants of Pubic Affairs Activities in American Firms [J]. Academy of Management Journal, 1995, 38 (4): 975-996.

[236] McDonald M L, Westphal J D, Graebner M E. What Do They Know? The Effects of Outside Director Acquisition Experience on Firm Acquisition Performance [J]. Strategic Management Journal, 2008, 29 (11): 1155-1177.

[237] Mcpherson M, Smith L L, Cook J M. Birds of a Feather: Homophily in Social Networks [J]. Annual Review of Sociology, 2001, 27 (1): 415-444.

[238] Mizruchi M S. What Do Interlocks Do? An Analysis, Critique, and

Assessment of Research on Interlocking Directorates [J]. Annual Review of Sociology, 1996, 22 (4): 271-298.

[239] Moran P. Structural vs. Relational Embeddedness: Social Capital and Managerial Performance [J]. Strategic Management Journal, 2005, 26 (12): 1129-1151.

[240] Muramiya K, Takada T. A Research Note: Quality of Financial Inputs and Management Earnings Forecast Accuracy in Japan [J]. Journal of Contemporary Accounting and Economics, 2017, 13 (2): 179-191.

[241] Nagar V, Nanda D, Wysocki P. Discretional Disclosure and Stock-based Incentives [J]. Journal of Accounting and Economics, 2003, 34 (1-3): 283-309.

[242] Nagar V. The Role of The Manager's Human Capital in Discretionary Disclosure [J]. Journal of Accounting Research, 1999 (37): 167-181.

[243] Nahapiet J, Ghoshal S. Social Capital, Intellectual Capital, and The Organizational Advantage [J]. Academy of Management Review, 1998, 23 (2): 242-266.

[244] Ntim C G. Board Diversity and Organizational Valuation: Unravelling The Effects of Ethnicity and Gender [J]. Journal of Management and Governance, 2015, 19 (1): 167-195.

[245] Tversky A, Kahneman D. Availability: A Heuristic for Judging Frequency and Probability [J]. Cognitive Psychologist, 1973, 5 (2): 207-232.

[246] Otomasa S, Shiiba A, Shuto A. Management Earnings Forecasts as a Performance Target in Executive Compensation Contracts [J]. Journal of Accounting, Auditing & Finance, 2017, 50 (1): 181-224.

[247] Park J, Sani J, Shroff N. Disclosure Incentives When Competing Firms Have Common Ownership [J]. Journal of Accounting and Economics, 2019, 67 (2-3): 387-415.

[248] Peng M W, Mutlu C C, Sauerwald S, et al. Board Interlocks and

Corporate Performance Among Firms Listed Abroad [J]. Journal of Management History, 2015, 21 (2): 257-282.

[249] Petersen T. The Economics of Organizations: The Principal Agent Relationship [J]. Alta Sociological, 1993 (36): 277-293.

[250] Peyravan L, Wittenberg M R. Institutional Dual-Holders and Managers' Earnings Disclosure [J]. The Accounting Review, 2021 (12): 345-370.

[251] Pieper T M, Smith A D, Kudlats J, et al. The Persistence of Multi-family Firms: Founder Imprinting, Simple Rules, and Monitoring Processes [J]. Entrepreneurship Theory and Practice, 2015, 39 (6): 1313-1337.

[252] Pfeffer J. Merger as a Response to Organizational Interdependence [J]. Administrative Science Quarterly, 1972, 17 (3): 382-394.

[253] Pfeffer J, Salancik G R. Social Control of Organizations [J]. British Journal of Sociology, 1978, 23 (4): 406-421.

[254] Putnam R D. Making Democracy Work: Civic Tradition in Modern Italy [M]. Princeton: Princeton University Press, 1993.

[255] Redding S G, Michael N. The Role of "Face" in The Organizational Perceptions of Chinese Managers [J]. International Studies of Management & Organization, 1983, 13 (3): 92-123.

[256] Reguera A N, BravoU F. The Influence of Board Social Capital on Corporate Social Responsibility Reporting [J]. Journal of Intellectual Capital, 2022 (4): 913-935.

[257] Roberts J, Mcnulty T, Stiles P. Beyond Agency Conceptions of The Work of The Non-Executive Director: Creating Accountability in The Boardroom [J]. British Journal of Management, 2005, 16 (S1): S5-S26.

[258] Rogers J L, Stocken P C. Credibility of Management Forecasts [J]. The Accounting Review, 2005 (80): 1233-1260.

[259] Rogers J L. Disclosure Quality and Management Trading Incen-

tives [J]. Journal of Accounting Research, 2008, 47 (1): 1265-1296.

[260] Schabus M. Do Director Networks Help Managers Forecast Better? [J]. Accounting Review, 2022, 97 (2): 397-426.

[261] Schmidt B. Costs and Benefits of Friendly Boards During Mergers and Acquisitions [J]. Journal of Financial Economics, 2015, 117 (2): 424-447.

[262] Seo H. Peer Effects in Corporate Disclosure Decisions [J]. Journal of Accounting and Economics, 2021, 71 (1): 101-364.

[263] Seungmin C, Steve M, Shan W. Effective Board Monitoring Over Earnings Reports and Forecasts: Evidence From CFO Outside Director Appointments [J]. Journal of Accounting and Public Policy, 2022 (41): 1-25.

[264] Shi L, Dharwadkar R, Harris D. Board Interlocks and Earning Quality [R]. State University of New York and Syracuse University, Working Paper, 2013.

[265] Shivakumar L. Do Firms Mislead Investors by Overstating Earnings Before Seasoned Equity Offering? [J]. Journal of Accounting and Economics, 2000, 29 (3): 339-371.

[266] Sidharth M, Ferdinand A G, Jun Y. CEO Regulatory Focus and Management Earnings Forecasts [J]. Journal of Contemporary Accounting and Economics, 2023, 19 (3): 230-255.

[267] Song Y, Ji X. Enforcement Actions and Their Effectiveness in Securities Regulations: Empirical Evidence from Management Earning Forecasts [J]. China Journal of Accounting Research, 2012, 5 (1): 59-81.

[268] Stiglitz J E. Formal and Informal Institutions in Social Capital: A Multifaceted Perspective [M]. Washington: World Bank Publications, 2000.

[269] Talmud I, Mesch G S. Market Embeddedness and Corporate Instability: The Ecology of Inter-Industrial Networks [J]. Social Science Research, 1997, 26 (6): 419-441.

[270] Turner J C. Towards a Cognitive Redefinition of The Social GroupIn

H Taifel (Ed), Social Identity and Inter-group Relations [M]. Cambridge: Cambridge University Press, 1982.

[271] Uzzi B. The Sources and Consequences of Embeddedness for The Economic Performance of Organizations: The Net Work Effect [J]. American Sociological Review, 1996, 61 (4): 674-698.

[272] Van B H, Leana C R. Building Relation Wealth Through Employment Practices [M] //Leana C R, Rousseau D M. Relational Wealth: The Advantages of Stability in a Changing Economy. New York: Oxford University Press, 2000.

[273] Walsh J P, Seward J K. On The Efficiency of Internal and External Corporate Control Mechanisms [J]. Academy of Management Review, 1990, 15 (3): 421-458.

[274] Weisbach H M S. Endogenously Chosen Boards of Directors and Their Monitoring of the CEO [J]. The American Economic Review, 1998, 88 (1): 96-118.

[275] Westphal J D. Collaboration in The Boardroom: The Consequences of Social Ties in The CEO/Board Relationship [J]. Academy of Management Journal, 1999, 42 (1) : 7-24.

[276] David Y. Remuneration, Retention, and Reputation Incentives for Outside Directors [J]. The Journal of Finance, 2004, 99 (5): 2281-2308.

[277] Xing J, Zhang Y, Xiong X, et al. Covering or Monitoring? Independent Director Connectedness and Corporate Fraud in China [J]. China Journal of Accounting Research, 2022 (4): 155-173.

[278] Zhang Y. Analyst Responsiveness and The Post-Earnings-Announcement Drift [J]. Journal of Accounting & Economics, 2015, 46 (1): 201-215.

[279] Zhu D H. Westphal J D. How Directors' Prior Experience with Other Demographically Similar Ceos Affects Their Appointments onto Corporate Boards

and The Consequences for Ceo Compensation [J]. Academy of Management Journal, 2014, 57 (3): 791-813.

[280] Ke R, Li M, Zhang Y. Directors' Informational Role in Corporate Voluntary Disclosure: An Analysis of Directors From Related Industries [J]. Contemporary Accounting Research, 2020, 37 (1): 392-418.

[281] Polanyi K. The Great Transformation [M]. Beacon Hill: Beacon Press, 1944.

[282] King R, Pownall G, Waymire G B. Expectations Adjustment Via Timely Earnings Forecast Disclosure: Review, Synthesis and Suggestions for Future Research [J]. Journal of Accounting Literature, 1990, 9 (1): 113-114.

[283] Karamanou I, Vafeas N. The Association between Corporate Boards, Audit Committees, and Management Earnings Forecasts: An Empirical Analysis [J]. Social Science Electronic Publishing, 2010, 43 (3): 453-486.

[284] Webber S S, Donahue L M. Impact of Highly and Less Job-Related Diversity on Work Group Cohesion and Performance: A Meta-Analysis [J]. Journal of Management, 2001, 27 (2): 141-163.